大展好書　好書大展
品嘗好書　冠群可期

大展好書　好書大展
品嘗好書　冠群可期

武術特輯
30

陳式
太極拳體用全書

（第六次修訂版本）

陳照奎／講授
馬　虹／整理

大展 出版社有限公司

再 版 説 明

一、此書係當代陳式太極拳一代宗師——陳式太極拳十八世傳人陳照奎先生親傳、其徒馬虹整理的一部陳式家傳太極拳拳譜。此拳譜自問世以來，受到了國內外廣大太極拳愛好者的歡迎和有關專家的好評。各地讀者紛紛來函要求再版。為此，特請馬虹先生，對原書表達疏漏差錯之處，進行再次修訂，並將原書繪製插圖，更換為照片插圖，質量進一步提高，內容更臻完備。

二、為了幫助廣大讀者更深入地學習和體悟此拳的真諦，最近馬虹老師又編著出版了《陳式太極拳技擊法》（拳法）、《陳式太極拳拳理闡微》（拳理）兩部書，及一冊《陳式太極拳系列拳照集》，作為此書的補充讀物，供陳式太極拳愛好者參考。

三、為了配合教學，根據廣大學員的要求，我們還特邀請馬虹老師根據此教材錄製了詳細講解的《陳式太極拳教學系列錄影帶》及 VCD 影碟。

凡需要上述教材及錄影帶者可與馬虹老師直接聯繫（通訊地址：河北省石家莊市建設北大街76號房管局宿舍8號樓二門301室，郵編050011，電話0311－6071335）。

編者2000年1月

目　錄

上　編：

陳式太極拳第一路動作說明及技擊含義

下　編：

陳式太極拳第二路（炮錘）動作說明及技擊含義

附　錄：

序 一

《陳式太極拳體用全書》是著名拳師陳照奎之徒馬虹根據其師授拳記錄，以及函授資料整理而成的。該書的問世，爲中外陳式太極拳愛好者提供了很好的教學範本，爲普及和推廣陳式太極拳做了一件很好的事情。

陳式太極拳始創於明末清初，由明朝戰將陳王庭吸收了當代武術眾家之長，並結合了《易經》天地陰陽造化之理，以及中醫理論、《内經》、導引吐納之術融合而成。此後陳氏家族將此拳視爲至寶，世代相襲，一直秘不外傳。直到陳氏十四世拳師陳長興時，才首傳外姓人楊福魁。遂逐步發展成陳、楊、武、吳、孫各大流派。五種太極原理爲一，其特點又各有所長。

陳家世代傳習太極拳術，高手輩出，到陳氏十七世先師陳發科被邀請到北京授拳，京都許多武林高手摩肩接踵地前來交流試技，無不欣服陳師的武技與品德。當時許多頗有造詣的知名人士，如京劇泰斗楊小樓，以及許禹生、李建華、唐豪、劉瑞苦等人紛紛前來拜師求藝。

先師陳發科一生不爲名利所動，講信義、重武德、尊重他人、愛人才，京都武術界尊爲拳術大師『太極一人』，並贈銀盾紀念。

　　先師之子陳照奎繼承父業，勤學苦練，兼之聰明過人，深諳陳式太極拳之眞諦。我與照奎同堂學藝，經常在一起切磋拳術技藝，彼此相知，故感情篤深。我很佩服照奎弟的拳架緊湊嚴密，剛柔相濟，彈抖驚炸勁強，擒拿靠打更勝人一籌。照奎自1960—1981年被邀請到上海、南京、鄭州、陳家溝、石家莊、焦作等地授拳，敎了很多學生，爲普及和推廣陳式太極拳做出了卓越的貢獻，特寄數語以示懷念。

馮志強
1988年5月7日於北京

序 二

陳式太極拳是我中華民族武術寶庫中獨樹一幟、構思特異的優秀拳種。它也是中國傳統的身心修養之學。作爲武術，它具有剛柔相濟、快慢相間、螺旋纏繞、蓄發並用、沾粘連隨、周身一家、鬆活彈抖、技擊性強等獨有的特徵，盛譽國內外，被稱爲中華武林中的一顆明珠，中國文化遺產中的瑰寶。

這部《陳式太極拳體用全書》，就是當代陳式太極拳傑出拳師陳照奎先生的徒弟馬虹先生根據老師教拳時的講課筆記整理出來的。這是繼承、研究和發展太極拳事業的一項貢獻。

陳照奎先生從小就跟父親陳發科學練陳式家傳的太極拳。他天資聰明，勤學苦練，拳架低，自然大方，鬆柔圓活，造型美觀，鬆活彈抖。他不是練空架子，而是健身防身相結合，用法清楚，拳法和技擊貫通。

記得1974年春節，我回故鄉河南溫縣陳家溝探親，請他練拳時，他架子低，立身中正，舒展又緊湊，瀟灑而明快，陰陽變化，剛中有柔，柔中帶剛，開中寓合，合中有開，眞是互配巧妙。動如猛虎，靜如處女，輕如行雲流水，穩如泰山，往返如魚在水中追逐，整個套路演練得螺旋纏繞，渾圓一體，神氣鼓蕩，眞像在地上滾動著一個絢麗的彩球，又如滾滾奔

騰的龍蟒之形。我看得眼花撩亂，情不自禁地拍手叫道：「好！眞是妙極了！」的確，他繼承了陳式太極拳的精華，並發展到了完美的程度。因而，他傳授的拳架深受中外人士的喜愛和重視。

　　現在，馬虹師弟將老師所傳授的拳藝整理成書，無私地奉獻給廣大陳式太極拳愛好者，這是對老師最好的紀念。這部書的出版，對深入研究陳式太極拳提供了新的資料，對挖掘、整理、推廣和發展陳式太極拳做出了很有價值的貢獻，對振興中華武術有著積極的作用。

　　現《陳式太極拳體用全書》決定出版，馬虹師弟約我作序，我雖然是陳照奎先生的侄女，也是從小跟祖輩父兄學拳，但自己在繼承和發展陳式太極拳事業上並沒有什麼建樹，序言恐難寫好。現在，放膽寫此序文，一則是受馬虹師弟對我的信任和委託；二則願藉此機會表達對叔父的懷念。

陳立清
1987年秋於西安

陳式太極拳的健身性、技擊性和藝術性

—— 代前言

馬 虹

〈一〉

陳式太極拳是中國武術寶庫中的一顆明珠，是具有中國特色的傳統體育項目之一。明末清初，陳王庭創編太極拳時，其拳理、拳法的形成有三個來源：一是以古典哲學《易經》的陰陽學說爲拳理的依據；二是以道家的養生術和中國傳統醫學的經絡學說爲拳術內功的依據；三是以戚繼光的《拳經》等技擊典籍爲創編套路外功的借鑒。

這樣就使這套拳術形成爲一個完整而科學的內外兼練的，既有健身性又有技擊性和藝術性的優秀武術項目。所以我們說太極拳是一門身心修養之學，是人體生命科學的一個組成部分。因此，陳式太極拳的科學實踐價值，正在引起越來越多的中外人士的重視。

陳式太極拳創始於明末清初河南溫縣陳家溝陳王庭。在陳家溝，太極拳一向秘不外傳。直到陳氏十四世號稱「牌位先生」的太極拳宗師陳長興把拳傳給外姓河北永年人楊露禪以後，演化成楊式、武式、吳式和孫式，太極拳才緩緩地流到全國各地，但是，長期以來，比較廣泛流傳的是偏於柔緩的太極拳。把保持太極拳之輕沈兼備、剛柔相濟、快慢相間、順逆螺旋等固有特點的陳式太極拳（即陳長興所傳老架），自其發源地河南陳家溝一隅之地，而傳播到北京、南

京等地的，是著名太極拳大師陳發科及其侄陳照丕。在套路
的整理和陳式太極拳的推廣方面，陳發科貢獻最大。

　　1957年陳發科逝世之後，近30年來，把陳式太極拳從北
京普及到上海、南京、鄭州、石家莊、焦作等地的，主要是
陳發科之子陳照奎老師。特別是陳發科的學生顧留馨、沈家
禎依據發科公及照奎老師的拳架、拳照所編著的《陳式太極
拳》一書問世之後，陳式太極拳才在國內外更爲廣泛地傳播
開來，「廬山眞面目」方爲世人所識。

　　陳發科是陳長興的曾孫，是陳氏第17世代表人物，爲陳
式太極拳一代宗師，也是20世紀上半葉陳家拳的掌門人。

　　1928年許禹生把他請到北京敎拳，並不多作宣揚，所傳
的面並不廣。陳照奎老師是陳發科幼子，父親比較寵愛，一
直留在身邊，把自己年輕練的家傳低式拳架敎給他。此架動
作編排細膩，難度較高。陳發科規定其子日練20遍，陳照奎
老師盡得家傳，可以說他所傳的拳架是和陳長興一脈相承
的。

　　解放以後，陳發科雖60多歲了，仍在北京敎拳、敎推
手。適時拳架放高，趨於平穩自如，更顯得舒展大方。但對
自己的兒子仍要求練吃功夫的家傳低架。

　　陳照奎老師自幼秉承家傳，深得太極拳術奧秘。1957年
陳發科公去世後，陳照奎老師還不到而立之年，已經拳藝精
湛，卓越超群，堪稱當代陳長興老架的眞正傳人（有人將陳
發科所傳之拳架稱爲「新架」，陳老師認爲這是不對的）。
陳老師雖常自稱其功夫遠不如其父，但他有文化，有知識，
懂拳理，肯鑽研，善於把唯物主義辯證法和現代人體力學、
生理學等科學知識運用於拳術的分解，加上數十年的苦功，
因而他在繼承和發展陳式太極拳拳理、拳法等方面，做出了

卓越的貢獻。

60年代初，顧留馨先生邀請陳照奎老師到上海敎拳。19
61—1966年他先後在上海體育宮和南京體委公開敎拳，陳式
太極拳才在江南群眾中生根。1966年「文革」開始後，他被
迫從上海返回北京，在北京以授拳爲生。1973年至1981年他
先後到鄭州、石家莊、焦作等地敎拳。

我從1972—1980年之間，曾三上北京、兩下河南跟陳照
奎老師學拳，又三次請師來石家莊我家中授藝。十幾年來個
人在演練和傳授老師所親授的第一路、第二路（炮錘）拳藝
的實踐中，粗淺的體會是：不論從哲學、生理學、心理學、
人體力學、兵學、醫學和美學等方面來分析，陳照奎老師所
傳的陳長興老架太極拳具有其寶貴的健身、健腦、技擊和藝
術價值，不愧爲一套具有獨特風格的健身護身法寶。

陳照奎老師所傳的陳長興老架太極拳，不僅具有剛柔相
濟、開合相寓、快慢相間、順逆纏絲、動作螺旋、虛實互
換、節節貫串等陳式太極拳的共性特徵，而且還特別強調在
上身中正安舒的基礎上，肌體各個部位的勁力要對稱平衡，
逢上必下，逢左必右，前發後塌，八面支撐；強調走低架
子，重視胸腰折疊和丹田內轉功夫；發勁鬆活彈抖，輕沈兼
備；倒換虛實強調襠走下弧；運勁注重呼氣；大小動作都講
求技擊含義，體用兼備，保持鮮明的武術風格，以及那寓技
擊含義於其中的藝術造型等等特色。這些特色體現在拳架演
練之中，不論是對演練者本人，還是對賞拳的觀眾來說，都
會給人以生命的力量和美的享受。

陳照奎老師的拳架，是他父親陳發科家傳的年輕人練的
低架子，當時在北京是很少傳外人的。陳發科公逝世之後，
特別是「文革」之後，陳照奎老師才在少數門生之中將這套

拳架逐步傳開。所以，難怪有些不知內情的人說什麼「陳照奎把拳架改了」等等，甚至有人跑到日本對陳老師的拳藝妄加評論，都是無稽之談。

陳老師少年時期在其父嚴格教導下，刻苦練拳的情景及其功底，其姐陳豫俠老師最清楚（見陳豫俠《紀念照奎弟逝世三週年》一文，載於1984年《陳氏太極拳研究》第二期），最了解陳老師的馮志強、陳立清、顧留馨老師等，都對陳照奎老師的拳藝有很高的評價。

有些跟陳照奎老師學拳的人反應：陳老師傳授的拳架勢子低，動作分解細膩，身法、步法、眼法、手法、用法要求嚴謹，發勁強調丹田帶動和鬆活彈抖，因而感到難度大、強度大，認爲難學難練。

其實老師早就講過：「武術本身就是吃苦流汗的事兒」，「學習必須付出相當的精力和時間，有一定的艱苦性」，「這在意志鍛鍊方面也有相當的效果」。又說「功夫功夫，就是要下苦功夫，沒有若功夫，拳也是空的」。

另外，他強調練拳必須從實戰出發，一招一式都明白它的技擊含義。實踐證明，當你一旦掌握了拳理、拳法及動作要領和技擊含義，嚴格按老師要求堅持不懈地刻苦鍛鍊，一兩年之後，就會感到每練完一遍拳，汗流浹背，渾身舒鬆，精力旺盛，思路敏捷，整天感到有精神，有使不完的勁兒，使你享受到一般人難以得到的生命健康的幸福之感。

陳老師那純正的功架，精湛的拳理，以及嚴肅認眞的治學精神，深刻地印在我心中。經過20年來個人練拳、教拳的實踐，在健身、健腦以及提高道德修養等各方面，個人受益匪淺，體會甚多。陳照奎老師逝世轉瞬已經七載，現在謹將自己跟老師學拳的一些心得、體會整理成文，向世人介紹

陳氏世傳的太極拳的一些精義和獨特風格，以表對先師的緬懷之情。

〈二〉

陳長興（14世）──陳發科（17世）──陳照奎（18世）所遞傳的太極拳架的精義及其獨特風格，主要表現在以下幾個方面：

㈠ 身法端正，拳走低勢

本來，陳式太極拳架可以因人而異，分爲高、中、低三種。陳照奎老師所傳拳架是其父家傳年輕人練的拳架。強調在上身端正和放鬆的前提下走低架子。這是陳長興的眞傳。所以陳長興當時被人稱爲「牌位陳」。

陳照奎老師說，其父當年每天早上在家練拳和敎子學拳都是走低盤，在外面敎拳則多走中、高架。當然，低也有一定限度，除了仆步之外，不論馬步還是弓蹬步，大腿平行不得低過膝，大小腿之間夾角不得小於90度，不然則成爲「蕩襠」，即爲病。

正如陳發科公講的，打起拳來要「像坐在小板凳上一樣，穩穩當當的」。這要有持久的樁功才行，所以老師稱此種拳架爲「活樁」。不僅如此，更難的地方是變換虛實、倒換重心時襠部一定要走下弧，陳老師喻作「走鍋底型」，「不許把重心扛過去」（即不能走上弧，或平移之意）。本來拳架就低，再加上這種襠走下弧的要求，運動強度大，難度大，確實很吃功夫。但是，這種功夫不論對健身、健腦還是技擊，都有極大好處。當然，對老年、體弱者則他並不做一律要求，可以走中、高架。

　　運動生理學告訴我們，任何運動項目必須具有一定的強度，並且是持續時間比較長的強度，才可能對增進人體健康，特別是對人體的循環系統、呼吸系統產生較大的影響。運動強度和持續時間合理的結合，對提高循環系統、呼吸系統的功能是不可少的。而人體機能的提高，主要是指循環系統和呼吸系統功能的提高（即心、肺功能的提高）。

　　在體育鍛鍊中，參與活動的肌肉越多，對循環系統和呼吸系統的要求就越大，對心肺功能的提高也就越顯著。

　　人體下肢肌肉比例明顯高於上肢，所以許多先進的體育項目都注意加大下肢的運動量。陳照奎老師傳授的這種低架子，下肢運動量特別大，而且持續時間長（整個套路中大部分動作是低式子），鍛鍊確實很苦，開始腿疼，有的甚至要疼一年半載才能消除疼痛。但後來的效果卻是非常顯著的，你會感到苦盡甘來，終身受益不盡。

　　據對練此拳一兩年以上的學員調查，普遍反應心肺功能增強，血壓趨於正常，大腿肌肉明顯發達，腿力增強，肥胖病患者減肥了，瘦子體重增加了，高血壓患者血壓下降，六、七年的低血壓患者血壓正常了。更微妙的現象是這種下肢運動量大的低架子還起到健腦作用。許多腦力勞動者、神經衰弱者，甚至美尼爾氏綜合症患者，通過練低架子，不僅症狀消失，而且頭腦感到特別清醒，記憶力增強。

　　結合練氣功的人，反應丹田積氣快，通關快，內氣外氣都感到充沛。這是因為這種「活椿」式的低架子，通過全身放鬆，上身中正安舒，沈肩墜肘，含胸塌腰，屈膝鬆胯，意注丹田，氣沈丹田，五趾抓地，湧泉穴虛等一系列的要求，必然會引導氣血下行，從而達到寬胸實腹，降低血脂，減輕顱內各血管的壓力，使血壓趨於穩定。這是合乎醫學和生理

學原理的。

從技擊上講，這種上輕下沈，重心下移的練法，必然會有利於穩固下盤，足脛堅強，心君泰然，「使人強若不倒之翁」，從保持自己平衡，破壞對方平衡來說，必然先勝人一籌。其實，這種引氣下行的「活樁」正是各種武術的築基功夫之一。

(二) 對稱和諧，充滿哲理

陳式太極拳是充滿哲理的一個拳種。從總體上完整地把握客觀世界的和諧統一，是中國傳統哲學思想的精華。太極圖，就是這一哲理的美麗形象；太極拳，就是這一哲理在體育運動中的生動體現。所以有人說，世界上還沒有第二種體育項目，像太極拳這樣運用哲學思想來指導自己，沒有第二種體育項目像太極拳這樣把精神與物質融為一體來進行鍛鍊。這話並不過份，陳照奎老師所傳的拳架，正是以剛柔、開合、輕沈等等一系列對稱、平衡、和諧動作為其內容，以順逆纏絲、動作螺旋為其形式的。

從太極拳的古典哲學依據來看，它是根據《易經》的陰陽學說而創編的，「太極兩儀，有柔有剛」。按《易經》總的指導思想是：它認為宇宙為一個整體，這個整體之中包括陰陽兩個對立統一的方面。人身如一個小宇宙，有陰有陽，陰陽交相影響，配置務須均衡。並且認為人與天（自然、宇宙）必須相適應，稱之為「天人相應」、「天人合一」。據此，《內經》講求「陰平陽秘，精神乃治」。

陳式太極拳即是根據上述陰陽學說，加上我國傳統醫學中的經絡學說，而創編的一套強身護身的拳術。它不僅有剛有柔，有開有合，有虛有實，有快有慢，而且講求剛中有

柔，柔中有剛，開中有合，合中寓開。運用到技擊上則有化有發，有引有進，而且化即是發，引即是進，化打結合，引進結合，如此等等，構成此拳的特殊風格。

陳照奎老師傳的拳架的一系列動作都強調陰陽平衡，有上有下，逢上必下；前發後塌，左發右塌，右發左塌；逢左必右，逢右必左，有內有外，內外兼練；身法上要對拉拔長，又要相吸相繫，強調對稱勁，勁要八面支撐，處處、時時保持平衡，做到周身一家。比如「金剛搗碓」之第五動作，右手握拳上提，右腿提膝，胸腰則必向下鬆沈；「金雞獨立」也是手上升，身下沈，總是有上升部位必有下沈部位，以保持重心穩定，虛實平衡。

又如「懶扎衣」、「單鞭」的定勢，前者右發則左塌，後者左發則右塌；「六封四閉」第三動作，雙臂向前上擠發，左臀則必須向左後下塌。下塌外碾，前後平衡。再如「白鶴亮翅」，上開下合，合中有開（腳合膝開），做到「舒展之中有團聚之意，緊湊之中有開展之功」。勁力既有力學依據，外形又有勻稱之美。再如「掩手肱拳」之發勁，既體現剛中寓柔，鬆活彈抖，又體現前發後塌（右拳前發，左肘後撐，弓前腿，蹬後腿；翻左臀，沈右臀，有前有後，以螺旋形式將對立的兩個方面統一於一體）。

在整個套路的編排上，拳式動作都是剛中有柔，有快有慢，有開有合，有前有後，有左有右，有捲有放，有升有沈，加之以螺旋形式、波浪式前進，如同江河滾滾，波浪起伏，滔滔不絕。這種人體各部位勁力對立統一的鍛鍊，必然會全面增強人體素質，使人體各部位上下、左右、內外、表裡均得到平衡發展。因為人的生命過程，就是對立統一規律在人體內充分體現的過程（如心臟的收縮與舒張等）。

　　太極拳更微妙的一點是打拳強調動靜平衡。打拳，特別是難度又較大的拳術，如何在運動中達到動靜平衡？這裡確實有個微妙的道理。

　　實踐證明：打拳時，大腦可以得到平時難以得到的平靜，而肢體則在進行難度較大的運動時，正好是「司令部」得到休整的最好時機，「以一念代萬念」之謂也。形容這種動靜平衡，正如藝術理論家溫克爾曼（1718－1768）講過一種狀態：「就像海的深處永遠停留在寂靜裡，不管它的表面多麼狂濤洶湧。」所以，練陳老師拳架的人，身體發育都比較全面。普遍反應打完拳頭腦特別清晰。

　　從技擊角度講，陳老師常說：「打拳、推手都是鍛鍊保持自己的平衡，破壞對方的平衡。」並且強調打拳一定要身法中正，八面支撐，使人體像一桿秤一樣。正如陳鑫所講的「拳者，權也」。權就是權衡；權，古代秤之謂也。只有保持自己肢體重心平衡，「立如平準，動如車輪」，打拳才能立於不敗之地。

(三) 順逆纏絲，非圓即弧

　　陳式太極拳不僅符合中國古代傳統的哲學思想，而且也符合現代哲學的基本觀點。恩格斯說過，辯證法的主要規律是「由矛盾引起發展，發展的螺旋形式。」（《自然辯證法》）太極拳正是以對立統一（陰陽相濟）為其運動的質，而以順逆纏絲、非圓即弧的一系列螺旋動作為其運動的形。「太極拳，纏法也。」（陳鑫）纏絲勁，也是太極拳的精華。

　　陳式太極拳，不論大小、快慢動作，都要求做到非圓即弧，觸處成圓，順逆纏絲勁貫徹於各種剛柔、快慢、開合、

升沈動作之中，體現於身體各個部位之上，這是陳照奎老師在拳論上的重要發展。

何謂順纏？何謂逆纏？有些人寫了許多文章，畫了許多圖，仍表達不淸楚。陳老師解說時，卻很簡易。他以右手拿捏你的右手，他的手掌以小指領勁，向掌心一方旋轉，大指合住勁，進行旋擰，即爲順纏；相反，大指領勁，小指合，向小指一方旋擰，即爲逆纏。你方，前者爲逆，後者爲順，相反相同。一握手之間，順逆纏完全說淸了。腿的順逆纏絲勁與上述旋轉方向相同。

他還講：「開，在螺旋中開，而不是掰開；合，在螺旋中合」。「剛和快不能丟了螺旋勁」。特別是二路（炮錘）動作快，躍蹦跳躍動作多，但快也不能失去螺旋勁。打起拳來，如同旋風、漩渦、飛輪、滾動在地上的球體。而且周身各個部位節節貫串，如同若干滾珠，出勁如同飛旋前進的子彈。陳老師講「連珠炮」一式時，以木工用的木鑽作比喩，形象地說明了這種既快又螺旋的進擊的力量。

慢動作也是走螺旋形式。如「懶扎衣」及「單鞭」最後兩個動作，都是緩慢地螺旋下沈。總之，不論推手打拳都要做到「觸處成圓」。

另外，這種螺旋形式的太極勁要以腰爲軸心（圓心）。陳老師強調打拳上身中正，保持圓心穩定。不論是四肢的順逆纏絲，還是動作的大開大合，都要立身中正，圓心不能輕易移動，切忌身軀左右搖晃、前俯後仰。合則以螺旋爲形式，發揮其胸腰的向心力，氣聚丹田；開則以螺旋爲形式，發揮其丹田的離心力，氣貫四梢。

陳老師又把人的腰和丹田部位比作輪子的主軸，只有保持軸心（圓心）的中正，旋轉的輪子才能有力。軸心（圓

心）擺動，身體左歪右斜，必定降低軸心向心和離心的螺旋力量，人體易失平衡，不論對健身或技擊都不利。

㈣ 丹田內轉，胸腰折疊

我們所以稱陳式太極拳為「身心修養之學」，就是因為它是一種內外兼練的拳種。在內功方面它吸取了中國道家吐納、導引相結合的養生術和中國傳統醫學的經絡學說。其內功主要特點即在於氣沈丹田，丹田內轉，形之於外即為胸腰折疊，節節貫串，運動螺旋。拳論云：「出腎入腎是真訣」。陳照奎老師把這個論點作為太極拳的真諦予以闡發，他講：「出腎入腎就是要求氣沈丹田與丹田內轉相結合，形之於外即為胸腰折疊」。在教拳中，每一個動作他都反覆強調：「緊要處全在胸中腰間運化」，「以腰為主宰，結合丹田帶動（丹田內轉）」。還強調：「腰不動，手不發」。腰和丹田不動，即便四肢很靈活，也是「單擺浮擱」。他並且結合拳式（如「懶扎衣」接「六封四閉」，「第二個三換掌」、「庇身錘」、「左衝」、「右衝」等式），說明式式都有明顯的以丹田內轉為核心的胸腰折疊勁。

這種強調胸、腰、腹部運動的方法，對於健身有特殊的作用。人體腹部，臟腑最多，為全身氣血匯集之處，也是經絡貫通上下表裡的樞紐。每一次胸腰折疊，都使腹內臟器進行一次溫柔的自我按摩。它可以起到煉精化氣，增強性功能，消除腹部脂肪過多等作用，對內臟功能的鍛鍊效果好，還可以使腰腹肌的力量和柔韌性增強。

有些腎臟病患者和腸胃病患者，因為練拳達到痊癒，與此功法很有關係。這種胸腰折疊功夫若與真氣運行法結合起來，其效果將更為突出。

丹田上下旋轉可以促進任督二脈的溝通，丹田橫向旋轉可以促進帶脈的通暢，斜向潛轉還可以溝通其他經脈（見陳鑫著《陳氏太極拳圖說》）。

練此拳的老、中、青年，凡兼練氣功的人普遍反應通關快。氣功師反應，練此拳之後發放外氣比過去大多了。故有人說丹田內轉是太極拳內功的精華。

從技擊上講，氣壯必力大，太極拳雖然不以力取勝，但氣力乃是一切武術的基礎。陳老師說：「事實上，太極拳並非不講力氣，功與力是密切結合的，沒有力根本不可能發揮巧的作用來制敵。」只是這種太極拳的力不同一般的拙力，這是一種以螺旋形式發出來的富有彈性的力，是與眞氣相結合的力。故有人爲了區別於一般的力，把它稱之謂「勁」。

另外，胸腰折疊、順逆纏絲的功夫鍛鍊，正是鍛鍊引化來力和利用人體螺旋力發勁進擊敵人的重要方面。因爲腰是全身勁力的主宰。這完全符合「力發之於足，行之於腿，主宰於腰，形之於手」的拳理。

㈤ 剛柔相濟，鬆活彈抖

陳式太極拳是剛柔相濟，快慢相間的拳種。但其剛快之勁是建立在全身放鬆的基礎之上，以螺旋形式發出來的一種爆發力。陳照奎老師介紹這種鬆活彈抖的時候說：在陳家溝，把這種勁叫做「一格靈」，一般武術稱之曰「寸勁」。

這種鬆活彈抖勁發放的要領是：在全身放鬆的基礎上，由大腦指揮，以腰脊爲總樞紐，結合丹田帶動，以螺旋彈抖的形式，調動全身力量，節節貫串，集中到一個發射點上，一瞬間，以迅雷不及掩耳的速度從肢體的某一部位爆發出來，產生巨大威力。

陳老師形象地比喻說：「就好像遛牲口時，騾子打完滾後，站起來，突然全身一抖，輕鬆而有力地抖掉身上的塵土一樣。」

又說：「像捲緊的鐘錶發條，一旦失去控制，突然爆發出來的那種彈簧勁。」其放鬆的要領，他特別強調肩部和胸部的放鬆，強調從「沉肩」、「坐腕」、「鬆胯」與「胸腰運化」入手，解決全身放鬆的問題。正如拳論中說的「轉關在肩，運化在胸腰」。他常說「緊要處全在胸腰運化」，「不善於鬆活，也就談不上彈抖」等等。

實踐證明，陳照奎老師傳授的這種鬆活彈抖勁的鍛鍊，對於增強身體的力量、靈敏度、柔韌性和速度都有明顯的作用。這種鬆活彈抖勁，可以通過腰脊螺旋力的帶動，鼓蕩全身的氣血，使全身氣血充盈而活躍，使精神為之一振。

拳論云：「收之，氣歸丹田，發之，氣貫四梢。」所以演練陳老師傳授的陳式太極拳，即便是在冬天早上每打完一遍拳之後也會感到四肢發熱，手心、腳心、指肚、腳趾都發熱，全身舒適，精神抖擻。這就是真氣充足，甚至真氣外溢的現象。但是，這種彈抖勁的基礎是鬆柔，沒有鬆柔，就沒有彈抖勁。剛柔相濟，就是鬆活彈抖的理性概括。

發勁震腳，對人體健康的影響如何，有不同的看法。我的體會是只要按陳老師的要求掌握得當（震腳時腳掌放平，不要偏重於震腳跟，不要在水泥、瀝青、石板之類的地面上猛震），震腳不但沒有害處，還有許多人們意想不到的好處。有的醫學專家說：腳掌是人體的「第二心臟」，「腳掌上具有通往全身的穴位，刺激腳掌能使末梢神經活躍，植物神經和內分泌充分做功。其結果，不僅腿腳，連腦袋都感到輕快，記憶力也得到提高。」我國傳統針灸學上介紹，刺公

孫穴（在足內側，第一趾骨基底的前下緣第一趾關節後一寸），可以治胃痛、頭痛就是一例。還有的醫學專家在研究一種「震動療法」，除了依靠震盪醫療器械之外，特別強調依靠人體內在的震動能力，對末梢血管病患者，對防止血管末端壞死，改善供血狀況會有明顯作用。

石家莊市第一印染廠女工李雪蘭（53歲時）雙腳患脈管炎，足趾紫黑、疼痛，藥物療效不明顯。1982年學習陳式太極拳，按照陳照奎老師傳授的練法；剛柔相濟，快慢相間，發勁鬆活彈抖，震腳。她還特別注意老師要求的「五趾抓地，湧泉穴要虛」的要領，練拳三個月之後，她的雙腳足趾紫黑症和疼痛皆消除，脈管炎痊癒了。她高興地逢人便說：「陳式太極拳治好了我的脈管炎。」

當然，陳老師對不同的人也有不同的要求，他常講：「震腳，愛震不震，但是即便不震腳，腳落地時也要意、氣、力一齊貫注腳掌、腳跟。」

從技擊角度分析，這種以螺旋形式發出的鬆活彈抖勁，比直線發出的硬勁威力要大得多。它可以使對方內傷而外不顯。並且有利於勁兒的放長和力點的集中。

㈥ 虛實協調，輕沈兼備

陳老師常講，打拳就是為了鍛鍊隨時能保持自身的平衡，推手就是為了設法破壞對方的平衡。要掌握自身平衡，做到隨遇平衡，就要掌握好運動中的兩種虛實。太極拳處處都有一虛實，這一點人們都知道，但是怎樣掌握虛實，特別是在怎樣保持重心隨遇平衡方面，則不一定人人都明白，除了前面講的「變換虛實要做到襠走下弧」之外，陳照奎老師講虛實的獨到之處還在於「虛」和「實」包含兩個方面的含

義：一是指人體重心倒換之虛實；二是指發勁主輔之虛實。

　　陳老師在談重心時說：左重則左虛，右重則右虛，就是說左手下沉發採勁時左腳為虛，右腳為實（重心所在所偏）；手向前推或發橫挒勁（偏上）時，右手實，右足也可以是實。但右手向下發採勁時，則右足必須虛。震腳發勁，蹬腳發勁，從身體重心來說都為虛。但論發勁之虛實，則又可稱為實。還說：前發後塌，指的是對稱勁，前發部位為發勁之實，後塌部位則為重心之實。

　　陳老師還舉例進一步生動地闡明其理：如冬天站在結冰的河邊，用一隻腳踩冰，試冰凍之薄厚，不論用多大力去踩跺，其身體重心之實必然在岸上之腳，踩冰之腳為虛；但從發力講，前腳則為實。必須分清這兩種虛實，才能達到輕沉兼備，才能維持身體之平衡。這些論點，不論從健身、技擊上講，都有其重要意義。

　　關於重心的虛實，除了獨立步之外，一般都是四六分。但也不絕對，有時是三七、二八（如某些虛步動作、過渡動作）。總之，要根據維持身體平衡的需要來掌握。

(七) 快慢相間，節奏鮮明

　　關於快慢相間，同是練陳式太極拳的人卻有不同的理解。有的人認為第一趟拳練得快，第二趟慢，則為快慢相間，也有人認為學拳時慢，學成後再練快，即為快慢相間。

　　陳老師所傳拳架，則是主張一趟拳從頭到尾，有快有慢，有高潮，有舒緩，波浪式前進。不僅如此，而且要做到每一個式子的各個組成動作之間，也有快有慢。發勁快，蓄勁慢；柔化動作一般要慢，剛發動作一般要快；有的式子要快（如連珠炮、穿梭等），有的式子則可以緩慢（如懶扎

衣、前蹚拗步等）；整個套路前部慢動作較多，後部快動作較多，二起腳前後還有一個高潮，而收尾又慢，做到穩起穩收。並且要求「慢而不呆滯，快而不散亂」，慢也不丟纏絲勁，快也要走螺旋。

　　總之，陳老師所傳授的拳架在動作連貫的條件下，快慢節奏非常鮮明。不像某些太極拳一味地求慢，速度均勻；又不同於某些武術一味地求快，速度迅猛。而是有剛有柔，有快有慢。看陳老師打拳如滾滾江河，波瀾起伏，後浪推前浪，忽快忽慢，忽隱忽現，快如浪頭，慢如浪尾，給人以鮮明的節奏感。這種快慢相間的練法，可以使你久練而不知疲，越練興趣越濃。從技擊角度體驗，快慢相間的勁力鍛鍊，可以使你全身的螺旋勁達到剛柔相濟，應用時可以做到「動急則急應，動緩則緩隨，隨屈就伸」。

㈧ 注重呼氣，內氣鼓蕩

　　雖然陳式太極拳同其它各式太極拳一樣也講合吸開呼，起吸沈呼，有呼有吸，呼吸自然。但是陳照奎老師練拳、教拳時，都特別注意呼氣，打起拳來總是呼呼帶聲，尤其發勁時更明顯。給人的印象是氣勢飽滿，內氣鼓蕩。

　　陳老師常講，呼氣要呼夠，發力時可以張口發聲呼氣，免得用力時胸肺憋脹。實踐證明打拳時注意呼出肺腑之氣，使眞氣下沈丹田，這樣久練而不累。這種注意呼氣的練拳方法，既符合古典拳論的要求，又符合現代生理學的要求。就是《少林拳術秘訣》中也講：「長呼短吸爲不傳之秘訣」，「氣隨手出，不可失緩，惟手衝出時須發聲喊放，方免意外之病」。六字訣養生法也是強調不同聲音的呼氣。《眞氣運行法》也是注重呼氣。同樣《陳氏太極拳圖說》一書中也一

再強調注意呼出濁氣，「濁氣去而清氣來」。

　　根據現代醫學分析，注意到出氣時對神經系統有好的影響。正常情況是：吸氣是交感神經興奮，出氣時副交感神經興奮。交感神經興奮時，全身處於緊張狀態，使心跳加快；副交感神經興奮時，全身出現舒緩狀態，心跳減慢。在練拳時我們注意呼氣，交感神經活動相對減弱，這時血管就處於舒張狀態，毛細血管也舒張，氣血就容易通過，因此就可以使血壓下降，減輕心臟負擔，對防治高血壓引起的冠心病也會有好處。

　　當然，出氣的作用不僅可以使高血壓、心臟病等症好轉，還可以使周身血液流暢，四肢以至全身得到氣血濡養，對其它病症的康復也有良好的作用，如神經衰弱、植物神經功能紊亂、腸胃病等症。從人們日常生活情緒觀察，歡笑時多是呼氣，哭泣時則多是吸氣（故謂之抽泣）。至於吸氣，因為空間大氣大大超過肺腔的壓力，只要你注意把濁氣呼出，不管吸氣，新鮮空氣也會滲入肺腑。

　　從技擊上講，這種吐氣發聲的作用，既有利於意、氣、力三結合，對敵人又是一種精神上的威懾。所以，我認為陳老師練拳注重呼氣的方法是科學的。致於呼吸與動作、發勁相配合，陳式太極拳則採取丹田呼吸、肺部呼吸與體呼吸三結合的周天開合呼吸法，從而使此拳內功外功達到完美統一。

㈨ 技擊性強，式式講用

　　技擊含義體現在著著式式、大小動作之中，也是陳照奎老師傳授套路的特徵之一。健身性是武術的本質（鍛鍊的主要目的），技擊性則是武術的突出特徵，是武術的「眞」

（護身的作用）。陳老師敎拳的第二遍爲拆拳，即講每個式子、每個動作的技擊含義，根據太極拳以防爲主的原則，特別強調「化打統一，打就是化」，以及「引進落空合即出」、「順勢借力」等戰略戰術。

「第一金剛搗碓」，一、二動作是設敵人右拳擊來，我則先掤後攦，引化來力之中再給他加上攦勁，使來勁落空；接第三動作發勁，即上引（攦）下進（蹬對方下肢）；四、五、六動作，即若敵後退，我即快速（可用躍步）向敵上、中、下盤同時用擠、撩、戳、踢等法進擊發勁，做到一動無有不動，手到腳到，上下一致，發人必倒。這叫「來，則順勢攦；去，則順勢發」，願來就來，願去就去，隨屈就伸。

陳老師風趣地講：「這叫來之歡迎，去之歡送。」也就是拳論中講的「因敵變化示神奇。」這種分解方法，使學者對著著的技擊含義一目了然。他並從人體力學上把剛柔相濟、柔引剛發、引發螺旋、化打並用、虛實互換、避實擊虛、聲東擊西、驚上取下、引進落空等等太極戰術掰開揉碎，講得一清二楚。他敎拳時，經常強調：「每一個動作，那怕是一個微小的過渡動作，都有它的技擊含義，一點也不能馬虎。」因此，使人感到跟陳老師學拳才是學了一套「明白拳」。

強調練單式功夫。陳老師常說：「沒功夫，技巧也是空的；功夫不出，什麼技巧也不頂用，關鍵是出功夫。」怎樣出功夫？他強調把練套路、練推手與練單式三者結合起來，才能出功夫。他說：「推手是檢驗架子的試金石，走架子又是推手的基礎，練單式則是出功夫適應散打的關鍵。」陳老師特別強調練單式。他說：「有些式子動作的用法，在推手中你不能用，如肘法、腿法，以及對人體要害部位的擊打、

擒拿、點穴等功法,有些快速發勁動作,在套路中也不能一個接一個地練,那樣會把人累得喘氣。」因此,他主張把套路中的各種發勁動作抽出來作為單式練習,練習發放各種技擊勁力。只有這樣遇到情況才能真正用得上。他說:「那種宣傳平時打得越慢越好,打起來自然會快的說法是騙人的。」

另外,在推手、練拳勁力的變化上,運勁的技巧上,內外三合以及勁分三節等等方面,他都有獨到的見解。他把太極拳的推手只看作一種鍛鍊方式,是一個鍛鍊階段,最後還是散打。他不贊成只練定步推手,主張多練動步散手。當然,散手也要體現纏勁,體現引進落空合即出、邊引邊進、鬆活彈抖等太極拳的獨特技擊法。此外,他還強調練基本功,例如練百把氣功樁、抖桿子、擰棒子(太極尺),以及其它各種腰腿功等。

(十) 力的旋律,美的造型

在堅持動作合乎規則的前提下,陳老師的拳架動作造型特別優美。他說:「拳式在符合技擊含義的要求下,練拳時動作連貫又有節奏,快慢相間,富有變化,姿勢優美,就會感到好像進入了一種藝術境界,意趣橫生,興味很濃。」

從美學角度上看,陳照奎老師傳授的拳架的藝術性,主要表現在拳架演練中的對稱美、節奏美、開合美、螺旋美、輕沈美和意境之美。《牛津字典》裡把「對稱」定義為「一個物體或任意一個整體各部分之間的適當比例、平衡、一致、協調、調和所產生的美感。」所以運動中的對稱勁(及其端麗的造型)本身就會給人以美感。節奏美,可以從快慢相間一特點中去體會陳式太極拳這種獨特的勁力的旋律。此外,它還給人以下幾種美感:

開合美。陳老師教拳特別強調注意開合。「逢開必合，逢合必開」，「開中寓合，合中寓開」。尤其胸部，不像有的太極拳只強調含胸。陳老師講「胸有開有含，胸含則背開，背合則胸開」。還強調「在螺旋中開，在螺旋中合」。欲開先合，欲合先開。發如悶雷，聚如嬰兒……所以陳老師打起拳來忽隱忽現，忽開忽合，開合相寓。有時上開下合，有時下開上合；手開腳合，腳開手合；腳開膝合，腳合襠開，處處總有一開一合，開時氣勢飽滿，神氣鼓蕩；合時精神內斂，渾然一體。

陳老師把打拳比喻作捲炮竹和放炮竹，捲得越緊，爆發出的力越有勁。處處是蓄勢，處處能放勁。「合則周身柔軟似無骨，忽然放開都是手」。給人以瀟灑而渾厚、舒展而緊湊的開合之美的感受。

螺旋美。拳以腰爲樞紐，以丹田內轉爲軸心，全身處處都是螺旋勁，全身各部位既有自轉，又有公轉，非圓即弧，非順即逆，內旋外旋，旋腕轉臂，旋踝轉膝，起落螺旋。周身像一個滾動中的具有彈性的球體，而且全身各個部位、關節都似若干螺旋中的球體。這種螺旋力律給人以圓活之趣。某些動作如同滾動騰躍前進之龍蟒之形。正像懷素描寫他的草書一樣「奔蛇走虺勢入座，驟雨旋風聲滿堂」，「筆下唯看激電流，字成只畏盤龍走」。奔放流暢，一氣呵成，給人們剛勁有力，而又有婉轉自如的美的感受。

輕沈美。陳式太極拳動作之美是自然之美。不論剛勁、柔勁，正如拳論所云：「四肢發動，氣形諸外，而內持靜重，剛勢也；氣屯於內，而外現輕和，柔勢也。」陰柔輕靈的一面，譬如和風細雨；陽剛沈著的一面，譬之爲雷霆萬鈞。「輕如楊花，堅如金石，虎威比猛，鷹揚比疾，行同乎

水流，止侔乎山立」，「秀若處女見人，肆若猛虎下山」。

有人把太極拳的輕柔之姿比作「沈魚落雁」，魚在水中似靜而微動，有時全身抖然一動又靜靜地螺旋下沈；又如大雁自空而降，全身舒展，盤旋飄然下落，沈穩而輕靈，給人以鬆靜沈穩之美的享受。陳老師演練的「懶扎衣」、「單鞭」、「斜行」等式，都給人一種輕沈兼備的感覺。「輕沈兼備、剛柔內含」是太極拳的高級功夫，前面講的鬆活彈抖，則是這種輕沈兼備功夫的典型形象表現。

意境美，興趣是生命力的一種表現。陳老師所傳太極拳架構思和編排科學，造型美，易引起練者的興趣。陳老師常講：一定要在心情愉快，情趣橫生的心情下打拳才能打好。所以上場打拳一定要清心滌慮、專心致志，打拳不僅僅是練武，並且通過練武抒發自己高潔的胸懷和情操。不僅僅在其肌體功夫的深厚堅實，更在於喚起內在的精神力量。

拳以傳神。打拳要體現出人不犯我，我不犯人，我必借其力還治其身的精神；把以謙讓為懷的美德，以不卑不亢、從容不迫的神態注入拳藝之中。即把崇高的精神、情操、意志融入每一個動作之中，表達於外，亦即所謂武術家的「神韻」，給人以意境美。

正如陳鑫公《拳論》中所述，打拳要有景。他說：「一片神行之謂景。景不離情，猶情之不離乎理相連故也。心無妙趣打拳，則打不出好景緻。問何以打出好景緻？始則遵乎規矩，繼則化乎規矩，終則神乎規矩。在我打得天花亂墜，在人自然拍案驚奇。裡面有情，外面有景，直如天朗氣清，惠風和暢，陽春煙景，大塊文章。處處則柳軃花嬌，招招則山明水秀，遊人觸目興懷，詩家心往神馳，真好景緻！拳景致此，可以觀矣。」打拳至此才算達到神形兼備的高級水

平。

當然，上述這些藝術性完全寓於技擊性之中。技擊性是
武術套路藝術性的生命和靈魂，沒有技擊性也就沒有武術的
藝術性。那種沒有技擊性的藝術動作，只能稱爲舞蹈。技擊
講求快，表現在套路中則有迅猛、緊湊、俐落，瞬息萬變之
美；技擊講求勁力的功夫，在套路中則顯示出激烈、陽剛之
美；太極拳的技擊特點上有柔化剛發、引進落空、四兩撥千
斤之妙，表現在拳架上則有剛柔、開合、輕沈之姿。從而形
成內容（技擊含義）與形式（動作姿勢）的完美統一。如
「靑龍出水」、「高探馬」等式，身靈、肩鬆、步穩、發勁
鬆活彈抖，外形瀟灑大方。如果具有同樣的技擊含義而外形
是聳肩、挺腰、拱背、蹶臀，則不堪入目。當然，這些要求
都要在長期的刻苦實踐中去不斷地領悟其中的實質，並且不
斷地融化、提高、昇華。

總之，陳式太極拳的藝術性，是具有技擊攻防的實戰意
義包含在內的固有屬性。我認爲在具有技擊含義的基礎上，
發揚這種傳統套路的藝術性，使健身性、技擊性、藝術性三
者全面發展，旣是陳照奎老師拳藝的特色，也是太極拳發展
的正確方向。

〈三〉

陳照奎老師去世已七年了。在十年動亂中，他受盡歧視
和折磨，道路坎坷，生前不爲人所重。但是，他那精深的拳
藝卻閃爍著引人注目的光輝。他繼承了陳氏家傳拳藝的精
華，並發展到完美的高度，他無疑是陳氏世家中的一位卓越
的宗師。爲了繼承、研究和發展陳式太極拳，作爲他的徒
弟，我有責任把他生前傳授的拳理、拳法整理出來，獻給廣

大的陳式太極拳愛好者，同時藉此表達對老師的懷念。

早在1977年陳老師同師弟陳瑜第一次來石家莊市，在我家居住期間，就曾議論過編著一部陳式太極拳及其用法的書，以饗廣大陳式太極拳愛好者。當時，陳老師即提出約我退休之後幫他完成這項計劃。可惜，老師過早地離開了我們，未竟的事業落到了我們的肩上。爲了實現老師的遺願，發展太極拳的千秋大業，從1982年起，我即著手整理1972年至1980年跟老師學拳時的五冊原始記錄，以及老師寄給我的書信和函授資料，著手整理此書，以實現先師的遺願。

初稿整理成之後，1983年曾寄上海請萬文德師兄予以審核修訂。之後，1987年作爲內部教材印發廣大陳式太極拳愛好者徵求意見。在此基礎上，我再次進行修訂，才形成現在這部正式出版的《陳式太極拳體用全書》。

這部書實際上是一部珍貴的陳式秘傳拳譜。四川青城山上有一副楹聯：「惟名山能留仙住，是眞傳只說家常。」文學家高爾基也說過「一切出色的東西，都是樸素的。」（《文學書簡》）陳照奎先師所傳的這部拳譜，用來表達內容的語言文字極其樸素，而且爲了避免走樣，我們盡量保持了原始記錄的本來面目，除了稍作文字條理順通之外，幾乎未作多少改動。

所以，開始接觸它時甚而感到略感文字繁瑣。但是，只要你肯認眞學習鑽研起來（結合口傳身授），其細膩、周密而科學的分解，會使你感到極爲精湛。

陳老師生前授拳時（特別是內部拆拳講解單式時），往往是一式多用，甚至一個動作幾種技擊用法，眞是左右逢源，靈活機動，但由於此書篇幅所限，只好僅擇其要者，其詳盡論述及其多種用法的解說，我們將根據陳老師授拳的記

錄另外整理一部《陳式太極拳技擊法》。本人模仿先師表演和講解的一、二路（炮錘）教學錄影帶，可作為學習此書的補充參考資料。

這部《陳式太極拳體用全書》中的動作圖解，由我的學生張一峰、周寄石拍攝了系列拳照，馮志強、陳立清老師在百忙中給此書寫了序言。在此特致以謝意。

「丹青難寫是精神」，我們記錄和演述的這套拳架，雖然把陳老師的細膩動作基本上都表達出來了，可是無法傳達他的神情。他演練起來，節奏鮮明，風格多樣，陰陽變化，緊合易理，一舉手，一投足，剛中帶柔，柔中寓剛，開中有合，合中有開，動如脫兔，靜如處女，輕如流雲，穩如山岳。構思嚴謹，氣勢磅礡，滿如風帆，引如拉弓，折疊如波濤翻滾，往返如魚雁追逐。整套拳架如一首交響曲，一幅絢麗多彩的畫卷，令人百看不厭，給人以美的享受。為了進一步表達陳照奎老師有關拳理和用法的闡述，附錄了先師的遺作《陳式太極拳的拳式和推手鍛鍊》一文，以及我們在實踐中的體會文章，供讀者參考。

馬　虹

2000年5月7日於石家莊

上　編

陳式太極拳第一路
動作說明及技擊含義

第一式　預備式

頭頸正直，下頦微向裡收，齒輕合，唇輕閉，眼向前平視，虛領頂勁（即頭正直，項鬆豎，頭頂百會穴處虛靈上頂，似有繩線提懸之意）精神內斂，外示沈靜安逸。

立身中正，含胸塌腰，沈肩墜肘。兩肩微向前捲，放鬆下沈，胸部寬舒，不凹不凸，腰脊要有上下對拉拔長之感，兩臂肘隨肩微向前捲，稍向兩側後彎曲，肘不貼肋，兩手指肚輕輕貼在腿兩側（使兩肩、肘、腕、掌背外圍掤勁不丟，如受外力影響，便於引化進攻）。

鬆胯開襠，兩膝微屈。使襠有圓虛之感，兩膝有合意。兩大腿內側有向後外撐之意。兩腳五趾抓地，湧泉穴要空。全身放鬆（在掤勁不丟的基礎上）。呼吸自然，意存丹田（小腹部、人體重心所在）。兩腳平行，腳尖微外撇，相距與肩寬同。（圖1）

上述要點，在做整個拳套

圖1

的任何動作時，都必須時刻注意。

第二式　金剛搗碓

【動作說明】

動作一：身微螺旋右轉下沈，重心偏左。兩肘微屈，兩手微左順右逆腕上提。即「邊提、邊塌、邊轉」。眼視左前兼顧右。身再略螺旋下沈，向左旋轉，重心由左換右。同時兩手隨身下沈，變左逆右順，先略向右前下沈，坐腕再隨身左轉，向原預備式的左前上方提起掤出（高度約與肩平）。眼看左前。（圖2－4）

圖2　　　　　　　　　　　　　圖3

動作二：身螺旋向右旋轉下沈，重心由右變左。同時兩手變左順右逆，坐腕加掤勁翻轉，隨身旋轉向右上側外劃弧變攦，兩手距離是由手到肘的寬度。左手高度在鼻前中線，右手略高，與眼同。眼先看右手再看左肘前。重心由右變左後，右腳跟為軸，腳掌貼地隨身右轉，左膝裡合，要做到鬆胯，右膝和右腳大趾要開中有合，腳心空。（圖5）

動作三：身繼續向右旋轉，螺旋下沈，重心由左變右。

圖 4　　　　　　　　　　圖 5

兩手繼續以左順右逆，隨身右轉螺旋下沈向右側後掤出，高
度略降低與鼻同。同時沈肩墜肘，鬆胯，提左膝（上下相
合），逆纏提腿，腳尖上翹裡合（作到膝合腳開），用腳跟
裡側貼地向左前方蹬出，眼看左肘前。（圖 6 - 7）

圖 6　　　　　　　　　　圖 7

　　動作四：身先向右略下沈，同時兩手微左順右逆，重心
再向右沈，然後走下弧向左旋轉，左腳尖隨身略左轉落地，
重心由右後，襠走下弧移到偏左前。同時兩手變左逆右順略

走下弧向前略上掤出，左手掌心空，向下，高度在胸前中線，左肘與左膝合；右手順纏側立掌（指尖向右外）掌心向前略偏右，位在右膝外側。右手與右膝合，沈肩墜肘，突出掌根，眼視前方。（圖8）

圖 8

動作五：身向左轉螺旋上升，同時左腳尖外轉，左手逆纏前掤變順纏，指尖向前上抖，走上弧再變逆纏下沈，向身前裡合於右肘彎處（左手向前上擠、撩、收回，走一個立圈），掌心向下，指尖向前，虎口仍要圓，左肩沈，左肘外掤勁不失。右手、腿同時隨身左轉以順纏向前，右手掌心向上，指尖合，高度在胸前中線，右腿上步時，腳跟提起，以腳尖擦地略劃裡弧向前虛步，腳尖（或腳掌）點地，位在左腳右前方。眼左顧右盼，重心在左。此動作要快。（圖9－10）

圖 9

圖10

圖11

動作六：身微微右轉下沈，右腳跟微提（上下相合）腳尖點地，同時右手向前上略逆上翻，左手同時外翻順纏，指尖貼右肘偏裡翻轉，左肩肘有向前下掤意。重心在左，眼看前略下。身繼續微微下沈，沈肩墜肘，右手由掌漸變拳（虛握），同時右膝提起，腳尖離地（上下相合），含胸塌腰，身略向前下合，重心全部在左腿。同時左掌繼續順纏外翻向前下沈，掌心空，向上，小指為主，大指合，高度在腹前中線。右手逆纏變拳後經身前（高度鼻尖）下沈。身隨勢，略右轉胸肌放鬆，氣沈丹田。同時左掌向上略逆上合，右拳變略順纏下沈合於左掌心，同時右腳向下平面震足沈氣，重心在左。兩手與小腹約一拳之隔。眼視前下。震腳，手合，沈氣同時完成。震腳時要含胸、鬆胯、屈膝，腳心空。（圖11－13）

圖12

圖13

【技擊含義】

動作一、二：設敵人上步用右拳或掌向我頭或胸部擊來，我先以雙手掤出接應，然後我即順勢身右轉螺旋下沈，重心左移，右腳尖外轉，同時雙手由下向左以左手變逆纏為順纏，右手順變逆，以左手管敵人右肘臂，右手封住敵人右手腕部，雙手用挒勁向己身右側後順勢挒出。

練法上有快有慢，根據情況做到急緩相應。另一練法是：隨身右轉重心左移，右腳向右後退，雙手仍用挒勁。這是敵人來勢凶猛，進身太近，我退右腳以避來勢，雙手向右外，掤勁加強，順勢將敵人挒出。做為單式練，叫退步挒。

動作三：在己雙手挒敵右臂時，敵人欲變進為退；己則乘勢重心右移，提左腿裡合，用腳跟向敵右膝蹬出。

動作四：敵右膝被蹬，如要退步，我即乘勢進左腳向前插襠或用左腿套在敵人右腳後管住。同時左手封敵左肘臂以按和掤勁向敵腹部發勁。這是插襠。如走敵外側，用左腿套住敵右腿裡扣，雙手發勁，這是摔法。進步時敵如退得快，可用躍步快速進攻。

動作五：進步向敵胸前發勁時，敵退得快，則用左手指向敵面部，眼眉之間抖發撩勁；同時右手隨身向敵人下部發勁。乘勢重心左移，用右腳向敵迎面骨踢出。做到上、中、下同時向敵進攻。這叫上中下三盤同時並取。又叫上驚下取，或下驚上取。

動作六：接上動作，左手向前上撩抖面部，敵如後仰我左手則變虛；同時右手變拳向敵胸部及下頦擊去，並提膝向敵下部撞擊，腳下沈踩敵腳面。這一動作要求：左手前上抖擊敵面部，右手變拳向敵胸部或下頦擊出，與提右膝擊敵下部同時完成。

金剛搗碓是象形之意。震腳在拳理上是沈氣勁整。步法變化，躍步前進或後退都是根據當時敵人的位置，距離遠近而定。

動作的快和慢，是根據對敵搏鬥時的情況，動急則急應，動緩則緩隨的運用。因此，在平時練習時要快慢相間、剛柔相濟。

拳式架勢的大（低）中、小（高），運動路線的遠近，要依以下三點決定：一是根據體力、耐力、難度配合練習的需要；二是練習在對敵搏鬥時可因敵人變化，因形就勢，隨高就低來取勝；三是考慮搏鬥時如何走捷徑。

練套路或練單式時：要做到大（低）架子沈穩而不呆滯，開展而不散亂；小（高）架子輕靈而不飄浮，緊湊而拘謹。換句話說，就是開展之中有緊湊之意，捲裹裡之中有舒展之功。做到一動無有不動。金剛搗碓包括攦化、發勁，這叫做「來，則順勢攦；去，則隨勢發」，「願來就來，願去就去」。

第三式　懶扎衣

【動作說明】

動作一：身微向右轉螺旋略下沈，重心偏左。同時左掌右拳粘住用雙順纏略向右前上引（高度在胸下腹上），眼看右前。

身向左轉螺旋下沈，重心走下弧移到右。同時左掌右拳粘連用雙逆纏下沈向左（高度在腹部，距腹部約一拳隔）再略向左前上（高度胸下腹上）外掤，這時右拳順纏變掌，貼左掌根漸變逆纏旋轉至雙腕交叉。雙腕粘連變雙逆纏，漸向左前上翻轉（高度在胸前）眼看左前。

身向右轉，螺旋下沈，重心下沈變左。同時眼從左前向前看，雙掌逆纏，雙腕粘連從左胸前隨身旋轉向上外（高度雙腕交叉在胸前上中線，雙手指高度在眼眉之間，外加掤勁，距離頭部約三拳之隔）。

身略向左螺旋下沈，重心下沈變右，眼視右肘前。同時雙腕粘連，雙掌逆纏略下沈（高度在胸前中線，掌指高度與鼻尖同）勁分運到雙掌中指肚。

這動作身體旋轉方向是右、左、右、左，重心相反，是左、右、左、右。要求做到動作主宰於腰，雙手腕粘連不脫。（圖14－15）

圖14　　　　　　　　　　圖15

動作二：身向左轉螺旋下沈，重心在右。眼左顧右盼。同時雙掌逆纏分向右前上，左側前下展開，右手高度在眼眉之間，以大指為主，小指合，掌心空，勁運到中指肚，左手高度在大腿左側前，掌心向左下，指尖略偏左前（圖16－17）

動作三：身向右轉螺旋下沈，再向左轉螺旋下沈，重心全部放在左腿。眼看右肩肘外側，耳聽左後。同時，右手順

圖16　　　　　　　　　　圖17

纏下沈懸臂經胸前下（距離約五拳之隔）向左上，左手向左
側逆纏開向上變順纏經頭前上（高度，低架子超過眼眉，中
架眼眉之間，小架鼻尖距頭部約30公分左右）交叉於右小臂
上近肘彎處，變逆纏合，交叉點高度在胸前中線。同時右腿
鬆胯提膝逆纏裡合，腳尖上翹，足大趾裡合（做到隨身旋轉
下沈膝合腳開），用右腳跟裡側向右貼地蹬出，做到兩膝開
中有合。（圖18－19）

圖18　　　　　　　　　　圖19

圖20

這一動作要求做到沈肩，右肘臂懸引，右胯鬆、右膝提，肩、胯、肘、膝、手、腳上下相合，重心由右變左，同時完成。充分體現出右重則右虛的拳理。兩臂交叉時，注意兩手都要順逆纏絲走弧線，體現「非圓即弧」，「手足之運絕無直來直去」的拳理。

動作四：身向左轉螺旋略下沈，重心漸沈偏右。眼看右肩、肘外側，耳聽左後，同時右膝裡合，右腳尖上翹裡轉，腳裡側逐漸著地，右手以小指領勁，左引，大指合，掌心空，同時左掌腕粘住右前臂近肘彎處，手繼續逆纏。交叉點在胸前，左掌心向右前，指尖斜向右上，高度與鼻尖同，右掌以小指爲主，大指合，掌心空、掌心向上，指尖向左前，高度與眼同。（圖20）

這一動作要求運勁要穩，身不上晃。右臂上引進，臂懸掤勁不丟，左肩放鬆，左臂肘外掤勁不失。身勿後仰。

動作五：身向右轉螺旋下沈，重心隨身旋轉再右移。眼看右肘外側。同時右掌逆纏翻轉向前上外掤掌心向右前指尖向左略偏後，左手變順纏，左腕粘連右肘裡側上與右臂同時翻轉外掤略下沈（左肘向左外下沈與左膝相合）。（圖21）

身略右轉下沈，重心偏右。眼看右手兼顧左，耳聽左後，右手逆纏眼前向右展開。左手順纏下沈至腹前輕輕貼住，掌心向上，指尖向右，同時左腳跟爲軸，左腳掌貼地裡扣。（圖22）

這動作要求右手逆纏向右展開時，左肩沈，左胯鬆，左

圖21　　　　　　　　　　圖22

腳尖裡勾，左臂沈鬆，不上晃。

　　動作六：身略左轉螺旋下沈，重心由右漸移略偏左。眼看右手。同時右手略變順纏，勁運到中指肚，手指斜向右上，掌心向右前下，中指高度約與鼻同，左手心向上輕貼於腹前，指尖向右，左手順纏沈略變逆纏，左肘外掤勁不失。（圖23）

　　這一動作要求氣沈丹田，與丹田內轉相結合，勁運到中指肚，左肩沈，左胯鬆，左肘沈，左膝合，右膝弓度略大，左膝弓度小，但重心略偏左，這是右重則右虛。懶扎衣在拳的含義上形容從前人穿長袍，在遇敵時把衣襟撩起塞在腰帶上，表示從容不迫以迎敵。

　　【技擊含義】

　　動作一：身體旋轉方向是右、左、右、左，重心是左、右、左、右，二者恰好相反。

圖23

凡是虛腿都包括著步伐的轉換，前進後退及腿法的蹬、踢、踩、跺、勾，掃、跪、撞等等的應用，運用之妙則看當時情況來定，要靈活運用。

設敵人上右步用右拳或掌向我胸部或頭部擊來，我即乘勢身向右轉，重心變左（視距離及速度，距離遠則左步走敵人外側。距離近則退右步進左步，仍走敵右外側或迅速右轉原地變換虛實）。右手臂逆纏上掤劃弧，使敵來拳偏於我右側，我乘勢以右手臂從敵右臂肘外側纏繞拿敵右腕，左手順變逆纏抓住敵右前臂，運用身法右轉螺旋下沈，結合左臂肘手逆纏用採勁下沈壓敵右臂肘，右手順纏下沈上挑翻敵腕，配合左臂手逆纏採勁下沈，敵如轉換不靈，右臂肘反關節被制住，必受制於我。進步套腿，腿法則有膝扣、跪打、胯打的摔法及肘擊之法。

動作二：如前例，敵進右步用右掌或右拳向我胸部或面部擊來，我即乘勢身向左轉螺旋下沈，用左手逆纏斜向左外下採，同時右手逆纏用掤勁向敵胸部或面部擊去。距離遠則上右步插襠，距離近則用肘擊敵胸或面部。

動作三：設敵如抓我右臂外側，向我按或推來，我則用上引下進之法，右臂肘引進落空。同時重心變左，提右腿向敵膝、胯或襠蹬出。或用套步摔法（膝裡扣，上外翻加掤勁）。

又設敵如用雙掌或拳向我右肋猛擊，我即乘勢右臂肘下沈用採勁截引對方來勁，使其落空，同時重心變左，提右腿向敵襠，腿部橫蹬或斜向下踩。

這兩個用法的區別：一是敵抓我右臂外側按或推，則用上引下進之法；二是敵擊我右臂下肋部，則用截採勁截斷其來勁。下進之法相同。

雙臂交叉左手腕合在右臂近肘處的含意：一是左臂以逆
纏，順纏劃上弧，右臂手順纏（引進，用採勁）與左臂手合
（右手與左手絞捌勁）的旋轉繞翻。二是右臂肘下沈引進敵
之來勁，左手交叉在上，既保護面部，防敵人用捌勁反擊自
己面部，又可以運用肩靠掌擊合力進攻。

動作四：設敵人以右手拿我右手腕，左手肘管住我右肘
臂，右手順纏旋轉上挑，左臂肘逆纏裡扣下按，欲制我肩肘
反關節或用力使我肘關節脫臼，或把我推出。這時我即乘勢
進步插襠貼身，用肩靠或肘擊敵胸部。另外是進步套在敵腿
後乘勢下沈肘擊敵胸腹部，同時右膝裡扣敵腿彎，運用裡扣
外翻之法把敵摔倒。

這動作運用肩靠時要穩，因肩靠威力雖大，但失機失勢
時，自己身體重心平衡控制也較難，應慎重，要不失時機，
恰到好處。

動作五：接上動作，在我欲用肩靠肘擊敵時，敵後退，
這時乘勢用捌勁（手掌）向敵面、胸、肋等部出擊。

這種運用方法符合拳理的「遠了用手（拳），近了用
肘，貼身用肩」。腿法上「遠了用腿，近便加膝」的運用法
則。

動作六：是一勢終了，氣沈丹田，內外結合，上下相
合，即肩胯，肘膝，手腳相合，勁運到中指肚是指運勁到梢
節。這是一勢終了的中定勁。在動作運行時是屬於動中的中
定勁。

第四式　六封四閉

【動作說明】

動作一：身向左轉螺旋下沈，重心偏左，眼看右手再看

右肘外側，耳聽左後。同時左膝裡扣，右腿逆纏。右手從右前上先逆後順纏下沈，經身前至腹前中線，掌心向左略偏前，手腕向後彎成約45度角的弧形，中、食、無名指後彎偏於右前方，掌指距離腹部約四拳之隔。左手指尖向右，以小指橫貼腹部，掌心向上，隨身轉略變逆纏下沈，小指尖仍貼腹部，掌心斜向裡上，左腕、肘部略外掤下沈與左膝相合。（圖24）

這個動作練得較緩慢，要穩。要求肩胯、肘膝，手腳上下相合。右肘懸臂與左膝相合。右手向右外掤再收回時，注意走腰勁（丹田內轉），切忌晃肩。

動作二： 身向右轉螺旋略上升再略下沈，重心偏左。眼看右前下，耳聽左側後。同時左手虎口貼在腹部略上，指尖向下，掌心向左前，逆纏旋轉加強外掤折腕。右手逆纏旋轉至左肘下，掌心向左前下，坐腕手後翻，指尖向左上，右手臂裡側要保持半圓形。（圖25）

這個動作練時要快，運轉折腕要靈，要求含胸塌腰，肩、肘、兩肋上、下、左、右四面包住，既虛又靈，掤勁不失。上下相合，左肘與右膝相合。

圖24　　　　　　　　　圖25

　　動作三：身向右轉螺旋略上升再向左下沈，重心略偏右，右膝裡扣，左臀部向左後下沈，很看右前，耳聽左後，兩腳心空。同時左手順纏上捲翻轉經胸前向前上，折腕裡勾，腕背向前上，掌向裡下，掌背指尖在右肘彎裡側，高度與鼻尖同。右手逆纏向前上

圖26

翻，坐腕掌後翻，掌背貼左肘外側略偏前下，掌指向左後，掌心向前略偏左。雙臂腕交合處下邊對準右膝。兩臂裡側形成半圓。（圖26－28）

圖27

圖28

　　這個動作與動作二連起來練時要快。要求（按原懶扎衣方向）左折腕、右翻手向右前上掤擠，與腰腹由左向右上下折疊要結合。要雙臂手向右上掤與左臀下沈形成對稱勁。這叫做有上即有下，有左即有右，「前發後塌」。

　　動作四：身向左轉螺旋下沈，重心走下弧偏左再右移略

偏右，眼看右前，耳聽左後。
左膝裡扣與右膝合。同時左手
逆纏下沈至右胸下經胸前上提
外掤，高度與鼻同，腕裡勾，
腕背向左前略上，掌心向裡偏
下，指尖向裡下略偏右。距離
鼻尖約三至四拳之隔。右手順
纏下沈，再向右前上翻，掌心
向上，指尖向右前，高度與右
肩同。（圖29）

圖29

　　這個動作練得要穩，要求做到「下塌外碾」，即是周身
掤勁不丟。兩手相距一般是由手到肘部的寬度。不宜相距太
遠，以免勁散。

　　動作五：身向左轉螺旋略下沈，重心走下弧轉移到偏
右。右臀下沈，右外胯逆纏外掤，眼看右肘右前方，耳聽左
後。同時左手逆纏由鼻尖前向左外上（掌心向上）以腰為主
宰，手掌後翻（要沈肩墜肘，活腕），以手指外旋一圈（高
度與耳同）指尖至耳前下，掌心向右前上，指掌後翻，右手
逆纏由右前向右側後上翻，掌後翻指尖在右耳下向後，掌心
向左略偏前，同時右肘向右前上螺旋略上挑。（圖30－31）

　　這個動作練時較快，右肘略向右前上挑，左肘向左外下
沈，形成左肘下、右肘上的斜線雙開和對稱勁，即對拉拔
長。

　　動作六：身繼續向左略螺旋上升，重心在右。眼看右前
下，耳聽左後，同時右臀及外胯略下沈再略上升由右後向右
側外旋轉，突出右外胯。左胯鬆，順纏外轉，膝屈外旋，腳
跟提起，以腳尖裡側劃後弧至右腳裡旁略後，腳尖向左外，

圖30

圖31

虛步腳尖點地。左手臂逆纏，右手也逆纏，兩手從兩耳腮前下經胸前向前略下由逆變順纏推出，勁鬆運到中指肚，坐腕，掌心向右前下，右手臂略高，兩手指尖向前略相向斜線成八字形狀。（圖32）

　　這個動作練時要穩，手推按，左腳跟步，呼氣，同時完成。要求襠旣虛又圓。左腳尖點地，左腳跟離地的高度與練架勢的高（腳跟提得低）、低（腳跟提得高）成反比。

【技擊含義】

　　動作一：設敵人從我右側用雙手抓我右臂向我施按勁，欲將我右臂按匾推出或推倒，我即乘勢右臂下沈劃弧隨身左轉螺旋下沈引進，使敵雙手按勁落空，隨即乘勢擊之。

　　設二：敵人用拳向我右肋擊來，我即乘勢身向左轉螺旋下沈，右臂迅速下沈劃弧用採

圖32

挒勁（順纏）將敵右臂裹出使其落空，再乘勢將敵擊出。

動作二：設敵人用左手將我左手或腕部抓住，同時另一手抓住我左臂肘關節，敵左手外翻由順纏勁擰我左手或腕，同時右手由順纏變逆纏上托下按，欲反臂擰直，將我按倒，或用左手順纏上翻，配合右手逆纏用力向下猛按，欲使我肘關節脫臼。

這時我即乘敵擰我左手時，左臂、肘、腕、手用逆纏隨身右轉，含胸、扣襠，沈肩墜肘，折腕，由敵左手臂突然迅速粘連旋轉下沈用採、挒勁截斷敵左手勁路，同時右手逆纏出手抓住敵左腕，配合左手隨身右轉下沈外翻敵左手腕，截斷敵雙手的勁，同時反拿敵左手及腕，使其處於背勢。如對方仍不欲放鬆，可用左肘向敵出擊。

動作三：設敵人從對面用雙手將我攔腰抱住，欲將我摔倒在地。我即乘勢沈肩墜肘，含胸塌腰，鬆胯屈膝合，向左後下沈，同時雙手臂環抱合攏用左順右逆纏，由胸下向前上敵之咽喉要緊處上掤發出，既解敵雙臂環抱之圍困，又將敵發倒。

動作四：設敵人用左拳向我胸部擊來，我即乘勢身向左轉螺旋下沈，同時左手臂管住敵左手腕，右手管住肘部，乘勢向左側後將敵攌出。這叫順手牽羊。

動作五：設接上動作，在攌時，敵乘勢向前上左步，向我襠內插來，並用左肩向我胸部靠擊，欲將我擊倒。

我雙手繼續用攌勁以左逆右順纏勁，向己身左側外加掤勁，同時右手臂由順變逆纏，粘連由外而上托引敵肘部，隨勢用右肘向敵左肋部出擊。

動作六：敵左肋部被擊或粘住不得施靠勁，如後退，我即跟步雙手向敵胸、腹等部發勁按出，將敵發倒。

六封四閉總的含義是：上、下、左、右、前、後都封住門為六封；四閉，即東、西、南、北四方，即使敵無隙可乘之意。

第五式　單　鞭

【動作說明】

動作一：身向右轉螺旋略下沈，吸氣，重心偏左，眼看雙手再隨身轉向前看。左腳尖虛步點地，腳跟隨身右轉逆纏膝裡合。同時左手順纏，從胸前下外翻旋轉向前上，高度至胸前上，掌心向上，指尖向前（按預備式方向即在右前方），手距離胸部50公分左右。右手臂也順纏同時由右胸前下外翻裡合，旋轉至左肘彎上貼住略偏裡側，高度在胸部，手指向前上。（圖33）

這個動作練的速度較穩，注意左腳尖虛步點地，腿逆纏裡轉，左膝與右膝相合，重心漸變偏左。要求：兩臂肘懸，肘不貼肋。

動作二：身向左轉螺旋下沈，重心由左偏右，眼看右手再看左手及身左側。同時，左腳尖虛步點地，左腿隨身轉順纏外開膝，圓襠。同時雙手臂逆纏略下沈，右手五指捏攏，粘連左肘彎裡側逆纏旋轉下沈，經左肘臂手背下向右前上展開，高度與肩平，折腕，肘彎略墜，五指向下偏右，掌心向下略偏右後，同時左臂手略逆纏，指尖向上裡合旋轉經右

圖33

折腕上（過渡時）右胸前下至腹部，指尖向右，以小指外緣輕貼腹部，掌心向上。（圖34－35）

　　這個動作練得較慢，要求：右肩放鬆，左臂肘手掤勁不失。

圖34　　　　　　　　　圖35

　　動作三：身向右轉螺旋下沈。重心全部放在右腿，眼看左前下，耳聽右後。同時右手在前略逆纏上掤領勁，高度與耳平。左手小指貼腹部粘連順纏引勁。左腿逆纏裡轉隨身轉

圖36　　　　　　　　　圖37

提膝（上下相合，左肘與左膝合），先膝合，腳尖上翹裡轉外開，向左側用腳跟裡側貼地蹬出，重心偏右。（圖36－37）

　　這個動作練得要穩，要求右手上掤勁領住不丟，左臂引，上引與提左膝要上下相合，膝合腳開，上引下進。

圖38

　　動作四：身略向右轉螺旋下沈，重心從右下沈移偏左，右腿逆纏，右腳跟為軸心，腳尖裡勾，眼看左前，耳聽右後。同時，右手在右前上略逆纏上領掤勁，勾折腕，指尖向外下，五指捏攏掌心向右後，左手仍貼腹前略順纏引進（掤勁不丟），掌心向上，重心移到偏左，左肩略有外旋之意。（圖38）

　　這個動作練時速度較慢。要求：重心移動變換虛實時，先下沈放鬆，襠走下弧移動，以免左歪右斜失重。

　　動作五：身略右轉螺旋略下沈（右肩胯鬆逆纏裡合，略向上外掤）再向左轉螺旋略下沈（右肩胯放鬆勿帶起）。重心略向右再變偏左，眼看左側再看右勾手，再看左手，耳聽右後。同時，右勾手略逆纏上領裡合，高度與眼平，手指向右後。同時左手順纏略貼身向右移（掌心向上，指尖向

圖39

右），至腹部右前，然後隨左轉變逆纏上翻（掌心向前下再向前）經右胸前上向左展開至七、八分（路線高度與眼平），掌心向左前，指尖偏裡右前上。同時右勾手向右前外逆纏展開七、八分，高度在右眼前略下。（圖39－41）

圖40　　　　　　　　　圖41

這個動作練時速度要穩，開展時略快。要求：在身向右再向左旋轉時，右肩、胯始終放鬆，勿帶起。

動作六：身略向右轉螺旋下沈，重心由左向右移，略偏右，眼左顧右盼。同時左手順纏向左略偏前旋轉下沈至與左肩平，指尖向左前偏上，掌心向左前偏下。同時右勾手略逆纏變順纏與左手合，高度與右肩平，掌心向下，指尖向下略偏右，五指捏攏放鬆，虎口要圓。（圖42）

這個動作練時緩慢沈著。要求：勁運到左手中指肚。重

圖42

心略偏右，與左手開勁形成對稱勁。

【技擊含義】

動作一：設敵以右掌或拳向我右肋擊來，我即順勢身向右轉，重心變左，同時右臂手順纏外翻用採、挒勁外掤略下沈引化，使敵右拳或掌發勁失空，順勢我右手順纏收回，同時我左掌向敵右腰、肋空間處擊去。借敵失空之勢發之。

另一含義是設敵人從我右前側以右手逆纏掌心向下抓住我右手腕，其左手順纏掌心斜向上抓住右肘關節。欲進步以雙手用按勁將我推出，或欲反扭我右臂，使我成背勢，我即乘勢先外翻順纏用採、挒勁使敵重心失空，乘勢用左掌向敵右肋、背、腰等部擊去。

動作二：如前例，敵欲將我右臂反扭，使我成背勢，我即順勢右臂手變逆纏從左臂肘裡下側旋轉向敵腹部擊去，同時我左手乘右拳向敵腹擊出之前，配合右臂手旋轉解脫敵右手之時，用逆纏從敵右腕裡側略向上向裡加外旋勁向左側外分敵右臂手之勁，使其手開勁散，借勢用右拳擊之。

動作三：設左側之敵上右步用左手管我左手腕，右手管我左肘部用按勁欲將我推倒，我即乘勢身向右轉左臂上引，重心放在右腿，同時提左膝裡合向外斜下向敵人右膝蹬出，將敵擊傷或蹬倒。或左臂手隨身上引，左腿向左邁步套在敵右腿後，準備用摔法將敵摔倒。

動作四：如動作三，我用左腿套在敵右腿之後，重心由右移到偏左，用左肩外靠配合左膝裡扣的合、開勁，使敵後仰摔倒在地。

動作五：如動作四例，在我用左腳將敵右腿套住後，配合左肩靠裡扣外翻之時，敵向右旋轉欲引化或退右步，我即乘勢用左肘向敵胸部擊去，或以臂手用挒勁外展向敵胸、頭

部擊去，使敵受傷或摔倒。

動作六：是運化、發勁時，勁要形之於手指，運到梢節。重心偏右是左臂肘手下沈（左重則左虛）上下相合。另外是左臂向左運化或發勁，要形成對稱勁。所謂有左即有右，有右即有左，對稱。這是練習拳術運化、發勁、穩定自己平衡的關鍵，即中定。

單鞭一式名稱之含義在於象形。右手五指捏攏形成勾手，是當意注左手之時，以防右側之敵乘虛抓手扭指之故。

第六式　金剛搗碓

【動作說明】

動作一：以腰帶動，身先向右轉螺旋略下沈，重心移右，眼先看左前。同時左腿逆纏，右膝裡扣。同時右手由單鞭的右勾手五指捏攏變掌逆纏上翻裡合，掌腕後翻，指尖向左，掌心向右前，高度在右眼眉的右前（身法大則在右眼的右前略上），距眼眉約20至30公分。左手臂逆變順纏（基本上在原位置旋轉）略上旋，位置在眼前中線，高度與眼同，後折手腕，肘裡收，掌心向上，指尖向左偏前。（圖43）

身向左轉螺旋下沈，重心由右下沈移至偏左，眼看左手兼顧右手，耳聽右後。同時左膝裡合，右腿逆纏。同時左手臂隨身略下沈變逆纏向左略展開，高度因隨身下沈不變仍與左眼同，掌心偏向左前，指尖斜向裡略偏前上。右手臂變

圖43

順纏先略向右劃弧下沈至腹上胸前下，掌心向左略偏前，懸臂肘後折腕，指尖向右前，距腹約40公分左右。（圖44）

　　這個動作分為兩段，兩段練時要連起來，練得較快。一段右手臂逆纏上翻時，臂裡側要保持半圓，掤勁不要失。左臂外開，放鬆下沈與左膝相合。二段身向左轉在右手向左時，勁要含在其中，不發勁，但要做到柔中寓剛。

　　動作二：同第一金剛搗碓動作三。練的速度較快。（圖45）

圖44　　　　　　　　　　圖45

　　動作三：同第一金剛搗碓動作四、五。練的速度較慢，先要上下相合再左轉上右步。（圖46－51）

　　動作四：同第一金剛搗碓動作六。練的速度較慢，震右腳時勁要整身勿左歪右斜。

　　【技擊含義】

　　動作一：體現欲左先右的要領。可做為單式發勁練習。這是要向左側發橫捌勁，先向右帶或引，再向左發勁。這是為了加強向左發勁的爆發力量和作用。所以要欲左先右，否則發勁的力量就不足，威力不大。應特別注意。

圖46　　　　　　圖47

圖48　　　　　　圖49

圖50　　　　　　圖51

動作二：因與前金剛搗碓的動作三同，這勢的動作三與前金剛搗碓四、五動作同，這勢的動作四與前金剛搗碓的動作六同。其練法及技擊含義也相同，故省略。

第七式　白鶴亮翅

【動作說明】

動作一：與懶扎衣之勢的動作一相同。故省略。（圖14－15）

動作二：與懶扎衣之勢的動作二相同。故省略。（圖16－17）

動作三：與懶扎衣之勢的動作三基本相同。區別是懶扎衣練時，右腳向右貼地裡合蹬出，步較大。這勢右腳是向右前方合邁出一小步。區別是：一是向橫側蹬出，一是向右前方邁出一小步，相差45度。相同的是逆纏裡合出腿，右手臂引進，左手臂擊，這叫右引左擊。動作練時可參照懶扎衣動作三，故省略。（圖52－54）

圖52　　　　　　　　圖53

動作四：與懶扎衣之勢的動作四基本相同。區別還是相

差45度。

動作五：身微向左轉螺旋
上升再略下沈，重心移至右
腿。眼看身右側再顧左，耳聽
左後。同時右腿逆纏，右膝裡
扣，突出右外胯，右腳五趾抓
地；左腳跟提起，腳尖點地，
由腰胯帶動，鬆左膝及腳腕，
用腳尖裡側略向後貼地劃裡弧
順纏外旋膝，腳跟步至右腳尖

圖54

裡側略後，圓襠，形成不丁不八步型的虛步。同時右手逆纏
向右上外展開變順纏，勁運到中指肚，指尖向上略偏裡，掌
心向右前，高度與右耳同。左手由右肘彎裡側逆纏下沈至左
大腿左側略偏前，變順纏，勁運到中指肚，掌心向下指尖
略偏左前。（圖55－56）

圖55

圖56

　　這個動作練得要舒展大方，速度平和。注意勁是通過肩
肘運到中指肚。因此，練法肩與肘之勁是隱含其中的。襠是

既虛又圓。

【技擊含義】

動作一：至四與懶扎衣四個動作在技擊含意方面相同，動作五，這個動作是：設敵人雙手抓我右臂肘，乘勢進步，欲用按勁將我推倒。我即乘勢身向左轉。右臂肘引進，同時進右步插襠，或套住敵左腿，同時左手上合至右肘彎上，準備用右肩靠敵胸腹等部。敵如欲後退，即可用右肘或掌擊敵胸腹。左手上合的作用：一是保護自己，防止對方用捌勁擊面部；二是右引左擊用肩靠或右肘擊時可合力向敵擊出，加大發勁力量。左手逆纏下沈的作用是：一是右肘向右上擊時，左手下沈是攻上防下；二是手向左下沈展開是與右手的開展形成對稱勁。左腳虛步跟步是為了再變換步伐調整虛實，運勁發勁。

第八式　斜　行

【動作說明】

動作一：身向左轉螺旋下沈，重心偏右。眼先看右手，再看左手，耳聽左後。同時沈肩墜肘，開胸，鬆胯，屈膝。右腳五趾抓地，右腿逆纏裡合；左腳虛步腳尖點地，左腿順纏外旋，左膝外開，以左腳為軸心，腳尖順纏，腳跟劃裡弧向右前略轉。同時，右手在右前上向右側順纏略下旋（與身體形成開勢），手的高度與右肩同，手指向右後，掌心向右前，再隨身左轉，手繼續順纏向左上劃弧至面前中線，高度眼前略上，手後翻折腕，掌心向左上，指尖向右前；同時左手隨身左轉略逆纏，略下沈，向左外劃小弧（掤勁不失，與右手形成開勁的對稱），高度在大腿外側，掌心向下，指尖（按現方向）向前下。（圖57）

這個動作練時速度快，要輕靈。要求：左膝略下沈順纏外開，形成圓襠之勢。

動作二：身向右螺旋下沈，重心移到左腳，左腳仍腳尖點地，變實，眼先看右手再看左手，耳聽右後。同時左腿逆纏，以腳尖為軸，隨身右轉，腳跟向左外旋轉。右腿順纏，以腳跟為軸，腳掌擦地，向外旋轉成隅角後，右膝裡扣。同時右手由前上變逆纏經身前中線，隨身右轉下沈至右大腿外側略前，掌心向下，指尖（按現方向，向右前方隅角）向前。同時，左手向左側外後略逆纏（沈肩開胸），下沈變順纏，再略向左側外下沈後再向左側後上翻（與左肩平），再隨身右轉向上劃弧（高度與眼平）至面前中線，立掌下沈，指尖向上，掌心向右，指尖高度在鼻前，以不影響向前視線為準。（圖58）

圖57　　　　　　　　　圖58

這個動作與動作一連貫起來，右手運行成「S」型，練時速度要快，旋轉靈活，身勿左歪右斜。要求：手與身體，兩膝要先開後合。

動作三：身向右轉螺旋下沈，重心全部移到右腳，右胯

鬆，右膝屈裡扣，右腳五趾抓地，眼看左前，耳聽左後。同
時左臀部略下沈，向右前裡轉，提左膝與右膝合，腳尖上
翹，隨逆纏外開下沈，以腳跟裡側向前貼地蹬出。同時，左
手立掌略逆纏隨身下沈（原高度不變），向前推出，指尖向
上，掌心向右。同時，右手從右大腿外側前向右外上方逆纏
展開，高度與右耳同，掌心向右，指尖向前略上。（圖59－
60）

圖59　　　　　　　　　　　圖60

　　這個動作練時速度緩慢。要求：左手逆纏立掌前推引，
與左腳向左前方蹬出和右手逆纏向右側上展開同時完成。左
腿提膝時要膝合腳開，並要上下相合。肩胯，肘膝，手腳要
先合後開。

　　動作四：身先略右轉螺旋略上升，再向左轉螺旋下沈，
重心是先向右移下沈，漸變到左腳。眼看左側，再看左手，
耳聽右後。同時左手臂先順纏向上領勁，手高度超過面門中
線，掌向左側後翻折腕，指尖向左偏上，掌心向上，再隨身
左轉向前左下變逆纏下沈（大身法手經過左膝前下），掌心
向下指尖向前下，經過左膝前下，再向左外開展至左膝的左
前方約40至50公分處，指尖放鬆，五指虛捏變勾手下折

腕，向上輕輕提起，高度與眼同，勾手心向下。同時，右手先向右側外上逆纏領勁，高度在右眼略上，掌腕向後翻，掌心向右，指尖向左前。再隨身左轉變順纏（先沈肩，墜肘向右外旋轉）手指先向右外放鬆旋轉（這是先開）後隨身向左前由右肩上略前上翻變逆纏至右耳略前下，掌後翻，掌心向

圖61

左，指尖向右耳後。同時左腿和左腳先逆纏（身右轉時）裡合再變順纏，隨身左轉，鬆胯屈膝，腳尖向左外側轉落地漸變實，左膝裡扣，腳五趾抓地。同時右腿先略順纏（身右轉時），右膝裡扣，右胯鬆沈，右腳五趾抓地，再隨身左轉變逆纏。（圖61）

這個動作在身先向右轉時，以腰為統帥，練時要快，動作輕靈。身向左轉向前下沈時練得要沈著、穩健。

要求：左手肘與左膝在運行中要上下相合，左手肘外展，左膝裡扣，這是左手在上外開，左膝在下裡合。

動作五：身先向左再向右轉螺旋下沈，重心偏左再移右，眼看右手，耳聽左後。同時左腿逆纏，右腿順纏，右膝裡扣與左膝合。同時，左肩胯鬆沈，左肘略墜，隨身右轉，左勾手逆纏略右轉裡合，高度與肩平，勾手心向下。右手由右耳下向胸前中線略上逆纏推出（高度與眼同），掌心向前外（圖62），再向右略劃上弧展開，至右膝前右上，高度與眼同，掌心向右略前，指尖向上略偏右前。（圖63）

這個動作練時速度較慢，要舒展。要求：左肩沈與左胯

圖62

圖63

上下相合，勿上起。

　　動作六：身略向左轉，螺旋略下沈，重心略偏右，眼左顧右盼。同時，左腿略順纏，膝裡扣。右腿逆纏。同時，左勾手放鬆，虎口要圓，微順纏隨身略左轉，高度與耳同，勾手心向下。同時，右手順纏外開隨身左轉，勁運到中指肚，高度與右肩同，指尖斜向右上，掌心向前偏下。（圖64）

　　這個動作是一式的終了。練時速度要緩慢。要求：上下左右相合。

　　【技擊含義】

　　動作一：是練拳的身法，也是力量勁別發揮作用的來源。這是「欲合先開」的動作練法。力量勁別能不能發揮作用，收到效果，正確的理解和練習類似這種「欲上先下，欲前先後，欲抑先揚，欲順先逆，欲剛先柔，欲呼先吸」動

圖64

作非常重要。凡是對抗性較強的體育項目如武術、籃球、摔跤等等，動作要求儘管不同，有區別，但要想使技術、技巧、力量發揮作用，收到效果，無一例外，任何人都不能違反上述原則。應切記勿輕視。

動作二：設敵人抓住我雙腕或雙肘彎，欲扭絞我雙臂，使我身體因雙臂被絞而左歪右斜，處於背勢，並乘機想把我摔倒或推出。我即乘敵人雙手抓住我雙肘彎之機，以腰為主，身先左轉（開）再向右轉（合），右肘外開再隨身向左上，再向右略下沈，截斷敵左手腕。同時，左手隨身左轉外開放鬆下沈（使敵右手勁失空）後，再從左側上翻，向右上裡合，用捌勁橫擊敵身右側或頭右側。敵用雙手抓我雙腕絞我雙臂時，我即乘勢接敵勁，以右手臂接敵左手上絞半圈，從己身中線下沈向右側外翻，己左手隨身左轉放鬆下沈，再隨身右轉下沈，左手從左側接敵右手從己身左側上翻裡合，乘勢絞敵雙手臂，使敵處於背勢。

動作三：無論敵人用雙手抓我雙手腕，或我主動抓住敵人雙手腕時，最後使我被敵絞雙手腕臂而變成我絞敵人雙手腕，不管我主動或敵先主動用，總之，通過這個動作，使敵我雙方變成我順敵背。我即乘敵雙臂絞轉時，提左腿進步套在敵右腿後，使敵右腿受制。

動作四：敵雙臂被絞住，我左腿已乘機套住敵右腿，我即乘機用左膝裡扣，左手肘向左下沈（上下結合）外翻將敵人摔倒或發出。貼身用左肩靠；敵如右轉欲逃，我可用右肘裡合，向敵胸肋等部擊出。敵如距離稍遠，可用左肘外翻，再運用左手配合左腿裡扣將敵摔倒。敵右腿如被套住提腿換步身向右轉欲變招，我即乘勢以右掌向敵胸、面、肋部出擊，將敵擊倒。

　　動作五：敵雙手被絞住，右腿被我左腿套住，在我左臂下沈外開，左膝裡扣要摔敵時，敵乘機手臂下沈，身向右轉下沈，同時以右腳爲軸，左腿乘勢向左側外邁步，變成左實右虛，並乘機想用左肘向我身右側進擊。我即乘勢身向右轉，同時以右肘手向右外展開，用挒勁擊敵頭部右側。敵如讓開，我左手亦可乘機以挒勁擊敵頭右側或身右側。

　　動作六：爲一式的終了，氣沈丹田，肩胯，肘膝，手腳，上下左右，左上右下，右上左下相合，內外結合，這也是「中定」之意。

　　整個動作可反正（即左右）練習，要練得輕沈兼備，步伐轉換靈活，與手臂要上下相合。

第九式　初　收

【動作說明】

　　動作一：身先微向右，再微向左轉，螺旋下沈再上升，重心偏右。眼看左前，耳聽右後。同時雙手逆纏，先向下沈裡合再向左略前上開，左手高度在左眼略上。右手在右前方，高度在右眼略上。掌心向右前略偏下，指尖向左前偏裡上。

　　身向右轉，螺旋下沈，重心變偏左，眼左顧右盼，耳聽身後。同時沈肩，鬆胯，兩膝裡扣，襠要虛，要圓，兩腳心空。左腿逆纏裡合，腳掌貼地裡轉落實，五趾抓地。右胯再鬆，右膝裡扣。同時，雙手臂隨身右轉，從左前和右前上方變雙順纏略向兩旁劃外弧下沈，雙手再向前略上合（高度胸下腹上），左手在前，大指高與鼻尖平，掌心向上略偏右，右手在左肘彎裡側，略前，以小指輕輕貼住，手的高度在胸前，指尖向前，掌心向上，略偏左上。（圖65－68）

圖65

圖66

圖67

圖68

　　這個動作練時：一段要輕靈，練得較快；二段下沈，雙手臂合時要穩，要輕鬆。要求：身右轉下沈扣襠時，左膝略弓，兩膝合。

　　動作二：身微微向左轉，螺旋下沈，重心下沈偏右。眼看前方，耳聽身後。同時左腿略順纏，右腿略逆纏。雙手逆纏裡合下沈，左前手高度與胸同，掌心向下，指尖向前，右小指輕貼在左肘彎裡前側，粘連旋轉，變到食指肚輕貼左肘裡前側，高度胸前下，掌心向下，指尖向左前。

身微微左轉螺旋上升，重心全部放在右腳，眼看前下，耳聽身後。同時沈肩、鬆胯、右膝屈裡扣，右腿逆纏，右腳五趾抓地。左腿逆纏裡合提起，左膝與右膝合，左腳提起護右膝。同時，雙手臂逆纏向前下沈，高度在膝前略上，雙掌心向下，指尖向前略偏裡合。（圖69－70）

這個動作練時第一段較慢，二段要快。要求：重心變右提左腿時，要肩胯，肘膝、手腳上下相合，提左腿與雙手逆纏向前下沈同時完成。

圖69　　　　　　　　　圖70

【技擊含義】

　動作一：設敵人上右步以雙手掌向我胸前推擊。我即乘勢身向右轉，重心偏左，雙手臂開合的順纏的採、挒勁橫擊敵左右肘（橫勁破直勁）敵雙手臂的直勁被擊截斷。

　動作二：敵見我雙臂用採挒勁橫擊他肘部，乘勢蹲身塌腰屈肘下沈，化我採挒勁，並再進左步以雙肘向我胸部擊來。這時我即乘勢以雙手摟敵頭部用雙逆纏下採按敵頭部，同時重心變右，提左膝配合雙手下按敵頭部的採勁，用左膝向敵胸、面等部上撞，敵必因此受傷倒地。這是上下相合的作用。

第十式　前蹚拗步

【動作說明】

動作一：身略向左再向右轉，螺旋略下沈，重心全部放在右腿。眼看左前，耳聽左後。同時左膝上提微逆纏裡合，同時左手臂順纏下沈至腹前中線，掌心向下，指尖向前略偏左，右手臂逆纏下沈至右胯外略前側，掌心向右下，指尖向右前方。

身向左轉，螺旋下沈，重心偏右後。眼左顧右盼，耳聽身後。同時左腿順纏提膝，腳尖上翹外轉以腳跟外側放在右腳尖左前方著地，同時左手變逆纏，由腹前裡合，上翻經右胸、右肩前，掌心向外，後折腕，指尖向右後再隨身左轉向前略上逆纏，變略順纏展開，指尖向左前偏上，掌心向前下，右手先向右後略下順纏外轉，再向右側外向上劃弧旋轉隨身左轉，右手腕交合於左手腕上，掌心向左上，手腕略後翻指尖向前，雙手腕交叉高度在胸部前上。（圖71－74）

這個動作練得速度較穩，要求身右轉時上下相合，特別

圖71

圖72

圖73　　　　　　　　圖74

是左肘與左膝相合，身向左轉，周身掤勁不失，上下要合中有開，雙手是先開後合。

　　動作二：身向左轉螺旋下沈，重心由後變至左前腳，眼看右前方，耳聽左後。同時左腿順纏，以腳跟外側著地為軸心，腳尖外轉約45度落地踏實，右腿逆纏，腳跟提起，以腳尖著地隨身旋轉成拗步，同時雙手腕交叉粘連，雙手臂逆纏隨身向左轉略下沈，外掤旋轉，雙手腕交叉點高度在下頦，左掌心略偏左前，指尖向右偏上，右掌心在左臂肘裡上側向外，指尖向左後。（圖75）

　　這個動作練時較緩慢。要求：雙臂肘裡側保持半圓，掤勁不失，襠要虛要圓，兩大腿之間留有空間，便於旋轉。

　　動作三：身體繼續向左轉再向右轉螺旋下沈，重心全部放在左腳，隨上右步漸變略偏

圖75

右前，再略偏左。眼先看右
前，再顧左前，耳聽身後。同
時左腳踏實，膝裡扣，右腿逆
纏裡合，提膝腳尖上翹（先膝
合腳開）向右前方隅角邁步，
以腳跟裡側著地漸漸踏實，同
時雙手從面前中線向身左右隅
角逆纏展開，變順纏勁運到中
指肚，雙手指尖高度比肩略高
一些，右掌心向右前方，指尖

圖76

斜向右上，左掌心向左前指尖偏左上。（圖76－78）

　　這個動作練時要緩和舒展，要求右膝提腿進步時，先上
下相合，膝合腳開，身勿左歪右斜。

圖77

圖78

【技擊含義】

　　動作一：設敵人上左步以雙手抓我左臂肘，用按勁要將
我推倒。我即乘勢身右轉，左臂隨身右轉向外引化，同時提
腳逆纏用腳蹬踩敵人下盤。如敵欲後退，我左腿隨勢外轉腳

（含有踩敵下盤之意）落地變實，右腳跟離地變拗步為虛。同時左手由己身右前由逆變順外上掤攔敵左臂手，並以右手從身右側旋轉隨身左轉，以捌勁橫擊敵身左側。如離敵距離近即以右手由順變逆，屈肘擊敵左肘部。

動作二：接上動作與敵貼近，即以左右手外掤敵左臂，乘勢近身用右肘擊敵左胸或左肋部。

動作三：敵身左側有被擊危險，如後退我即乘勢提右腿向右前蹬、踩敵中下盤。或上右步以右掌擊敵胸、面等部。

第十一式　第二斜行

【動作說明】

動作一：身先向右轉螺旋略上升，重心略右移，再略偏左後。眼看右手兼顧左，耳聽身後。同時，右腿順纏，膝裡扣；左腿略逆膝裡合，五趾抓地。同時右手變逆纏，向右前略上旋轉，高與眼同，掌心向右前，指尖向左前偏上，左手順纏隨身右轉至左前方，高度與鼻同，掌心向右上，後折腕，指尖向左前，這是欲左先右。

身向左轉螺旋下沈，重心由左略偏右，眼看右前，耳聽左後。同時，右腿逆纏裡合，左膝裡扣，兩腳五趾抓地。同時右手變順纏，略下沈，隨身左轉至面前中線，高度與鼻同，後折腕，指尖向右前，掌心向左上。左手變逆纏，隨身左轉略上外掤，高度與眼同，掌心向左前，後折腕，指尖向右前，兩手間隔比肩略寬。（圖79－80）

這個動作練時，第一段「欲左先右」要輕靈。第二段要穩，較慢。要求：上式與下式接勁圓滿，輕靈，掤勁不失，左轉時右臂肘懸，勿貼肋。

動作二：身向右轉螺旋下沈，重心由右漸變左，再移偏

圖79　　　　　　　　　　圖80

右腳，眼先看右前，再看左手，耳聽身後。同時右膝先裡扣
（上下相合，與左膝合）然後順纏外轉，以腳跟為軸腳掌輕
貼地外轉約90度落地踏實，五趾抓地。左腿逆纏裡合，然後
隨身右轉提膝裡合，腳尖上翹裡轉，隨身右轉，向左前方邁
步，以腳跟裡側著地。

　　同時右手由順纏變逆纏，略沈與膝合，再向右外展開，
高度與眼同，掌心向右外，後折腕，指尖向左前，左手變順
纏以掤勁隨右手向右轉至面前中線變逆纏，立掌，指尖高度
與鼻同，掌心向右。（圖81-
83）

　　這個動作練時要穩。要
求：雙手掤勁不失，提左膝邁
步前，要先上下相合，提膝時
要先膝合腳開。

　　動作三、四、五，同第八
式斜行動作四、五、六。

【技擊含義】

　　動作一：設敵上右步，以

圖81

圖82　　　　　　　　　圖83

雙手抓我右臂肘，要把我推出倒地。我即乘勢身向左轉，重心右移，右臂肘懸引進。使敵勁落空。

　　敵如在身前中線以雙掌向我胸部推擊。我即乘勢以左手由順變逆外掤敵左臂，同時以右臂肘用捌勁橫擊敵頭部或身左側，這是橫破直勁。

　　動作二： 接上動作，敵推按勁落空，如欲後退，我即右腳外轉落實，以右手外捌，抓敵右臂或腕，向右側外擺採，並以左手管敵右肘臂，同時提左腿以腳踵蹬踩攻敵下盤，這也可以作為上掤化，下進擊。

第十二式　再收（同「初收」）

第十三式　前蹚拗步（同第一「前蹚拗步」）

第十四式　掩手肱錘

【動作說明】

動作一（分三小節）：

一節：身向左轉螺旋略下沈，重心略偏右，眼看右前方，耳聽左後。同時右腿逆纏裡合，左膝裡扣，兩腳五趾抓地。同時右手臂變順纏外翻，由掌變拳虛握，拳心向上，高度與右肩平或略低，方向在右前方。左手外翻變順纏斜向左後上方，掌心向裡下，高度左肩前，指尖向右裡略下。（圖84）

二節：身向右轉螺旋下沈，重心由右變左。眼先看右前再看左再看前，耳聽身後。同時，左膝屈逆纏裡合，左腳五趾抓地。右胯鬆，右膝裡合提起，腳腕放鬆，腳尖提起裡合隨身右轉（90度）腳尖斜向右前下沈震腳，是虛。右腳跟位在左腳跟裡略前，與左腳尖形成兩個隔角，約90度。同時右拳由順變逆纏向上裡合經鼻前，在胸前中線略下沈，拳高在胸前略下，略勾腕，拳心向右略偏後，突出右腕背，向裡上，距離腹部約30公分左右。左手由左後順纏經身左側隨身右轉走上弧裡合至眼前中線變逆纏下沈合於右腕小臂上，掌心向右，指尖斜向右上。兩腕小臂交叉點在胸前中線，兩臂裡側保持半圓，掤勁不失。（圖85－87）

圖84　　　　　　　　　圖85

圖86

圖87

三節：身略向右轉螺旋略下沈，重心變偏右。眼看左前兼顧右，耳聽身後。同時右膝屈裡扣，右腳五趾抓地。左腿逆纏裡合提膝，腳尖上翹裡合向左前方邁步以腳跟裡側著地，左膝與右膝合。同時雙手臂合勁隨身右轉略逆纏略下沈（原交叉點在胸前高度不變）。（圖88）

這個動作練法速度較慢。也可以跳躍練習，但快動作也要不失去慢動作的要求，做到快而不亂。另外，無論快慢動作，右轉下沈震腳都要求勁整，動作協調，上下相合，身勿左歪右斜。

動作二（分三小節）：

一節：身向左轉螺旋略上升，重心偏右。眼看右兼顧左，耳聽身後。同時沈肩，開胸左旋，鬆胯，右膝曲裡合，右腳五趾抓地。左腿順纏以腳跟為軸，腳尖向左外轉90度。

圖88

同時右拳順纏外開翻轉，比右肩略低，在右前方，拳心向
上。左掌逆纏裡翻至右胸前，掌心向右前，指尖後翻貼右肩
前，後折腕，臂裡側保持半圓，掤勁不失。（圖89）

　　二節：身向右轉螺旋下沈，重心變略偏左。眼先看右拳
再看左肘前，耳聽右後。同時右膝曲裡扣，右腳五趾抓地。
左腿逆纏膝裡合以腳跟為軸，腳尖上翹裡轉約90度。同時
左掌隨身右轉在原位置（右胸前）略逆纏左肘隨身右轉約50
度。右拳由順變逆纏裡前合至左肘裡下，拳心向裡。左肘臂
裡側變半圓掤勁加強，後折腕，掌心向右。（圖90）

圖89　　　　　　　　　　　圖90

　　三節：身向左轉螺旋下沈，重心漸變偏左前，眼左顧右
盼，耳聽身後。右腿逆纏裡合，腳五趾抓地。左腳尖上翹以
腳跟為軸，腿順纏略外旋腳掌落地，膝裡扣與右膝合。同時
左掌逆纏由右肩前向右外旋開略上再向左前開展變順纏，勁
運至中指肚，指尖略偏右上，高度與耳同，掌心向前。右拳
由左肘裡下逆纏內旋，經胸前下至右膝自然下垂，拳心向
後。（圖91）

　　這個動作三小節連起來是快速動作，充分體現出勁走纏

圖91　　　　　　　　　　圖92

絲螺旋，腰活似車軸。要求：第一節開展，二節緊湊，三節又開展。這是捲放、開展、緊湊的密切配合協調動作。要求做到開展不散亂，緊湊中又舒展。

　　動作三：身微右轉上升再略向左轉螺旋略下沈，重心向左再略向右移仍偏左前。眼看左前，兼顧右後，耳聽身後。兩膝屈合，左腿先略逆纏再變順，右腿先順再變逆纏。同時左手逆纏向左前外略下開，掌心向左前變順纏向裡上略翻轉，掌心向右前上，指尖向左前略下，位在左眼前上，高度與左耳同。右拳逆纏向右後開向上翻變順纏，沈肘，拳心向裡上，高度與右肩同。（圖92）

　　這個動作練時可在原地練習，如步子大襠開得大，可調整步（縮小）調襠蹉步練習，要求：雙臂開展雙逆變雙順時，兩肩、胯很快鬆下來，肩胯、肘膝、手腳、上下相合。

　　動作四：身向左轉螺旋下沈，重心偏右。眼左顧右盼再看前，耳聽身後。同時左膝裡扣，與右膝合，右腿逆纏，腳五趾抓地。同時左手由前上逆纏裡合至胸前上，掌心向右，指尖向前上。右拳由右後上順纏向前裡合下沈至胸前略下變

逆纏貼住，裡勾腕，拳心向裡偏右。（圖93）

這個動作練時速度較前兩個動作慢，身法要正，上下相合。左手在前上，右拳在裡後下，要前後合在中線上。

動作五：身向左螺旋上升，重心變偏左前。眼看右拳，耳聽左後。同時左膝裡扣，右膝逆纏裡合，上下相合，左手略逆纏下沈略向裡後，右拳貼胸下逆纏裡旋沈肩、墜肘，裡勾腕、再逆纏上翻（這是蓄勢），隨身左轉螺旋上升，左胯鬆、左膝扣、右腳腿逆纏向右後蹬。同時左掌變半虛握拳逆纏隨左肘向左後下略偏左外發勁，左拳心向裡貼左肋部，拳略高，肘略低。同時右拳逆纏由左肘手下向前略偏右發勁，拳心向下，高度與右肩平。（圖94）

圖93　　　　　　　　圖94

這個動作練時，蓄勢合時吸氣，動作要穩，上下相合。發勁時要富有彈性，勁要整。右拳發勁與左後肘勁要對稱。發勁時呼氣，可發聲喊放，身勿前撲後仰，要立身中正。發勁後，肩胯、肘膝、手腳關節略放鬆。可連環放勁，做單式練習。

掩手肱拳第二種練法（慢動作）：

動作一：右腳先逆纏裡轉，變順纏外轉，腳跟提起，前腳掌擦地，劃裡後弧，向左腳跟右側併步，然後腳跟落地變實。當右腳跟落地時，左腳跟隨即提起，向左前方邁步蹬出。

其他動作同第一種練法。

掩手肱拳第三種練法（快速）：

動作一：兩腳變換虛實時，雙腳跳起來，重心直接放在右腿，身向左再向右。（其他動作同前）

動作二：雙腳躍步騰空。上體的手臂一開一合要在雙腳騰空中完成，快而不亂。

動作三、四：要快速調襠。

動作五：快速蹉步合襠，結合丹田帶動發勁。

【 技擊含義 】

動作一：設敵人上右步以雙掌向我胸前擊來，意欲把我擊傷或推出跌倒。我即乘勢身略左轉，雙手外開，再向右轉裡合，右腳收，後退，變左腳向左前插敵襠或套在敵右腿後，同時雙手裡合上翻，再合勁下沈，用捋採勁，右手臂圈絞截敵左臂肘。同時左掌由左外側向敵身右側頭部、肋部、左臂肘、橫擊，或圈截採封閉敵右肘手，使其勁斷失空。

敵如上左步，用雙掌向我擊來，我身右轉乘機右拳肘上翻絞截採。同時，提右膝震腳踩敵腳面，敵如後退，可重心變右，提左腿蹬敵下盤，配合雙手上翻裡合下沈捋採勁的絞截，使敵受傷或處於背勢。

動作二：如貼近敵身，身先向左轉，右拳順纏外翻是為了與左臂肘的合勁加強。近身可用左肩靠，左肘擊，左臂手逆纏外翻，視距離遠近，選用適合關節部擊敵胸部或面部。同時配合左膝裡扣，左臂、肩、肘、手的外開勁，將敵擊出

或摔倒。

動作三：雙手逆纏外開變順纏是爲了變步和調襠，是爲了動作四的合蓄勢作準備。

動作四、五：如我用左肩肘擊敵胸部，敵乘勢含胸右轉，退右步、欲逃走，我即蹉步調襠，由開變合，蓄勢，以左前手掩護，右拳從左肘下逆纏向敵胸部擊去。這叫出手不見手，出敵不意。

如距離敵近，可用右肩靠，右肘擊。距離遠掩手用拳擊敵。技擊含意是多方面的，可用擒拿或破擒拿、或摔或打、肩靠、肘擊、橫臂擊、腳踩、腳蹬均可因敵變化而定。

第十五式　十字手

【動作說明】

動作一：身略向右轉螺旋略下沈，重心向右後移，眼看右掌，耳聽身後，右拳變掌略逆纏，掌心向下，以腰勁帶動向右上略提，高度與右眼同，指尖略向前下。左手半握拳變掌逆纏由左肋旁裡勾腕略下沈向左前，指尖向裡，虎口向上，位在左膝上方。（圖95）

身向左轉螺旋下沈，重心偏左前。眼左顧右盼，耳聽身後。同時右掌變順纏下沈隨身轉經胸前下再向前上旋，掌心向上，指尖向前。左手逆纏由左膝上略向前上翻，裡合交叉在右手腕上，左腕略外前下勾腕，掌心向下，指尖偏前上，雙腕交叉距離胸部３０多公

圖95

分，高度在胸前。（圖96－97）

圖96 　　　　　　　　　　圖97

　這個動作分作兩段，第一段開始接上式掩手肱拳，右手由拳變掌，速度要快。以腰爲主，氣貼脊背很快形之於手指略逆纏上提，形如針刺、火燙，很快收提。二段練得則要沈穩。

　動作二：身向右轉螺旋略下沈，重心先右後偏左。眼先看右再看前，耳聽身後。重心偏右時，左腳跟爲軸，左腳掌貼地腳尖裡轉，兩腳五趾抓地。同時雙手臂逆纏，手腕交叉略向上外掤，交叉點在胸部前上，距離胸部約30公分左右，左手在裡，右手在外。指尖分向左右斜上方，掌心分向左右，勁運至中指肚。（圖98）

　【技擊含義】
　動作一：

圖98

一段：含有右後肩靠和背靠之意。

二段：設敵人用右拳向我胸部擊來，我即乘勢以右掌逆纏外掤，拎敵手腕，變順纏反拿敵右腕。同時，左手拿敵右前臂或肘部，配合右手擰敵右臂，使敵處於背勢。

另外，設敵進右步用右拳向我胸部擊來，我即乘勢以左臂手逆纏上翻掤敵右臂，右掌乘勢向下向前上翻擊敵胸腹等部。

動作二：是雙手交叉運用之法。

設我右手腕被敵右手拿住，敵配合左手裡翻想擰我右腕臂，使我處於背勢。我即乘敵剛開始擰我右腕時順勢逆纏翻轉外掤，同時，左掌在裡側隨身右轉，可用合勁，以掌根向敵身右側擊出，使敵摔出，如距離敵近可用左肘擊敵。

第十六式　金剛搗碓

【動作說明】

動作一：身微向左轉，螺旋略下沈，重心略偏右。眼左顧右盼，耳聽身後。兩手臂逆纏右上左下展開，右手掌心向右前方，指尖斜向左前上，高度與右眼平。左手掌心向下，指尖向前，位在左膝上。（圖99）

動作二：身略向右轉，螺旋略下沈，重心偏右，眼先看右手再看左手，耳聽身後。右膝裡扣，左腿逆纏以腳跟為軸，腳掌貼地腳尖裡勾，兩腳五趾抓地。同時右手逆纏略向

圖99

右前上方展開，大指領住上掤
勁，高度在右眼右前略上，掌
心向右前方，指尖向左上方。
左手順纏外轉，掌心向左前，
指尖向前下方，位在左膝略外
側上方。（圖100）

圖100

　　身繼續向右轉，螺旋下
沈，重心走下弧變偏左。眼先
看右手腳再看左手，然後看
前，耳聽身後。左膝曲裡扣，
腿逆纏裡轉，左腳五趾抓地（練時，也可以先提左腳，向左
前上步，再五趾抓地）。右腳跟提起，以腳尖貼地在左腳右
側劃一個裡弧線至左腳前方，以腳尖虛步點地。同時右手變
順纏下沈，經身右前至腹前向前上至與胸部高度同，掌心向
上，指尖向前略偏下。左手變逆纏（沈肩墜肘），掌心向左
前上，指尖向左後上翻轉上托，經身左側上翻至左耳下略
前，再向前上至眼前中線下沈，掌心向下合至右肘彎處，左
臂裡側保持半圓，肘臂外側掤勁不失。（圖101－104）

圖101

圖102

圖103　　　　　　　　圖104

動作一練得速度緩和，要舒展。

動作二第一段要右手逆纏上掤勁領住不丟，左手順纏外翻的同時，左膝腳尖要向裡勾，形成上邊手開，下盤兩膝、胯、腳要相合。二段，右手領右腳同時動作與左手相合。

下同第一金剛搗碓動作六，故省略。

【技擊含義】

動作一：如作單式練習，一是左下右上雙肘發勁，二是左下右上雙掌的發勁，這都屬於斜線雙分的開發勁。設敵進右步用雙掌向我胸部擊來，欲想把我擊傷摔倒。如距離近我即乘勢由十字手變為用雙肘橫或斜掛分敵雙臂裡側，乘勢以與敵同樣手法向敵還擊。如距離遠即以雙手橫或斜分敵雙臂，乘勢仍用上述手法還擊。

動作二：設一，敵人用雙手抓我雙肘臂，欲將我推出，我即乘勢身右轉，重心變左，右臂向右外側下沈，使敵左手勁落空，同時左手逆纏上翻沈肘截敵右腕。敵右腕被截，左手勁落空，必致失勢，我即乘勢以右手臂，領右腳劃弧再向前以手向敵胸腹擊去。同時左腳向敵腹部或膝部踩、踢進擊，同時左手向敵面部擊打。這是上、中、下三盤同時向敵

進攻之法。

　　設二，我以右腳在前，用雙手抓住敵雙臂肘，以左手上托裡翻敵右肘，同時右手向右外下用採勁採敵左肘，敵被我左托右採失勢後，我即可乘勢以右手、右腳向敵人中下盤進擊，進而配合左手向敵面部進擊。這仍是上、中、下三盤同時進攻之法。

　　動作三：練法與第一金剛搗碓第六動作同，與第二金剛搗碓第四動作同，故省略。

第十七式　庇身錘（含背折靠）

【動作說明】

　　動作一：身微微向右轉，螺旋略下沈，重心偏左，眼看雙手，耳聽身後。左腿逆纏，右腿略順纏，兩腳五趾抓地。同時右拳在左掌手心內，粘連旋轉變與左掌同時向前略順纏。雙掌心向上，右手在左手心上，雙手指尖交叉斜向左前再向右前略上方，高度在腹部前上，距腹部約20～30公分。

　　身略微向左轉螺旋略下沈，重心略右移再偏左，眼看雙手兼顧左右，耳聽身後。左腳略順纏，右腿略逆纏，兩腳五趾抓地。同時雙掌心向上略逆纏向下沈至腹前，再向兩旁分開，左手在左膝左外上，右手在右膝右外上方，雙手裡勾腕，指尖均向裡相對。（圖105－106）

　　動作二：身微向左轉螺旋下沈，重心偏左再移偏右。眼看雙手，耳聽身後，左膝裡扣，左腳五趾抓地。右腿逆纏腳尖上翹裡合以腳跟裡側向右貼地蹬出，重心右移。同時兩掌分向左右展開以掌心向上略順纏翻轉，指尖分向左右，高與兩肋同，然後雙手繼續順纏翻轉掌心斜向上，以雙掌小指向上裡合（高與眼同），左手在外，右手在內，雙腕交叉（高

圖105　　　　　　　　圖106

在胸部前略上），雙手變逆纏，雙腕交叉掌心向左右略偏前，指尖斜向上，勁運到中指肚。（圖107）

　　動作三：以腰為主宰，結合丹田部位帶動，身先向右轉，螺旋略下沈，重心偏右，左腿逆纏裡合，右膝裡扣，兩腳五趾抓地。眼看拳及身左前，耳聽身後兼顧右。同時雙掌變拳先略逆纏，手腕後翻，雙拳背相接近，雙腕交叉粘連不脫，雙拳略逆纏的同時，手腕放鬆，雙拳先向左外略前旋轉（形成半圓掤勁不失）的同時左膝裡扣，然後雙腕交叉，雙拳粘連變左順右逆纏向左裡再向右至胸前上中線，身向左轉螺旋下沈，重心偏右，眼左顧右盼。接著右拳順纏向前略上掤出，略裡勾腕，拳心向內，虎口向右上，高與鼻尖同，同時左拳變逆纏由右拳外向左略展開，再變順纏裡勾腕，虎口

圖107

圖108

圖109

向上，高與右拳同，雙拳距離一尺以內。（圖108－109）

　　這個動作練時，要放鬆，以腰為主宰，結合丹田領勁，開始旋轉要快，要靈活，肩要鬆沈，勿上晃。最後兩拳分開較緩慢。要作到腰活似車軸，要練到上邊拳向左外前開，同時下邊左膝裡合，注意練到上開下合，要做到上盤鬆動靈活；下盤堅實穩固。

　　動作四：以腰為主宰，結合丹田部位領勁，身突向左轉螺旋略下沈，略沈肩，胸腰左轉，開胸，兩胯鬆，左膝裡扣，左腿順纏，右腿逆纏，兩膝合，兩腳五趾抓地。重心偏左，眼看右肘外側，耳聽左後。同時右拳從鼻尖前向右前上方變逆纏，虛握拳裡勾腕，向右前上方外翻掤出，變順纏，懸臂肘後翻腕，拳心向上，虎口向右上，高度右眼上方中線。同時左拳虛握由原位置向左逆纏略下沈，開展變順纏向左上外翻，拳心斜向裡右上，虎口向左後偏上，高度與左耳同。（圖110－111）

　　動作五：身向右轉螺旋下沈，重心偏左。眼先看右拳再看左拳，耳聽左後。左腿逆纏，右膝裡扣。同時右拳先逆後

圖110　　　　　　　　　圖111

順纏從眼上中線下沈經胸前，向右側外後下沈掤出，拳心向
左裡，虎口向上偏前，裡勾腕，位在右膝右後外側略上。同
時左拳由左前方順纏向右裡合，略劃上弧至眼前中線，略下
沈對準鼻尖，拳心向裡，虎口向左，左肘與右膝相合。（圖
112）

　　動作六：身向左轉螺旋下沈，重心走下弧移偏右。眼左
顧右盼，耳聽身後。右腿逆纏，左膝裡扣與右膝合，兩腳五
趾抓地。同時右拳虛握，裡勾
腕，逆纏從右外下向右上旋轉
至右前方（高與右眼同）變順
纏隨身左轉至左前方，至眼前
中線，虎口向右上，拳心向左
略偏上。同時左拳變逆纏下沈
至腹前向左移，拳心向裡右貴
在左下肋部。（圖113－114）

　　這個動作速度平穩。要右
肩、右胯、右臀同時下沈，左

圖112

圖113

圖114

肘與左膝合，右拳與左腳合。

動作七：身微右轉螺旋下沈，下塌腰，鬆左胯，沈右臂，右膝裡扣，左腿逆纏，腳尖裡勾，兩膝合，左腿展至八、九分、兩腳五趾抓地。重心大部分偏右，眼看左肘與左腳尖，耳聽右後。同時左拳貼左下肋逆纏旋轉，沈肩墜肘，後折坐腕，拳心貼左腹，虎口向左後。同時右拳變逆纏略下沈再向右上方略旋起，拳心向右前方，虎口向下，位在右太陽穴右前略上方（此動作即所謂「背折靠」）。（圖115）

這個動作練得速度較快。要求：左肘、左腳尖及眼三點成為一線。左腿伸至八、九分，兩膝相合。做到左重則左虛，這是大虛大實，虛實分明。

【技擊含義】

設敵人從我身後用雙手臂攔腰將我環抱住，用力欲將我

圖115

抱起摔倒。我即乘敵人未將我抱起之前，沈肩墜肘，含胸塌腰，鬆胯屈膝合，重心下沈。同時雙手臂由雙順纏變雙逆纏，以雙手拿住敵雙手，以雙手大指扣敵雙手虎口穴，餘指抓敵手雙小指掌外緣，配合周身動作，逆纏翻敵雙手。敵雙手被我扣拿鬆開，我即乘勢再下沈，雙手逆纏將敵雙臂向己身兩側分開，再向前上合，乘勢我重心變左，身向左轉，將敵右手向我身右前拉，使敵重心上翻，腳跟發飄，同時右腿向右邁步，以腰、胯、腿逆纏，崩彈敵右腿，配合拉敵右手，乘勢將敵由後翻至我身前，摔倒在地。

動作一：設敵人從身後用雙手臂由後向前將我攔腰抱住，欲將我摔倒在地。我即乘勢沈肩、鬆胯、曲膝合，兩腳五趾抓地。同時雙手由順變逆纏，以大指扣拿敵雙手虎口，餘指扣拿敵雙手小指，配合周身動作，逆扣拿敵雙手，敵雙手虎口被拿疼痛鬆開，我即繼續拿敵雙手向身前兩側分開，使敵雙手環抱失效。

動作二：我即乘勢將敵雙手由身前兩側向前上合，同時乘勢重心左移，右腿向右貼地蹬出，絆著敵右腿，配合上邊合敵雙手臂，使敵重心上翻，右腿活動受到限制，不得移動。

動作三、四：敵雙手被拿合我身前上，右腿被絆住，我即乘勢以「欲右先左」「欲下先上」，配合右腿逆纏，腰、胯、腿、腳跟逆纏裡合外崩彈之勁，將敵由我身後向我身右前摔出。

動作五：如敵未被摔倒，乘勢身下沈。我即乘勢以右背折靠向敵右胸靠擊。如敵離我稍遠，我即用右肘向敵肋部、腹部回擊，再運用腕背點擊，或用拳擊。

動作六：是繼動作五之後，如敵下沈，我即乘勢下沈以

腰、胯、肩、背隨身左轉，右手（原虛握拳）拿敵右手逆翻
向上再向右前上，配合左手拿敵左手逆纏下沈，配合右肩、
背、胯逆纏上翻將敵由後挑起上翻，摔倒在我身前。

　　原動作五老架子練得身法很低，右肩要從右膝下運行，
故有「七寸靠」之稱，七寸靠是低身法，進步挑敵下襠的用
法。現在練者已從簡了。

　　動作七：是定勢，下沈呼氣，上下相合並有發背靠勁之
意。

第十八式　青龍出水

【動作說明】

　　動作一：身向右轉螺旋下沉，重心偏左。眼先看右拳再
看左拳，耳聽身後。以腰為主結合丹田帶動快速右轉，左腿
逆纏裡合，右膝裡扣與左膝合，兩腳五趾抓地。同時右拳從
右太陽穴順纏翻轉略向右上再向右前下翻（拳虛握，裡勾
腕），右肘與右膝合後再向右側後外逆纏（經右膝外上）翻
轉，位在右膝外後略高於膝，拳虛握，裡勾腕，拳心向左
前，虎口略偏右上。同時左拳
從左肋部順纏上翻經左腋下向
中線前上翻轉，拳虛握，裡勾
腕，拳心向裡，虎口向上微偏
左，高與鼻尖同。離鼻約40
公分左右。（圖116）

　　這個動作練時要以腰結合
丹田領勁，動作突然迅速旋
轉，上下結合。

　　動作二：身向左轉螺旋下

圖116

沉，重心由左走下弧移偏右。眼左顧右盼，耳聽身後。同時
右拳虛握裡勾腕，逆纏由右外後方上翻，再向右前上翻轉至
右前上方（臂裡側半圓），肘與膝對，拳比右眼略高，拳心
向右後偏下，虎口向左偏下。同時左拳由鼻尖前逆纏裡轉下
沉，拳握要虛，腕裡勾，拳心向裡，虎口向上，高在腹前中
線。臂半圓，肘略外掤與左膝合。（圖117）

　　這個動作練得較緩慢，要求上下左右相合。

　　動作三：以腰為主結合丹田領勁，身體快速抖動向右旋
轉螺旋下沉，重心由右下沉移偏左。眼先看右拳，再看左
手，耳聽身後。左臀下沉由左後向左外前旋突出胯。左腿逆
纏裡轉，右膝裡扣，兩腳五趾抓地。同時右拳從右前上方順
纏外翻快速下沉收回至左大臂上，拳心向上，虎口向右偏
前。同時左拳由腹前變掌逆纏略向前上（原右前方）抖出，
勁運至掌背及指尖，高在胸前下，指尖向前，掌心向右後，
虎口向上。（圖118）

　　這個動作練時要快，發勁鬆活彈抖，上下相合。

　　動作四：身向左轉螺旋下沉，重心由左下沉移偏右，發

圖117

圖118

勁後還偏左，眼看右拳兼顧左，耳聽身後。同時，右腿逆纏裡轉，左膝裡扣，兩腳五趾抓地。同時右拳由右大腿上逆纏裡翻，順大腿裡側下略沉（肘裡轉前掤與右膝合）向右前略上發勁，虎口向左裡下，拳心向右下位在右膝上，高與腹同，勁運小臂外緣。臂裡側保持半圓，掤勁不失，同時左掌變拳半虛握，逆纏裡轉，回收至腹上中線，拳心輕貼小腹，虎口向上，肘與膝合。（圖119－120）

圖119　　　　　　　　　圖120

這個動作練時速度快，發勁要有彈性，身體要中正，勿左歪右斜，上下相合。發勁之前要有一個合勁的過渡動作，合時要沉穩，體現蓄而後發之意。

【技擊含義】

動作一：設敵在我對面，以右手拿我右手腕順纏翻轉，同時左手逆纏上翻向前要推托，或下按我右肘，目的是使我右手臂逆翻關節發直被制，將我按倒或配合裡翻下按，以快速動作斷我右肘。我即乘勢身向右轉螺旋下沉，重心移偏左，同時右拳順纏外翻後略下沉變逆纏向己身右後側外掤出，將敵右臂引直，同時左拳由左腋下翻出，以拳背擊敵面

部。或拳由身左側隨身右轉，以橫捌勁擊敵耳門或身右側。

動作二：設敵上右步以左拳向我胸部擊來，或外開左臂肘手橫斬我面部，我即乘勢向左轉螺旋下沉，以避敵左拳擊、斬之勢，乘勢以左手由上向下翻裡折腕反拿敵左腕，同時右肩臂肘配合身左轉之勢，以肩臂肘拳使敵左臂肘受制。

動作三：設接上動作，我身左轉以右肩臂肘掤敵左臂肘時，敵突然身向右轉螺旋下沉，同時左肩臂手也隨身先順後逆纏下沉，閃過右臂肘逆掤之勁，並乘機想進左步插襠，以左肩、臂、胯向我進攻。我即乘敵右轉下沉，右臂肘先順引（下沉）時，身突然向右轉螺旋下沉，同時右臂肘變順纏快速下沉收回蓄勢，同時左拳變掌逆纏向敵面部、胸部及襠擊彈，即左掌前撩。

動作四：設接上動作，繼左手彈擊敵胸襠之勢，再以右拳肘臂逆纏裡合隨身左轉下沉由膝前中線向敵腹部擊去，形成左右連擊。擊敵時視與敵距離遠近，貼身用肘擊敵左胸腹部，稍遠用小臂外肱擊，再運用拳擊。敵如退步，可用進右步跟左步擊敵。

第十九式　雙推掌

【動作說明】

動作一：以腰為主，結合丹田領勁帶動身先向右轉，略螺旋上升再由左轉螺旋略下沉，重心先略向右再移偏左，眼看右拳兼顧左，耳聽身後。右腿先順後逆纏，左腿先逆後順纏，兩膝裡合，兩腳五趾抓地。同時右拳從右前下方先隨身右轉向前略上方略逆纏，再隨身左轉變順纏至兩膝前中線，高與膝平，拳心向下虛握，虎口略偏左前上，要懸臂肘。同時左拳心輕輕貼住腹部，隨身先逆後順纏，粘連旋轉，要沉

肩、懸肘、活腕，拳心向裡貼
腹，虎口向上。（圖121）

　　這個動作練得要靈活，速
度較快。要求：腰為統帥，周
身各關節放鬆勿僵，勁運到手
指梢節。

　　動作二：腰為主宰結合丹
田快速抖勁領動身體突然向右
旋轉螺旋下沉，重心先向右移
快速旋轉下沉略移偏左。眼看

圖121

右前下方，耳聽身後。左腿逆纏，右腿順纏，右膝裡扣，兩
腳五趾抓地。同時左拳變掌輕貼腹，由逆變順纏，粘連旋轉
沉肩墜肘，裡勾腕（上下相合）再經胸前下方順纏掤出，裡
勾腕，指尖向裡，腕背輕貼右臂裡側，同時右拳從兩膝前反
折變掌逆纏，掌背輕貼在左肘下，逆轉至左肘外側，掌心向
外，後折腕，與左臂肘輕貼，合住勁，虎口向下，雙臂肘手
高度隨身轉下沉與胸部同。（圖122－124）

　　這個動作練得速度很快。要求：雙臂肘手合住向右前下

圖122

圖123

方旋轉掤擠出時，重心要與雙
手形成對稱勁，雙臂肘裡側保
持半圓，掤勁不失，要含胸塌
腰，合襠。形象上要有捲有
放，緊湊和舒展相結合。

動作三：身向左轉螺旋下
沉，再螺旋上升，重心先右後
偏左。眼看右手兼顧左，耳聽
身後。重心移偏右時，右腿逆
纏裡扣；左腿順纏外轉以腳跟

圖124

為軸心腳掌貼地向左外約90度以上，重心再移左，腳五趾抓
地。接著右胯再鬆，右腳跟提起，腳尖擦地，隨身左轉劃外
弧向右略前移，先逆後順再略逆纏腳尖點地，右膝與左膝要
開中寓合。同時右掌順纏下沉（肘與膝合）下塌外碾，經膝
前上中線、再經胸前向右前上展出，掌心向上，指尖向右
前，高與右肩同。同時左掌逆纏下沉經腹前至右肋下，裡上
勾腕，掌心向上略偏裡，小指掌外緣輕輕貼肋略逆纏，外掤
勁不失。（圖125－127）

圖125

圖126

圖127　　　　　　　　　　　　圖128

　　這個動作下勢較低，速度較緩慢。要求：下塌外碾掤勁
不失，襠要開。做到既虛又圓。

　　動作四：身向右轉螺旋略下沉，重心偏左。眼看右前兼
顧左，耳聽身後。雙手逆纏分向左右外轉上翻裡合，雙手指
尖在兩耳下，後翻折腕，左掌心向右前，虎口向下，右手掌
心向左前，虎口向下，雙手外翻上挑（形成開胸）。同時右
腿逆纏裡合腳尖上翹再向右前方蹬出。左胯鬆，左臀下沉，
左膝裡扣，順纏，腳五趾抓地。

　　身繼續左轉略螺旋下沉，雙手逆纏從兩耳下略下沉經胸
前中線略上向右前方推出，雙掌心向前，中指略斜相對，雙
掌外緣約與肩寬同。雙臂、手展至七、八分，右臂手略高，
左手肘略低，勁運到中指肚。同時重心下沉向右前移偏右，
右腿逆纏裡合，右腳五趾抓地。左腿變虛腳跟提起腳尖擦
地，劃裡弧線順纏虛步跟上腳尖外撇點地，位在右腳裡側略
後，腳尖向左前方。（圖128－130）

　　這個動作練時與六封四閉動作五、六大致相同。這動作
前一段身左轉右腳上步，六封四閉動作五不上右步；這動作

二段的雙手推得較高，位在胸前略上中線，六封四閉動作六雙手在胸前下。襠要虛圓，右胯鬆，下沉右臀由右後向右前突出右外胯，左腳尖擦地跟步時要以腰胯帶動，上步輕鬆靈活，勿僵滯。

圖129　　　　　　　　　圖130

【技擊含義】

動作一：設敵以左手拿我右手腕，乘機想上步配合右手用按勁，想將我推出。我即乘機身略向右轉（欲左先右）一引，然後再向左轉。這是運用身法，欲左先右，目的是使敵判斷錯誤，並令其勁散，不能保持中定。

動作二：設接上動作，敵勁已散，我身向右轉下沉，沈肩墜肘，含胸塌腰，右手逆纏翻轉，同時配合左手拿敵左手腕，使敵左臂發直，動作失靈，如我還不想放過敵人，只要左手下沉，按拉敵左肘，配合右手上翻敵腕之勁，這樣上下一錯，敵左肘可以脫位。如我左手拿住敵左腕，故乘勢下沉，欲躲肘關節被拉按，我即隨勢下沉身向左轉，同時左手隨身轉向左下方拉敵左腕，配合右手抽出由敵臂外側管住左肘，隨敵下沉時左轉變擺，向右前上方托敵左肘，使敵不得

近身，將其攦出摔倒。

動作三：設接上動作，將敵左臂肘上托攦起，可借左轉身之勢提右腳蹬敵左胯、膝等部，使其向後仰翻摔倒，或提右腿進步貼近敵左外胯，同時右肘挑起配合身左轉之勢，以肘挑擊敵左肋配合右腿左掃，上下橫擊敵。

動作四：設接上動作，我貼進敵身時，敵人乘機撤步欲逃走，我即乘勢雙臂由逆變順纏展肱，以雙手擊敵胸肋等部。這是貼身用肘擊，「去遠何能不展肱」的功用。

第二十式　三換掌

【動作說明】

動作一：身向右轉螺旋略下沉，重心下沉偏左。眼看前，耳聽身後。右腳五趾抓地，左腿逆纏，以腳尖點地為軸裡轉。同時左手臂順纏，手由胸前外翻向前略上展開，高與鼻尖同，掌心向上，指尖向前略偏上。同時右手順纏外翻裡合，收在左肘臂裡側上，小指掌外緣貼在左前小臂上，指尖向前，掌心向左上。兩臂肘要掤圓。

身向左轉螺旋略下沉，右腳五趾抓地，右腿逆纏裡合，沈右臀，突出右外胯；左腿以腳尖為軸順纏外轉，開膝、圓襠、重心下沉偏右，同時右手變逆纏由左掌心上交錯向前略上展出，後翻折腕，掌心向前，指尖向左後略偏上，中指高與眼同。同時左手由前與右手相錯略逆纏收回，掌心略偏裡右上，指尖向前偏上，指尖位在右肘裡前側，高與胸部同。眼看雙手兼顧左右，耳聽身後。（圖131－133）

這個動作分兩段，練得速度較快。要求肩放鬆，兩肘臂裡側要圓，掤勁不失。一段是合襠，二段襠要虛圓，練時要輕沉兼備。

圖131

圖132

動作二：身略向左轉，螺旋上升，沉肩開胸旋轉，再向右轉螺旋下沉。左腿以腳尖點地先順纏左轉外開再逆纏裡轉與右膝合。同時右腿先逆纏左轉再順纏外轉，右膝裡扣，右腳五趾抓地，重心先右移偏左。同時右手在前上，略向前上逆纏外開，再變順纏下沉以食指收合在左肘彎裡下，掌心

圖133

向裡，虎口向上，指尖向左。同時左手先逆纏，裡折腕（沉肩墜肘向外前上翻轉）後，再略變順纏（左肘由胸左前上略下沉），再變逆纏後翻折腕開掌，以大指為主向前上翻展出，指尖向右上，中指高與眼同，掌心向前，左臂裡側保持半圓，掤勁不失。眼看雙手兼顧左右，耳聽身後。（圖134－135）

這個動作練得較快，要求：身先向左轉螺旋略上升時，

圖134　　　　　　　　圖135

肩要鬆活，勿聳起，身向右轉螺旋下沉時，肩要鬆沉，右肘墜不貼肋，腰肋都要旋轉開合虛圓。兩腿要先開後合，要虛要圓。

　　動作三：身向左轉螺旋下沉，右腿逆纏裡轉，腳五趾抓地，左腿以腳尖點地，順纏外轉膝外開圓襠，重心由左下沉變偏右。同時右手變逆纏由左肘下裡翻外開向前上展出，指尖斜向裡左上方，略後折腕，掌心向右前方，手在右眼右前方。同時左手由前上略順纏下沉至腹前，向左外後變逆纏開展再變略順纏，勁運到中指肚；指尖向左前，掌心向下，位在左大腿左前外略上，眼先看左手再看右手，耳聽身後。（圖136－137）

　　這個動作練時，速度緩和，形象開展，似白鶴亮翅。開時先上下相合，再展開，作到「緊要處全在胸中腰間運化」。動作放鬆，運勁勿僵。

　　【技擊含義】

　　動作一：設我雙臂肘被敵雙手拿住，敵想乘勢上步，以雙手用按勁將我推出。我即乘敵勁欲發之前，身向右轉下

圖136　　　　　　　　　　圖137

沉，雙手臂用順纏，以右手從略上收回，左手由下向前穿出，形成挒、採的絞錯勁，以左手向敵胸前點擊。敵如用右手封我左手，我隨即身向左轉，左手逆纏由下收回，同時右手變逆纏由上向敵胸前擊去。近了時用肘擊，遠了用手擊發。這是以橫圈絞破敵直勁。

動作二：設我以右手或肘擊敵胸部，敵用左臂封我右手進擊之勁。我即乘勢身右轉下沉，右手下沉用採勁收回，封閉敵進攻，保護自己胸腰部；同時左手肘以逆、順、逆由裡下向前上翻出，進擊敵面、胸等部。

如敵拿我左手腕，我即以左肘、腕截、採敵手腕，並乘勢以左肘擊敵左臂或胸部。

動作三：設我左掌擊敵面部，敵用右手臂下沉以採勁截封我左臂，我即乘勢身向左轉下沉，在左手臂收回的同時，右手乘機由左肘裡側向前逆纏翻出向敵面部擊去。

三換掌一勢是以左右上下前後的挒、採的橫直交錯之勁變化運用以擊敵。即雙掌、雙肘相互交錯運用之法。

第二十一式　肘底錘

【動作說明】

動作一：身向右轉螺旋下沉，重心略偏左。左腿逆纏，腳尖點地爲軸膝裡轉。右腿順纏，膝裡扣，腳五趾抓地。同時左手先略逆纏（沉肩）略外開變順纏，從身左側向上翻裡合，經左前走外弧上升至面前中線略偏左，變逆纏立掌下沉，掌心向右，指尖向上，高與眼同。同時右手先略逆纏再變順纏，從右前下沉，經腹前至左肘下以虎口輕托住，虛握拳，裡折腕，右肩沉肘墜，臂裡側要圓，掤勁不失。眼看前，耳聽身後。

這個動作練時要放鬆舒展，速度緩和，身要正，勿歪斜。（圖138－139）

圖138　　　　　　　　　　　　圖139

【技擊含義】

設一：我以左掌向敵胸部擊去，敵乘勢身向左轉下沉，以左手抓我左腕，右手管我左肘，借勢欲將我攦出摔倒。我即乘敵未發攦勁之前，左肘略上起，右拳乘勢用左肘掩護，由肘下向敵右肋部擊去，使敵受傷失勢。

設二：敵上右步用右拳向我胸部擊來。我身略右轉下沉，以避敵擊之勢，同時用左手托敵右肘，使敵失勢，右腋下肋部露空，我隨即身向左轉，以右拳向敵右腋下肋部擊去，使敵失勢。

第二十二式　倒捲肱

【動作說明】

動作一：以腰爲主結合丹田領勁，身先向右轉螺旋略上升，重心偏左。眼看身左側，耳聽身後。鬆胯，略上翻左臀，屈膝，左腳尖點地腿逆纏裡合。右腿順纏，膝裡扣，腳五趾抓地。同時，左手順纏向上引勁，高度超過頭頂，指尖斜向左上，掌心向右上，同時右拳粘連左肘下順纏外翻旋轉，以大指食指中指粘連左肘下裡側虎口向前上，拳心向裡上，拳高度與左胸同。

身向左轉螺旋下沉，重心由左變偏右，眼左顧右盼。同時沉肩墜肘、含胸塌腰、鬆胯、屈膝，右腿逆纏、腳五趾抓地。同時左腿先順纏，再變逆纏，後變順纏，以腳尖裡側向左後先劃裡弧，再向左後外落腳，腳尖略向外。同時左手由頭上變逆纏，下沉經胸前至腹部前向左側後展出略順纏，勁運到中指肚，掌心向下，指尖向左前下，位在左大腿左前上。同時右拳從左肘裡側粘連旋轉逆纏上翻變掌後折腕，由胸前掌心向前，指尖向左後，向前上展出至眼前中線再向右前外展出，略變順纏，勁運中指肚，位在右前方，高與鼻同，掌心向右前，指尖向上略偏左，耳聽身後。（圖140－142）

這動作分兩段，第一段是上引勁，要輕靈，兩膝相合。第二段是開勁，退第一步落地頓步後，左腳尖略向左前，勿

圖140

圖141

太向左外方，要給下步創造條
件，以免再退步時左腳尖亂
動，影響身法動作準確。

　動作二：身向左轉螺旋略
下沉，重心偏右前，右腿逆
纏，腳五趾抓地。左腿順纏膝
裡扣，腳五趾抓地，同時雙手
分向右前外與左側後外略逆纏
開展。右手在右前方，高與肩
同，掌心向前下，指尖向右前
上。左手指尖向左後下，掌心向下。

圖142

　這個動作是「欲合先開」之意，動作輕靈，速度較快。
要求以腰為主，身勿左歪右斜，左右旋轉掤勁不失。

　動作三：身向右轉螺旋下沉，左腿順纏，右腿逆纏，結
合兩膝旋轉合，兩腳五趾抓地。同時重心變偏左後。同時左
手從左側後下順纏，屈墜肘，後折腕上翻至左耳下近肋處，
指尖向後。同時右手變順纏向右前外略下沉再向右前上翻

（高與眼同）裡合變逆纏至鼻前中線，指尖斜向前上，掌心向左。眼瞻前顧後。（圖143－144）

　　這個動作速度較快，要求腰活似車軸，左肘略向左前下墜，前右手腕外折，肘尖向右外略下沉，掤勁不失。前右手腕與左後手，前後中線相對。上下相合。

圖143　　　　　　　　　圖144

　　動作四：身向右轉螺旋下沉，重心偏左前。左腿逆纏，腳五趾抓地。右腿先略順纏腳跟提起，以腳尖裡側變逆纏劃裡弧，向右後外退步變順纏，腳尖略向右前方腳跟落下。同時右前手逆纏下沉，左後手逆纏向前上，從胸前中線交錯劃裡弧左前右後再分向前至左前方、後至右後側外方展出，變順纏，勁運到中指肚。左手指尖向前上，掌心向前，高與肩平。右手在右大腿外側，指尖向右前，掌心向下。眼瞻前顧後。（圖145）

　　這動作與動作一退步相反

圖145

相同。

　　動作五：身繼續向右轉螺旋下沉，沉肩，開胸右轉，左腿逆纏，腳五趾抓地，重心偏左前。右腿順纏，膝裡扣，腳五趾抓地。同時左手向左手外順纏略下沉，高與左肩同，指尖向左前，掌心向左前下。右手指尖向右後。掌心向下，位在右大腿右後方。同時吸氣，眼瞻前顧後。

　　這動作與動作二相反相同。

　　動作六：以腰為主結合丹田領勁，身向左轉螺旋下沉，重心偏右後。左腿逆纏，左膝裡扣，腳五趾抓地。右腿順纏裡合，腳五趾抓地。以腰帶動，同時左手順纏，向左前外略下沉，再上翻後折腕裡合，以左眼前至鼻前中線，掌心向右，指尖斜向前上，後折腕。左肘向左下墜，與膝相合。同時右手從右後順纏，經身右側上翻後折腕變逆纏，指尖向後在右耳腮處，掌心向左上，墜肘。左前手與右手在一條線上。眼瞻前顧後，但以注視前方為主。（圖146－147）

　　這動作練法與動作三相反相同。

圖146　　　　　　　　　　　圖147

　　動作七：重複動作一第二段，故省略。（圖148）

倒捲肱動作最少做七個，退三步，是單數，一般練習退五步動作，做十三個，動作與退步仍是單數，退到左手與左腳都在左後方，以接下勢。

圖148

從動作中充分體現出周身的節節貫串及以腰部爲主，活似車軸的練習要領。

【技擊含義】

此式是以退爲進的方法，左右倒替向後退步，以避衆敵群攻，左右腿步是避敵左右兩側的進攻，但退中有進，步退手擊，這是脫圍避敵，仍能保護自己的方法。

動作一：設敵人從我右側以腿踢我左腿或用槍扎來，我即身向左轉，乘勢退左步，同時左手由前上以採、挒勁向敵腿擊去，或撥開槍扎之勢，借以乘勢向敵進攻。

動作二、三，設一：徒手搏鬥，設敵人用右手（掌心對掌心）抓住我左手，向前下用力欲將我手指折斷，或使我手關節被反截拿下沉失勢。我即身先向左（化去敵勁使其失空）再向右轉乘機用左肘關節向敵胸部擊去，使其失勢受傷。

設二：敵用右手抓我左肘彎裡側，同時配合左手向我胸部擊來。我即乘勢身向左轉化去敵直勁，同時左臂肘、手向左後再向上翻，以逆、順、逆纏之勁，以左肘彎絞截敵右手腕，同時右手以挒勁和採勁分截敵左手臂，敵雙手臂被截採，分開失勢，我即乘勢以左手或左肘逆纏向敵胸、面等部擊去，使敵受傷倒地。

動作四：與動作一相反相同，故省略。

動作五、六：與動作二、三相反相同，亦省略。

動作七：與動作一相同，與動作四相反相同，省略。

倒捲肱雙腿交替退步，含有前踢、後踩、橫蹬之功用。左腿管左半邊，右腿管右半邊，合起來為圓。關鍵在於虛實清楚。

第二十三式　退步壓肘

【動作說明】

動作一：分兩段，以腰為主結合丹田領勁，身向左轉螺旋下沉，胸開左轉，腹部左轉向前突出下沉，重心由右移偏左。同時右腿逆纏裡轉。左腿順纏，膝裡扣。兩腳踏實，五趾抓地。同時右手逆纏展開變順纏向前外開略下沉，高度與右肩同，掌心向右前方，指尖向上，位在右肩的右前方。同時左手在大腿外前方略逆纏再略順，以大指領勁向左側外後劃小半弧圈，外加掤勁，位在左大腿外側，掌心向下，指尖向前略偏下。眼先看右手兼顧左手，耳聽身後。身繼續左轉螺旋下沉，沉肩略墜肘，胸開左轉漸含，腹左轉略前突下沉，鬆胯屈膝合，臀部左沉，右臀右轉略上翻，重心由左後變偏右前，同時右腿繼續逆纏裡轉，左腿順纏外轉，膝裡扣，兩腳踏實五趾抓地，湧泉穴虛。同時右手在右前方順纏裡合，略劃下弧再向上以小指領勁至鼻前中線，向右後折腕，掌心向左前偏上，指尖向右前。同時左手逆纏以大指領勁繼續向左側後轉，劃小半外弧加強掤勁，位在左胯外約30公分左右，掌心向左下，指尖向右前略偏下。眼瞻前顧後，耳聽身後。（圖149）

這個動作分兩段，一段右手外開胸左轉是開勁。要做到

橫向開而上下相合。二段右手順纏裡合時速度稍快一些，與左手要左右呼應合住勁，左手逆纏在左下方與右手斜向形成對稱，外加掤勁。分解動作較慢，連續動作速度快。

　　動作二：身右轉螺旋下沉，左腿逆纏裡轉，右腿順纏外轉，膝裡扣，兩腳踏實五趾抓地，湧泉穴虛。同時右手變逆纏先上下相合再向略上劃弧展開。掌心向右前方，指尖向上略偏左，指尖高與眼同，位在右前方。同時左手變順纏先上下相合略下沉從身左側向右劃外弧至腹前中線，左後翻腕，掌心向右前方，指尖偏左下，距腹部約五拳之隔。重心由右前變偏左，眼先看右手兼顧左，耳聽身後。（圖150）

　　這動作要求：橫向是開勁，但兩手右上、左下遙相呼應，合住勁。下盤要合住勁。肩胯，肘膝，手腳上下相合。欲橫向開先上下相合。

圖149　　　　　　　　　　圖150

　　動作三：分兩段，以腰為主宰結合丹田領勁，身向左轉螺旋略下沉，沉肩略墜肘，胸開，腹部前突左轉下沉，鬆胯屈膝合。左腿順纏外轉，膝裡扣，右腿逆纏裡合，兩腳踏實五趾抓地，湧泉穴虛。重心下沉變偏右前，同時右手逆纏以

大指領勁向右前外略下展開略變順纏，位在右肩前方，高與
肩同，掌心向右前方，指尖向上略偏前。同時左手略逆纏先
略沉上下相合至腹前微微貼住，掌心向裡，指尖向右前方。
眼看右兼顧左，耳聽身後。

　　身向右轉螺旋下沉，沉肩墜肘，含胸塌腰，鬆胯屈膝
合，左腿逆纏裡轉，右腿順纏外轉，膝裡扣，兩腳踏實五趾
抓地，湧泉穴虛。重心由右下沉變偏左，同時左手輕貼腹部
逆纏指尖向下勾腕，沉肩墜肘向右裡轉略下墜肘尖，收腹，
以左手虎口輕貼腹部粘連裡轉。同時右手由右前方順纏下沉
裡合變逆纏合至左肘下，掌心向裡，指尖向左後方，高與肚
臍同。右臂裡側保持半圓掤勁不失，眼先看左再看右及前
下，耳聽身後。（圖151－152）

圖151　　　　　　　　　　圖152

　　這動作分兩段，練得速度較快。一段身向左轉左手變逆
纏收合至腹前時，要先開胸左肘外轉，特別注意左肩要順纏
外轉下沉與胯合，切記肩沉勿上抗勁。二段要含胸塌腰，上
下左右四面合住勁，周身既是上下相合，又是左右及斜線相
合，兩段連起來要輕鬆靈活，折疊轉換纏綿曲折，兩肩在開

合中勿左右亂晃。

動作四：身向右轉再向左轉螺旋下沉，沉肩略墜肘，含胸塌腰，鬆胯屈膝旋轉合。左腿先逆纏裡轉再變順纏外轉，膝裡扣，右腿先順纏外轉，重心變左前時，右腳跟提起，以腳尖裡側變逆纏劃裡弧向右後外斜退一步，以腳跟落地發

圖153

勁，勁運到右腳跟右後外側，兩腳掌踏實五趾抓地，合住勁，湧泉穴虛。同時左手虎口略上提輕貼住腹前逆纏左肩肘右轉裡合。右手在左肘下隨含胸塌腰略順纏裡合。隨身向左轉重心移左時，左手由逆纏變順纏從腹前經右胸前及右肘彎裡側翻出，向右前外再向前略上展開，左掌心向前，指尖右向上，高與鼻尖同，左臂裡側保持半圓，手距鼻尖五拳左右。同時右手變略逆纏合至左胸前，五指半向裡彎曲，虎口要圓，掌心虛，以五指輕貼左胸部。右肘墜外側掤勁不失，右胸、肋部要虛，眼看前兼顧左右，耳聽身後。（圖153）

這個動作練得較快，要先合後開。要求：右手合於左胸，左手外開，右腳向右後發勁，同時完成。左肘臂手的向左外開勁要與右腳的右後外的退步踩形成對稱勁。

退步壓肘四個動作連續練習時，速度很快。要求：腰為主宰，結合丹田帶動，活似車軸，周身節節貫串，左旋右轉回旋上下，折疊轉關靈活，纏繞曲折，緊湊開展具備，形似龍蛇，首尾相應。

【技擊含義】

動作一：身向左轉下沉，右臂逆纏外開變順纏，有兩個含義：一是開的發勁；二是欲合先開，欲順先逆的身法運用，也是逆變順纏轉關合勁發爆發力的過渡階段，這是必經的前提。這種身法運用既可迷惑敵人，使敵人判斷錯誤，造成失誤，又可很好的為下面的合勁服務。這種「力」的作用，開始要起始於相反的方向，否則很難收到預期的效果。例如，人在體育運動中的扔鐵餅、鉛球，要想扔的距離遠，那麼開始時一定先向後坐甚至後退幾步，再向前衝幾步將其扔出去。這是欲前先後，其道理與上述「欲合先開」的道理相同。

設敵人與我對面站立，以雙手抓住我雙臂，雙手用按勁（直勁）欲將我推出摔倒在地。我即乘敵勁未發之前，身先左轉下沉，重心先向左移再變右前，同時右臂向敵右後外斜線展開，同時左臂向左後外下展開，將敵雙手按勁斜線分開，使敵勁散失勢，然後右臂以橫的挒勁向敵左肋部擊去，同時配合左臂向左外分引敵右手之勁，將敵擊傷或橫向摔出。

動作二：設敵人乘我身左轉下沉，以右手橫的挒勁擊其肋部時，敵含胸塌腰，身向右轉下沉，右手鬆開我左臂，同時左手借含胸右轉引化我右臂橫擊之勢，按住我右臂外側向我右方推或按出，並配合左手向我胸部按勁，欲將我推出摔倒在地。我即乘勢用右臂肘將敵勁向左引進使其落空失勢，然後身向右轉，右臂手逆纏翻轉（遠了用手、近了用肘）向敵身左側，或胸、肋、面部擊去，同時左手由左外下裡合以挒勁向敵右臂、肋部擊去。

動作三：設敵人用左手抓住我左腕，同時右手拿住我左肘部，左手順纏外翻擰我手腕，配合右手裡扣我左肘，欲將

我左臂拿直成反關節的背勢，或欲斷我左肘關節。我即乘敵左手拿我左腕之時，身先向左轉，再向右轉，沉肩墜肘裡合右轉鈎腕截敵腕部，至敵左肘外側下沉夾住敵小臂向左以橫的捯勁截敵左肘關節，同時右手順纏收回變逆纏抓住敵左腕順纏外翻擰敵左腕，這時敵左腕被拿，肘關節被截受制，必致被動失勢。

動作四：設敵與我對面站立，以左手拿我或按住我左手腕，同時右手管住我左肘，用雙按勁要將我推出，或想用左順右逆的擒拿法截我左腕及肘關節，使我受制失勢。我即乘敵雙手將拿或按我之機，身先向右轉再向左轉（右轉是引進落空）同時右手由左肘下由順變逆抓或挒敵右手腕及手。抓敵手配合左肘裡合下沉是截敵手勁，使其受制；挒是將敵右手帶出使其勁落空失勢，乘勢以左臂手肘（近了肘擊，遠了掌擊）擊敵胸面等部。同時重心移左，右腳劃裡弧向右後外退一步，這是距離近，為了加強左臂手肘擊敵的爆發力量，而形成的右腳斜線退步，目的是加強身後支撐力量，以維持身體平衡，這種方法擊敵胸面等部，力量大，效果好。

第二十四式　中　盤

【動作說明】

動作一：分三段，以腰為主結合丹田帶動，身快速向左轉螺旋下沉，重心由左變偏右後。同時開胸實腹左轉下沉，鬆胯，左腿順纏膝裡扣，右腿逆纏裡轉，兩腳踏實五趾抓地。同時右手由左胸部略順纏向右方鬆勁抖出，位在右前方，高與肩平，虎口向上，掌心向左前，指尖向右，臂伸展七、八分長即可。同時左手從前方略順纏裡勾腕裡合經胸前至右胸上近肩前下，以虎口及手背部分輕貼住，掌心向前

下，指尖向右前下，眼左顧右
盼，耳聽身後。（圖154－
156）

　　以腰爲主結合丹田領勁，
身快速向右轉螺旋下沉，重心
由右後變偏左前，左腿逆纏裡
轉，右腿順纏，膝裡扣。兩腳
踏實五趾抓地。同時左手略逆
纏（在右胸略上粘住），裡勾
腕（左肘略下沉右轉裡合），

圖154

圖155

圖156

掌心向前下，指尖在右腋下略變向右下。同時右手逆纏快速
向左裡合至左肘下裡勾腕，高與左胸同，虎口向上，掌心向
裡，指尖向左後。臂肘要保持半圓弧形，掤勁不失。眼先看
左肘兼顧右，意在左肘。（同退步壓肘合肘勢）

　　身向左轉螺旋下沉，重心由左前變偏右後。左腿順纏，
膝裡扣與右膝合，右腿逆纏裡轉與左膝合，兩腳踏實五趾抓
地湧泉穴要虛。同時左手由右腋下逆纏向左前上劃外弧向左

展出至鼻尖中線略順纏，臂伸展六、七分，掌心向前，後翻折腕，指尖向右上方。同時右手由左肘下略逆纏裡合至左胸貼住向右略下沉至右胸略下方，裡勾腕外掤，墜肘，五指半彎曲以指尖輕貼於右胸略順纏，眼看左前兼顧右裡下，耳聽身後。（同退步壓肘定勢）

這動作練時頭兩段以腰為主結合丹田領動，是快速旋轉鬆抖的開合勁，三段速度較慢，三段連續起來練要先快後慢，是快慢結合，快慢相間的動作。

動作二：身向右轉螺旋下沉，重心由右變偏左。左腿逆纏裡轉，右腿順纏外轉，膝裡扣與左膝合。兩腳踏實五趾抓地，湧泉穴要虛。同時左手順纏懸臂向右裡合下沉引進至兩膝前中線，後翻折腕，掌心向右前，指尖向左前方。同時右手逆纏由右胸下裡勾腕下沉向右劃外弧至右膝外略上（低架略下），掌心向下，略裡下勾腕，五指半彎曲掌心瓦攏。眼看左肘前下兼顧右手。（圖157）

這動作練時速度較緩慢。要求：向右下沉雙手攦時要兩膊相吸相繫，左肋部與胸要虛。

動作三：分二段，身略向右轉下沉（重心略向右移），左腿逆纏裡合。右腿順纏外轉，膝裡扣，兩腳踏實五趾抓地。同時左手向右略順纏下沉繞一小圈（欲左上先右下），同時右手向右外下略逆纏下沉繞一小圈（欲左上先向右下），吸氣，眼看左前，耳聽身後。

圖157

身向左轉快速螺旋上升，同時右腳跟蹬地逆纏提膝裡合腳尖至左膝裡前側下（腳尖不上翹）護膝。左腿半彎曲順纏外轉合，膝裡扣，腳掌踏實。收腹，吸氣，提肛，鬆胯，同時左手逆纏裡勾腕由兩膝前下上翻經胸前中線至鼻尖前中線，掌心向裡，裡扣腕，指尖向裡上。右手從右膝外略下向

圖158

右後外逆纏上翻變順纏，經身右頭上向中線裡合變逆纏至眼上中線，與左手指上下距離約兩拳之隔，掌心向前，指尖向左上，眼看前，耳聽身後。（圖158）

這動作練時速度較快，要求：向右下沉一下，右腳即蹬地隨身左轉上提，為了左腳站得穩，左腳尖在右膝上提前可先略向左外轉45度，以便穩定身體平衡。雙手上翻與右膝上提需同時完成。這是手到腳也到，手腳相合，上下相隨。

動作四：身略微向右轉螺旋下沉。重心在左。左腳逆纏裡合，左腳踏實。右腿順纏，膝裡扣，腳下沉在左腿旁震腳，兩腳平行約兩拳之隔。同時左手順纏經胸前中線下沉裡勾腕至胸腹，距腹約兩拳之隔，掌心向上，指尖向右偏上。同時右手先順纏鬆沉變逆纏下沉合至左手腕上，掌心向前下指尖向左前略偏上，胸肋要虛，眼看手前下，耳聽身後。（圖159）

這動作練時速度緩和。要求：左右手下沉交叉腕相合與右腳平面下沉震足呼氣同時完成。周身各關節肩、胯、肘、膝、手、腳俱是下沉採勁，立身要中正，身勿前俯後仰左歪

右斜，右足下沉震腳仍是虛。

動作五：身略向右轉螺旋下沉，重心由左變右。右腿順纏外轉，膝裡扣，腳掌踏實。左腿逆纏，膝裡合，腳尖上翹裡轉以腳跟裡側向左略後邁出著地是虛步。同時雙手腕仍交叉向右略前上以左順纏、右逆纏引勁，雙腕交叉點高度在腹部前上，左手裡勾腕，掌心向上，指尖向上。右手掌心向前下略向後翻坐腕，指尖向右前。雙腕交叉點距離腹部約三拳之隔，眼看左肘外下兼顧右，耳聽身後。（圖160）

圖159　　　　　　　　圖160

這動作練得較穩。要求：雙手向右以左順右逆纏引時，左臂肘要懸，並與左腳向左略後邁步同時完成。左腿提膝裡合以腳跟裡側向左邁步時，要虛靈，如臨深淵，如履薄冰，虛靈到隨時任意可將左腳收回。

動作六：分二段，以腰為主結合丹田領動，身快速向右轉螺旋下沉，重心偏右。左腿逆纏裡合，右腿順纏外轉，膝裡扣。兩腳踏實五趾抓地。同時雙手仍交叉向右前以雙順纏引，交叉點在腹部前上，距腹約50公分左右。左掌心向上，指尖向右前方，右手掌心向下，坐腕，指尖略向左上，

眼看左肘外下兼顧右，耳聽身後。

　　身向左略轉螺旋下沉，重心由右變偏左。左腿順纏外轉，膝裡扣。右腿逆纏裡合，兩腳踏實五趾抓地。同時雙手逆纏旋轉下沉，右手合至左肘彎裡側，掌心指尖向左臂肘，左手合至右肘彎下，掌心向上，指尖輕貼合於肘下（兩肘下墜與兩膝相合），左手由右肘下略逆纏繼續旋轉與右掌心上下相錯裡勾腕向左外前上提起，高與眼同，位在左眼左前方，掌心向裡右下，虎口圓向右上，指尖向右裡下方。同時右手由左臂肘裡側繼續逆纏向右前下與左掌心相錯下沉展開，位在右膝略外方，坐腕，掌心向下，指尖向前上。雙臂開展七、八分。眼左顧右盼，耳聽身後。（圖161－164）

　　這動作練時一段速度快，二段較緩慢。要求：一段練得輕靈快速而不飄浮，二段沉穩緩慢，舒展大方，沉重而不呆滯。

【技擊含義】

　　動作一：設敵人與我對面站立，以左手拿我左手腕，並以右手管我左肘關節，左手順纏撐我左腕並配合右手按或上

圖161

圖162

圖163　　　　　　　　　　圖164

托我左肘，欲擰我左臂制我肘關節，使我受制或借機將我推出。我即乘勢身先向左轉，左肘手裡合。同時右手順纏先向右前外開（欲合先開）再身向右轉左肘向右裡合，同時右手由右前外快速逆纏裡合至左肘下將敵右手抓住（順勢沉肩墜肘截其右手）或攦開，使其按勁或上托勁失空。乘勢用左肘繞一小圈向敵胸部擊去。

　動作二：如上例，設我左肘擊敵胸部，離含胸塌腰引化，我即乘勢以右手抓敵右手腕，同時左肘下沉以左手臂管敵右肘關節，借勢身向右轉下沉變攦或採，將敵攦出摔倒。

　動作三：接上例，如我攦敵右手臂時，敵坐腰後撤欲退步變勢。我即乘勢身向左轉螺旋上升，重心變左前，同時左臂肘略墜小臂逆纏向前上翻轉裡勾腕，以手背或腕背向敵面部或胸部擊去，同時右手逆、順、逆纏由右後經身右側向前上敵頭部擊去。同時右膝提起向敵下部撞擊，這樣上盤、中盤同時向敵進攻擊出。

　動作四：接上例，我上盤、中盤同時向敵進擊，敵如後退並以雙手上掤封我雙手臂時，我即乘勢雙手腕交叉合住

勁，以左順纏、右逆纏略向前下沉向敵胸部、腹部擊去，同時右足下沉向敵腳面踩跺，使敵受傷倒地。這是由上盤、中盤的進攻變爲向敵中盤及下盤同時進攻。

　　動作五：設我在向前面敵人進攻，敵人受傷倒地。這時另一個敵人上右步從我左側以雙手向我左臂或肋部擊來。欲將我橫推出摔倒在地。我即乘勢重心變右，身向右轉螺旋下沉，雙臂肘右引，使敵勁落空失勢。同時提左膝逆纏裡合向左以腳跟向敵人右膝蹬去。這是上引下進之法。

　　動作六：接上例，或我上引，使敵勁落空，同時左腳向左邁步套住敵人右腿或插襠貼近敵身，先合蓄勢再開以左肩向敵人右肋部或胸擊去。敵如退步或仰身，我即用左肘向敵胸腹或肋部擊出。如距離遠則用左腕背向敵胸部或下頦擊出。右手向右下沉展開含義有二：一是左上右下的分勁，是對稱勁，爲了維持身體平衡。二是乘勢攦敵右手腕向右前下分採，使敵失勢前俯或右斜，同時加強了左肩、肘、腕等關節向敵擊出爆發的開勁。

第二十五式　白鶴亮翅　與前同，略。(圖165－168)

圖165　　　　　　　　　　　圖166

圖167　　　　　　　　圖168

第二十六式　斜行拗步　與前同，略

第二十七式　閃通背

【動作說明】

動作一：練習方法與前初收式動作一相同，此處略。
（圖169－171）

圖169　　　　　　　　圖170

動作二：身向左轉螺旋下沉再螺旋上升，重心由左向右移時，右腳以腳跟為軸，腳尖先略向裡勾，當重心移偏右時，隨身體左轉螺旋上升（右腳跟為軸腳掌貼地腳尖裡轉）向左移約135度，腿逆纏裡合，腳掌踏實，五趾抓地。左腳跟提起，以腳尖點地隨身左轉，向左後劃外弧停至右腳裡

圖171

側，腳尖向左前方與右腳成不丁不八的步型。左腿順纏、膝外開、圓襠。同時右手指掌輕貼左肘前臂裡側逆纏裡轉以掌指（掌心向下）輕放在左肘裡側大臂上；同時左手逆纏以掌指合於右臂肘外側。眼先看左再看右肘前。耳聽身後。（圖172－173）

圖172

圖173

這動作練時速度先慢後快。要求：身向左轉時，要手合、身轉、腳隨同時完成。身勿左歪右斜。勁運到右肘尖、

但要含蓄，柔而不發。右肘尖與手的高度在胸前略下。眼先看左肘，再看右肘。

　　動作三：分二段，一段：以腰爲軸結合丹田領動，身體快速向右旋轉螺旋略下沉。右腿順纏外轉膝裡扣，腳掌踏實，五趾抓地。左腿逆纏裡合，以腳尖爲軸腳跟向左後外轉，兩膝相合。重心偏左。同時雙手臂腕交叉（右手在裡）向右前上方雙順纏合引。交叉點高在頭前，雙手高與鼻同。右手心向前下，指尖略偏左前上；左手心向右前上，指尖向右前上。眼看前兼顧左右，耳聽身後。（圖174）

　　二段：身向左轉螺旋下沉，重心偏右，右腿逆纏裡轉，腳掌踏實，五趾抓地。左腿順纏外轉，膝外開，以腳尖爲軸，腳跟由左後外向裡轉成爲丁虛步型。同時雙手腕先粘連雙逆纏略旋轉以左手在外掌心向裡，右手在裡掌心向外，相錯平行（高與眼同）向左右分開。雙臂展至七、八分。左手虎口向上掌心向裡，指尖向右，位在左眼左前方略低一些；右手掌心向右外，指尖向左上，位在右眼右前方，高與眼同。眼左顧右盼。耳聽身後。（圖175）

圖174　　　　　　　　　　　圖175

　　這動作一段練時速度快速輕靈，二段練時速度緩慢沉穩。兩段連起來練習，要求作到快慢相間，輕沉兼備。襠要虛要圓。合襠要左膝合左腳跟開，開襠要左膝開左腳跟合。

　　動作四：以腰爲主結合丹田領動，身快速向右旋轉90度螺旋下沉。右腿順纏外轉，腳跟爲軸，腳掌貼地隨身右轉90度，膝裡扣，腳掌踏實，五趾抓地。左腿逆纏裡轉，腳尖爲軸，腳跟向左後轉90度。重心偏左。同時左手由左眼前（先鬆肩）逆纏經頭上左側向前下甩出，掌心向前下，指尖向前上，高與鼻尖同，位在鼻尖前中線；同時右手由右眼右前方順纏下沉至腹前略上，以小指外緣輕貼住，掌心向上，指尖向左。收腹、提肛。眼看左手前兼顧左右，耳聽身後。（圖176－177）

圖176　　　　　　　　圖177

　　這動作練時速度較快。要求：手動、身轉、腳隨，主宰於腰，上下相合，手腳一致。要先開胸，突腹下沉，略上翻臀，再含胸、塌腰、收臀。另外左前上手與右後下手要在中線前上、後下相對。

　　動作五：身先略向右轉螺旋下沉，再略向左轉螺旋略上

升。右腿先順纏裡扣，再逆纏裡轉，腳掌踏實，五趾抓地。
左膝提起腳尖上翹先逆纏裡轉，再向前邁步變順纏，膝裡
扣，腳尖略向裡落地，腳掌踏實，五趾抓地。重心由略偏左
前變略右後。同時左手由鼻前中線下沉至左大腿外側，掌心
向下，指尖向前略下；同時右手由腹上中線經胸前向前上順
纏穿出。掌心向上，指尖向前上，高與鼻同。眼看前。（圖
178－179）

圖178　　　　　　　　圖179

　　這動作練時速度較慢、穩。要求：身向右略轉下沉是上
下先合，再略向左轉是開。右手向前上要有運勁表現。但要
含蓄，蓄而不發。所謂柔中寓剛。

　　動作六：分二段，一段：身略向左轉螺旋略上升，重心
偏右後。右腿逆纏裡轉；左腿順纏，膝裡扣。兩腳踏實，五
趾抓地。同時右手順纏略向前上展，略起過頭頂，掌心向
上，指尖向前上，同時左手逆纏略下，左後下按，掌心向
下，指尖向前偏下。吸氣，眼看右前上兼顧左後。耳聽身
後。（圖180）

　　二段：以腰為主結合丹田領動，身快速向右後旋轉180

度。右腿順纏外轉，以腳掌爲
軸，腳跟向左轉再隨身以腳尖
向右側後劃外弧旋轉至左腳右
側略後，腳跟頓地發勁；左腿
逆纏裡轉，以腳尖爲軸，先轉
約45度後，腳跟落地踏實。再
全腳（腳跟與腳尖）繼續旋轉
約135度，重心偏左前。同時
右手逆纏（在面部前略上）旋
轉向右下沉至右大腿外側，指

圖180

尖向前略上，掌心向下；同時左手由左大腿外側順纏外轉經
身左側上翻（高與左耳同）向前坐腕立掌下沉，位在左耳前
略下，掌心向右，指尖向上。呼氣。眼先看右再看左前。耳
聽身後。（圖181－182）

圖181

圖182

　　這動作練習時速度較快。身在向右後旋轉180度時，要
求左手坐腕立掌下沉，右手向右下的採挒勁與右腳跟頓地發
勁同時完成。在旋轉時雙手間距離不變。

【技擊含義】

動作一：設敵人左腳在後，右腳在前，用雙掌向我胸部擊來，欲將我胸部擊傷或推出。我即乘勢身向右轉，重心移左，雙腿左逆右順纏合襠。同時雙手臂合住勁橫向右轉，將敵人雙臂、肘、手封住，或橫擊，使其失勢，這是橫勁破直勁。

或敵人左腳在後，右腳在前，用雙手抓住我雙肘臂裡側，欲上步分我雙臂肘用右肩靠我胸部，或推我雙肘，欲使我後仰失勢跌倒。我即乘勢身向右轉，雙手臂向右橫向相合，使其直勁或靠勁發不出來而失勢受制。

動作二：接上動作設我以雙臂手身右轉合敵雙臂手，敵乘勢下沉欲化我雙臂肘橫向右的合勁，並乘機進右步用雙手肘向我胸腹等部撞來，欲將我撞翻後仰。我即乘敵身下沉進步雙肘手勁未發之前，身向左轉，重心由左變偏右，同時左腳跟提起腳尖擦地，向左後隨身轉退步，以避敵進步前撲之勢。同時左手管敵右臂，逆纏裡合，使敵右臂受制失勢。同時右臂手管敵左臂逆纏裡轉，以右肘向敵胸或身左側進擊。

動作三：接上動作我以右肘向敵人身左側或胸部擊去，敵如含胸收腹引化，並以左手肘臂由上上向下用捋採勁截我右肘進擊之勁，欲使我落空失勢。我即身向右轉45度下沉，含胸塌腰，沉肩墜肘，鬆胯屈膝，重心移偏左，雙臂肘手借勢以雙順纏快速合勁引化，使敵制我右肘的勁落空，乘勢身再向左轉45度，重心移右，雙手臂再開，以右肘再向敵胸部進攻。敵如退步以右掌向敵胸部擊去。近身用肘，遠了用手。

這動作練習時，一段的右轉雙臂手順纏合勁是為了二段的雙手逆纏開勁而練的。所謂欲左先右，欲開先合，即是此

意。

動作四：接上動作，我以右肘或手向敵胸部擊去，敵乘機含胸塌腰引化，並以雙手按捋我右肘或手，欲使我失勢落空，並借機進右步跟左步用雙手推我身右側，或以肩靠擊我右肋。我即乘敵用雙手按捋我右肘手，而未進右腳之前，右臂順纏下沉收至腹前上，同時左臂逆纏上翻由身左側向敵面部進擊，同時身隨手向右旋轉下沉，右腿順纏向右外轉90度，左腿逆纏裡轉以腳尖為軸隨身旋轉，使敵雙手按捋之勁落空。這裡右手下沉引進落空，左手乘勢進擊。

動作五：接上動作，我身右轉下沉，右臂下沉順纏引進使其落空，左手逆纏上翻由身左側向敵面部擊去。敵如抬右臂掤我左臂手，使我進攻失效，並欲再變招向我進攻。我即乘勢左手略橫以擱捌勁裡合下沉擱捌敵右臂手，同時提左膝向敵下部撞擊（遠了進左步）。同時右手順纏由腹前上經胸前向敵咽喉點擊（提左腿時，近便加膝撞擊，遠便用腳踢踩）。

動作六：接上動作，我以右手順纏向敵咽喉點擊後。另一敵人從身後以左腳在前下蹲，用雙手臂由後向前環腰將我抱住，欲將我抱起使我雙腳離地將我摔倒在地，我即乘勢沉肩墜肘，含胸塌腰，鬆胯屈膝，身向右後旋180度。同時以右手或肘向敵頭部右側擊或劈去。左手臂肘以順纏亦向敵身或頭部劈去，使敵倒地。

這動作還含有摔法。如上例：敵從後用雙手臂由後向前環腰將我抱住，欲將我抱起摔倒在地。我即乘勢左腳向前邁一步，身向前含胸塌腰，使敵失勢前傾，並乘勢用臀部向上翻，將敵翻起，使其腳跟離地，上身前傾失勢，使其由身後向前翻過來摔倒在地。

　　「通背」在太極拳練功中，要求內勁與外形的統一；要做到「尾閭中正神貫頂」，「氣沉丹田海底間」，開胸圓襠，促使氣從襠中運來。這樣就鍛鍊了氣通尾閭關、夾脊關及玉枕關，至頂部百會穴。這是氣通三關，故名為「通背」，「閃」字含有閃戰之法快迅旋轉，所謂「閃戰空費拔山力」即此意。閃字還有使敵人失勢落空之意。

第二十八式　掩手肱錘

【動作說明】

動作一：有兩種練法

　　㈠ 以腰為主宰結合丹田領動，身快速向左抖勁略旋轉再向右快速旋轉螺旋下沉。左腿先順纏外轉，膝裡扣，腳掌踏實，五趾抓地；再逆纏裡轉，腳掌踏實五趾抓地。右腿先逆纏裡轉，腳掌踏實，五趾抓地；再順纏外轉，提膝裡扣，以腳掌平面下沉震腳，位在左腳裡側略後，腳尖向右前，重心是由左變偏右再變左。同時左手在左胸前略順纏上翻變逆纏略外側勾腕，向前下沉再向胸前中線右腕背裡上合住勁，指尖向前略偏下，掌心向下；同時右手在右大腿外側向右外略順纏下沉，變逆纏上翻變拳裡合至左腕背下，裡下勾腕，上面突出右腕背，掌心向下偏右後，雙腕交叉點在胸前中線，距胸約35公分左右。眼看前兼顧左右。耳聽身後。

　　㈡ 身略左轉螺旋下沉，重心偏右。左腿順纏外轉，膝裡扣。右腿逆纏裡轉。兩腳掌踏實，五趾抓地。同時左手裡上勾腕順纏外轉下沉至左膝前，掌心向上，大指向上，餘指向右；同時右手順纏外轉變拳裡上勾腕下沉至右膝右前，拳心向上。眼看前及左右，耳聽身後。

　　身向右轉螺旋上升。左腿逆纏裡轉。右腿順纏外轉，膝

裡扣。兩腳跟蹬地騰空跳起，勁略偏重於右腳跟。雙手逆纏由兩膝前向外經身兩側前上翻起過頭頂（左手高，右拳較低）向頭前上中線合。眼看前及左右，耳聽身後。

　　身繼續右轉螺旋下沉。左腿逆纏裡轉；右腿順纏外轉，膝裡扣，隨身下沉以前腳尖著地然後腳跟落地（或雙腳同時著地）。左腳在左前方，右腳在右側後方。落地後兩腳踏實，五趾抓地。同時左手、右拳以左上右下交叉合勁下沉。交叉點高在胸前中線，距胸約40公分以上。比㈠雙腕交叉距胸較遠。左掌及右拳與㈠練法合勁同。重心偏左前，眼看前兼顧左右。耳聽身後。

　　第一種練習方法，速度很快。要求：主宰於腰結合丹田快速以抖勁帶動，動作要快速、緊湊、纏綿、靈活、輕沉兼備。雙手腕交叉合勁及右腳下沉震腳和吸氣同時完成。

　　第二種練習方法動作較大，下沉蓄勁式子低，彈跳高。下沉著地時，要雙手腕交叉和呼氣及雙腳下沉著地同時完成。

　　這兩種練習方法，表現了兩種不同的風格。

　　動作二、三、四、五，與前第十四式掩手肱錘動作及技擊含義完全相同。故省略。（圖183）

【技擊含義】

　　㈠　1.設敵人上右步用右拳向我胸部擊來。我即乘勢以腰為主宰快速抖動，身略左轉，再向右轉裡合，以攦採勁採敵右臂，使敵勁落空。重心

圖183

左、右、左。同時可用左肘或掌擊敵胸部或身體右側。右拳
也可乘機從左腕臂下偷擊敵胸部。

2.設敵上右步，用雙掌向我胸部出擊或推來，我即乘勢
以腰為主宰，快速抖動，身略向左轉再向右轉下沉。重心左
右左。同時左手及右拳以圈絞的捌採勁、截、擊、採敵雙手
臂，使敵雙掌直勁被截採而失勢落空。這時視敵人之遠近，
而定進擊方法：近則用左肘擊敵胸部，或右膝撞擊敵下部；
或用左腳踢敵腓骨，或踩敵右腳面，或用右拳從左腕下擊敵
胸部；遠則用左掌擊敵胸部或身右側及面部。

㈡ 設敵用右腳向我襠或左膝踢來，欲使我被踢致死或
受傷跌倒在地。我即乘勢身略向左轉下沉，重心偏右，同時
沉肩墜肘，含胸塌腰，鬆胯屈膝下蹲。雙腿左順、右逆纏，
腳踏實，五趾抓地。同時左手順纏裡勾腕下沉以採勁截敵右
腳腕。同時右手變拳順纏裡勾腕下沉。敵右腳腕被截或受傷
或收回避我下採勁。這時我即乘勢兩腳跟用力蹬地騰空跳
起，同時左掌及右拳向敵頭部及耳門擊打。或敵乘我跳起騰
空時，下沉進左腳用雙拳向我胸腹部擊來。我即乘勢身繼續
右轉螺旋下沉，重心偏左前落地扣住勁。同時左掌及右拳以
雙逆纏合住勁擊敵頭部，或雙臂下沉採擊。

第二十九式　大六封四閉

【動作說明】

動作一：身微右轉螺旋上升，再向左轉螺旋下沉，沉肩
略開胸右轉，略突腹部微上翻臀、鬆胯。左腿先逆纏裡轉再
順纏外轉，膝裡扣；右腿先順纏外轉，膝裡扣，再逆纏裡
轉。兩腳掌踏實，五趾抓地。重心是先左後右。同時右拳在
前略向上逆纏再變順纏向前下中線沉至腹前，拳心向下，虎

口向左前略偏上，距腹部約35公分左右；同時左拳虛握，拳心貼著左肋部粘連旋轉，先略順纏變略逆纏大指裡扣，眼先看右拳再看右肘前下。耳聽身後。（圖184－185）

圖184　　　　　　　　圖185

　　這動作練得速度較慢。因上式接掩手肱錘是發勁動作，所以這動作要表現出「勁斷意不斷」、「欲順先逆」和「欲左先右」的運動方法。

　　動作二：以腰為主，結合丹田快速抖勁帶動，身快速略向左轉。左腿順纏外轉，膝裡扣；右腿逆纏裡轉，兩腳掌踏實，五趾抓地。重心由右後變偏左前。同時右拳變掌逆纏經腹前及左肋前由左肘下向前上翻出。位在左肘前，指尖向左略偏後，掌心向前外；同時左手逆纏由左肋向腹前略下沉（虎口輕貼腹前上，指尖後下）變順纏裡勾腕經胸前上翻出，位在右肘臂裡側，略裡下勾腕，掌心向裡偏下，指尖向裡右下。交叉點高度在鼻前中線。眼看前兼顧左右，耳聽身後。（圖186）

　　此動作練習時速度很快。雙臂向前上掤擠的同時，腹部下沉，雙臂交叉點中線要下對左膝。

動作三：身向左轉略螺旋下沉再螺旋上升，重心是左、右、左。左腿以左腳跟爲軸心腳掌擦地順纏外轉約90度後，腳掌踏實，五趾抓地。同時右腿逆纏裡轉（重心移左腳後）隨雙手上握提膝，腳尖裡下沉護膝。同時左手裡勾腕，逆纏略下沉經胸前向左外上提起，位在左側與鼻成直線。高與眼

圖186

同，裡勾腕，掌心向裡下，指尖向裡右下，虎口向右裡；同時右手順纏略下沉向右前上旋轉，位在右肩右前方，指尖向右前，高不過肩，眼看右前方，耳聽左後。（圖187－188）

圖187

圖188

這動作練習時速度先慢穩，提握時要快。要求：上下相合。兩手相距是由手到肘部的寬度，身要正，勿左歪右斜。膝裡扣略彎曲，腳抓住勁。

動作四：身向左轉螺旋下沉，左腿順纏外轉，膝裡扣，

腳掌踏實，五趾抓地。右腿逆
纏裡轉，腳尖上翹裡轉向右偏
前邁步以腳跟裡側著地，重心
偏左。同時右手變逆纏由右肩
右前方向右後旋轉至右耳下腮
側，後折腕，指尖向後，掌心
向左前；同時左手由鼻前中線
逆纏向左外上再向左後旋轉至
左耳下腮前，掌心向右前，指
尖向後。眼看右前方，耳聽左
後。（圖189）

圖189

　　這動作練時速度較快。要求：雙手逆纏外後旋至兩耳下
與右腳向右邁步同時完成。右肘尖在旋轉時要向右前略上方
挑，切勿向裡轉，以免丟失隅角肘尖上挑的掤勁。

　　動作五：動作練法及技擊含義與前第四式六封四閉動作
六完全相同。故省略。

【技擊含義】

　　動作一：設敵人左腳在前，右腳在後，與我對面站立，
用右手拿住我右手腕，左手按或拿右肘，欲用左逆右順纏旋
轉截拿，使我右臂關節旋轉受制。我即乘勢欲順先逆纏，然
後順纏下沉引進，使敵勁落空失勢。

　　動作二：接上例，敵勁落空失勢，我乘機左手逆纏抓住
敵右手腕變順纏，向左前外翻轉敵右手腕。同時右腕變逆纏
配合左手向左前外壓敵右腕臂，使敵右腕及臂外翻關節受
制，身向右歪斜，這時我右手配合左手的合勁向敵面部擊
去，使敵受傷無力還擊。或用右肘向敵胸部擊去，使敵受傷
倒地。或繼續外翻敵右臂，同時右肘隨身左轉由右肘臂外側

下沉夾住敵右腕背，再向右轉截掛擊敵右肘臂。我可乘機變招取之。

動作三：設敵人進左步，用左拳向我胸部擊來。我即乘勢身左轉，重心先右後左，左腿順纏外轉，腳掌踏實，五趾抓地；同時右手臂順纏管住敵左肘部。左手逆纏刁住敵左腕向左外側上掤，使敵左拳勁落空上浮失勢。同時提右膝向敵左大腿或臀部撞擊。使敵失勢摔倒在地。

動作四：敵左臂被掤受制，欲退步逃跑。我即乘勢用右腳向敵左胯或膝蹬去，使敵受傷摔倒在地。或進步插襠或套腿，用右肘尖向敵右肋部挑去，使敵受傷無力還擊。

動作五：技擊含義與前第四式六封四閉動作六相同，故省略。

第三十式　單　鞭

（同前，略）。（圖190）

第三十一式　運　手

【動作說明】

動作一：分二段：⑴以腰為主宰結合丹田帶動，身快速向左轉略上升，同時右手變掌順纏向左上領勁，位在右眼右前上方，後翻腕，掌心向上，指尖向右前偏上；同時左手逆纏向左前上方劃弧領勁，位在左眼左前方略上，後翻坐腕，臂半圓，掌心向左前，指尖向

圖190

右前略偏上方。眼看右肘右外方。開胸實腹左轉下沉，鬆胯
屈左膝與右膝合，左臀下沉。左腿順纏外轉，膝裡扣，重心
偏左；右腿逆纏裡轉，腰勁下沉至腳跟。兩腳掌踏實，五趾
抓地。耳聽左後。⑵身向右轉螺旋下沉再略上升。右腿順纏
外轉，以腳跟為軸腳掌擦地外轉約90度踏實後略逆纏，腳掌
踏實，五趾抓地。重心由左走下弧變偏右。同時左腿逆纏裡
轉變虛。腳跟離地腳尖提起，順纏外轉劃後裡弧，腳尖向左
前方（不超過右腳尖）虛步停至右腳裡側。同時右手逆纏由
右前上方下沉至眼前中線（上下相合後）再向右前方領勁展
開，臂半圓坐腕，掌心向右前方，指尖向左前偏上，位在右
眼右前方；同時左手順纏略向左外下沉（高與左肋部同）再
向右裡合至腹前中線，掌心向右略偏前，指尖向前偏左。眼
先看右前再看左肘外側。耳聽身後。（圖191－192）

圖191　　　　　　　　　　圖192

　　這個動作一段練時速度較快。二段練時速度略慢。要
求：一段，以腰為主宰結合丹田帶動，身體快速以抖勁帶動
向左轉，要充分體現出「腰活似車軸」，腰為聯接上下體的
樞紐，抖動後六成勁上升平分至兩臂手領勁，四成勁下沉平

分至兩腿至腳跟合於腳趾。這
樣形成上下左右斜正的對稱
勁，以保持立身中正，支撐八
面的「中定」勁，否則易犯飄
浮、呆滯之病。二段，要先合
（上下、內外）後開，再合。
右手上掤領住勁勿丟，左手帶
左腳要手腳動作同時完成。

圖193

　　動作二：身向右轉螺旋下
沉，重心偏右。右腿順纏外轉
膝裡扣，腳掌踏實，五趾抓地。左腿逆纏裡轉，腳提起腳尖
上翹裡轉，向左橫開邁步以腳跟裡側著地，腳尖上翹裡合。
同時右手逆纏向順前外上領勁，位在右眼右前略上方，臂半
圓後翻腕，掌心向右前方，指尖向左前略偏上方；同時左手
順纏向右略前引進，位在腹前中線，掌心向右偏前，指尖向
前偏左。眼看右再看左肘外。耳聽身後。（圖193）

　　這動作練時速度稍快。要求：右手逆纏上掤。領住勁不
丟，左手順纏引進與左足向左橫開邁步前要先上下相合，左
右相合，內外結合後再向左橫開邁步，即先合後開，手腳動
作要同時完成。

　　動作三：分二段。

　　(1)以腰爲主宰結合丹田帶動，身快速向右旋轉螺旋下
沉。右腿順纏外轉，膝裡扣，腳踏實，五趾抓地，湧泉穴要
虛；同時左腿逆纏裡轉，腳跟爲軸，腳尖上翹裡合。同時右
手由右前上方逆纏略上翻裡合，掌心向前，後翻腕，臂半
圓，指尖向左略偏後，位在右眼前；同時左手順纏裡合，位
在腹前中線（與右手上下相合）後翻腕，肘不貼肋部，掌心

向右前上，指尖向左前。吸氣，眼看身左側兼顧右手，耳聽身後。重心偏右。

(2)身向左轉螺旋下沉再螺旋上升，重心由右下沉變偏左。左腿順纏外轉，腳跟為軸，腳尖上翹外轉約90度落地變實膝裡扣，五趾抓地。右腿逆纏裡轉以腰胯帶動，屈膝腳跟離地，腳尖提起略劃裡弧虛步腳尖向右外點地並在左腳旁（或插步）。同時左手領勁由腹前中線上升至右胸逆纏（邊含胸）穿掌坐腕上翻至鼻前左前外略劃上弧展開，位在左眼左前方，臂半圓後翻腕，掌心向左前方，指尖向右前略偏上；同時右手由右眼前順纏向右前外開展下沉（上下相合）合至腹前中線，掌心向左前，指尖向右前。先呼後吸氣。眼先看右再看左。耳聽身後。

這動作練時一段速度很快，二段：開時，下沉、上下相合要快，螺旋上升併步時略慢。要求兩段連起來練時要走出「欲左先右」、「欲上先下」的身法，氣宜鼓蕩，神氣要顧盼自如，勿散亂。手法要做到既要順逆自纏，又要注意「公轉」圈走圓，體現「非圓即弧」的拳理。

動作三的步法，還有一種步法是後插步，即重心由右下沉變偏左（左腿順纏）後，隨即右腿向左腿後插步，身微右轉，左腿變微逆纏，腳掌踏實，五趾抓地。右腿先逆纏裡轉提起向左腳後變順纏插步以腳尖虛步點地。雙手動作同動作三練法一樣，故省略。（圖194）

動作四：練法與動作二相同。故省略。（圖195）

運手一式，可以左右反覆練習。

返回第二趟動作一：與動作二反過來相同。動作二：與上述動作三反過來動作相同。動作三：與動作二反過來相同。第三趟又返回來動作一：與一趟動作二完全相同。動作

圖194　　　　　　　　圖195

二：與一趟動作三完全相同。動作三：與一趟動作四完全相同。故省略。

　　運手的練習方法按趟數是單數，動作也是單數。按以前練習方法為一、三、五趟。由右至左為一趟；由左至右為二趟；再返回由右至左為三趟。數量多少可靈活隨意運用。

　　【技擊含義】

　　動作一：設敵人在我身右側，左腳在我右腿內側禬內，以左手拿我右肘，右手拿我右手，欲拿我右肘配合右手上揚拿我右手指關節。使我右手臂肘轉動失靈，關節活動受制。以便於用其他手法傷害我。

　　我乘勢身向左轉下沉，重心偏左，以腰為主宰帶動，右手肘臂快速向左前上領勁，使敵勁落空失勢。這時乘敵回勁欲穩定身體平衡之機，我以右肘尖向右側後敵面部擊去，或貼身以右肩向敵胸部靠擊，將敵靠出。又如敵在前失勢時，我欲用肩靠敵胸部，敵含胸塌腰欲化我右肩靠之勁，我即乘勢重心變右以右肘尖或右掌向敵胸面部擊去，同時我左腳變虛步併於右腳旁。另外，可配合右膝裡扣跪敵右腿，以右肩、肘、手向敵胸部擊去。

動作二：

設我剛剛將身右側敵人擊傷摔出跌倒在地，這時身左側另一敵人進右步以雙手用按勁向我左臂肘擊來，欲將我推出摔倒在地。

我即乘勢身向右轉，左臂肘手順纏引進，使敵雙手按勁落空，同時左腿逆纏裡轉提起腳尖上翹裡合，以腳跟向敵右膝蹬去。

動作三：

接上例，敵雙手按勁落空失勢，我左腳同時向左邁步插襠或套住敵右腳，重心由右變左，貼身用左肩向敵胸、腹等部擊去，稍遠用左肘擊敵右肋部或胸、腹等部，再遠用左掌向敵面部、胸部擊去，使敵受傷倒地。如套住敵右腿則用上擊下跪（裡扣外翻）之勁擊、摔敵。同時右腳變虛併步於左腳旁。

動作三另外一種練法是後插步，即右腳虛步邁在左腳後以腳尖點地。這種步法在摔跤裡稱為背步（即左右插步、轉身摔敵之法）。

設敵人與我對面站立，右腳在前，雙手向我腋下插來，欲將我抱起摔我。我即乘敵雙臂剛插入我腋下，如右臂先到，則用左臂手順纏下沉合勁圈絞敵右肘臂，同時身向右轉下沉，重心偏左，右腳向左後插步（背步）快速旋轉絞敵右臂肘，使敵右臂肩、肘關節受制，或將敵右肘絞斷，或使敵右臂肘受傷摔出跌倒在地，如敵左臂肘先到我右腋下肋部，我即身向左轉下沉，重心變右，左腳向右腳後邁步（插、背步），配合右臂肘手順纏下沉絞敵左臂肘，使敵左肘斷或受傷摔出跌倒在地。這即是左右插步（背步）的運用方法。

練習方法中如果是右腳向左插背步，側身向右轉90或

180或360度。右腿順纏外轉由90度至180度，是先以腳尖為軸至快到180度時變腳跟為軸，由虛變實，再轉至360度還以腳跟為軸，腳掌擦地外轉，停後腳踏實，五趾抓地。左腿逆纏裡轉以腳跟為軸腳掌擦地裡（右）轉至90或180度變虛，如再轉以腳尖為軸繼續轉至360度，在右腳後逆纏裡轉提腿腳尖上翹裡合，向左橫開邁步以腳跟裡側著地。右手同時由腹前中線逆纏上翻，經鼻前向右前外略上劃弧領勁展開。左手由左眼左前方順纏外開下沉合於腹前中線。向右旋轉90、180或360度，右手大指要領住上掤勁不丟。如向左轉90、180或360度，其動作則相同。其技擊含義：身向右轉螺旋下沉90度或180度，是左臂肘順纏引進，右手逆纏向右上展開領勁，同時左腿逆纏裡轉向左橫開邁步或蹬敵，這叫上引下進（擊）。反之相反相同。

　　此外，運手還有一種蓋步步法。即動作三時，右腳從左腳（前腳）之前面蹬出。其手法同上述其它練法。技擊含義也同前。只是下擊之法不同。

第三十二式　高探馬

【動作說明】

　　動作一：身向左轉螺旋下沉，重心由右變左。右腿逆纏裡轉，腳跟再離地順纏劃後弧收至左腳裡側。

　　同時左腿順纏外轉，以腳跟為軸腳掌擦地外轉約90度，腳踏實，五趾抓地。同時左手逆纏由腹前上翻至鼻尖前再向左略劃上弧，以大指領勁展開，位在左眼左前方，臂半圓後翻腕，掌心向左，指尖向右前略偏上；同時右手由右眼右前方順纏略向右外展開下沉（上下相合）合至腹部前中線略向後（右）翻腕，掌心向前，指尖向右前。眼先看右手，

再看左手，再看右肘外側。耳聽身後。（圖196）

這動作練時速度較緩慢。要求：身在向左轉下沉左手逆
纏由腹前中線上翻時要含胸（腰勁不丟），以大指領勁，掤
勁不失，右手順纏下沉裡合時要兩膊相吸相繫合住勁，另外
要先上下內外相合。

動作二：身向左轉螺旋下沉，重心變左，左腿順纏外
轉，膝裡扣，腳五趾抓地。右腿逆纏裡轉腳提起腳尖上翹裡
合向右後方隅角邁步，以腳跟裡側著地與左腿合住勁。同時
左手略逆纏向左略開展變順纏向右肘彎合，變微逆纏，左手
合於右肘彎處，臂半圓，肘尖掤勁不失，坐腕，掌心向右，
指尖向上；同時右手由腹前中線上合，高與鼻尖同，掌心向
上略偏左，後翻腕，指尖向右前。眼先看左手再看右肘外
側，耳聽身後。（圖197）

圖196　　　　　　　　圖197

這動作練時動作較快一些。要求：左手上掤領住勁，右
手臂帶右腿向右後邁步同時完成。邁步時落腳要虛靈「如臨
深淵，如履薄冰」，也就是邁步如貓行，身勿左歪右斜。

動作三：身向右轉螺旋下沉，重心移右再移略偏左，左

腿逆纏裡轉；右腿順纏外轉膝裡扣。兩腳踏實，五趾抓地。
同時雙手變逆纏粘連交叉旋轉略向前上（雙肘隨雙手逆纏裡
合，外翻略墜），加強雙腕臂肘掤勁（上下相合），勁運到
雙手大指，再分左右略走上弧（與眼同高）展開，變略順纏
略下沉，勁運到雙手中指肚，雙臂展開七、八分，坐腕，指
尖高度比兩肩略高，左手心向左前，指尖向上略偏左前，右
手掌心向右後偏前，指尖向上偏右前。眼左顧右盼。耳聽身
後。（圖198－199）

圖198　　　　　　　　圖199

　這動作練時速度稍快。要求：開展時要輕鬆舒展，上下
左右斜相合，內外相合，兩腿順逆纏勁要纏到大腿根，襠要
圓。

　動作四：身向右轉螺旋下沉，重心偏左，胸開右轉，腹
部前突向右下沉。左臀下沉突外胯腿逆纏裡轉；右臀略向後
上翻，腿順纏外轉，膝裡扣，腳跟為軸腳掌擦地腳尖裡勾。
兩腳掌踏實，五趾抓地。兩腿順纏逆纏的纏絲勁要纏到兩大
腿根，襠內要圓。同時左手在左眼前順纏外轉，向左前方略
伸展，高與左肩同，掌心向上，指尖向左前；同時右手在右

眼前方向右外開略逆纏變順纏，屈肘略上翻再變逆纏至右耳
下，後翻腕肘略下墜，掌心向左前方，指尖向右後。眼看左
前兼顧左右。耳聽身後。（圖200）

　　這動作練時速度較快。要求：動作主宰於腰，結合丹田
帶動，身快速向右旋轉，下沉，同時右腳尖裡轉勾腳，做到
上開（兩臂肘橫開）下合，左右開，上下合。

　　動作五：身向左轉螺旋下沉，再螺旋上升，重心是右左
右。右臀下沉要略上升。右腿逆纏裡轉，以腳跟為軸，腳掌
擦地，隨身左轉約135度，腳掌踏實，五趾抓地。同時左腿
順纏外轉，腳跟提起以腳尖擦地，隨身劃外弧向左後轉停於
右腳裡側，腳尖向外斜出，虛步腳尖點地。同時右手由右耳
下略下沉墜肘（上下相合，兩手相合）經胸前上中線逆纏向
右前略上展（推）出，臂伸到七、八分變略順纏，勁運到中
指肚，位在右肩右側略偏前，掌心向右前下，指尖向左前
上；同時左手由左肩前，略逆纏經胸前與右手上下手心相錯
下沉變順纏，以小指輕貼肚臍前變為逆纏，掌心向上微偏
裡，指尖向右。眼看右手兼顧左。耳聽身後。（圖201）

圖200　　　　　　　　圖201

這動作練時速度是：開始上下左右相合時要慢、穩一些，螺旋上升左轉右手向前推時略快一些。要求：動作放鬆舒展，身要正，勿歪斜，圓襠，雙手勁要放鬆對稱。

【技擊含義】

動作一：

1.設敵人上左步用左拳向我胸、面部擊來，我即乘勢身向左轉下沉，重心先偏右，同時左手逆纏上掤翻轉掤化（向左外側後）敵左臂之勁或抓住敵左手腕掤攦，使其勁落空失勢。同時左腳尖外轉著地，重心變左前。同時右臂順纏下沉裡合以採挒勁向敵後腰命門處擊去，使其受傷受制或摔出。

2.設敵上右步用右拳向我左耳門或胸部擊來，我即乘勢身向左轉下沉，左腿順纏外轉，腳尖外轉；右腿逆纏裡轉，重心由右漸變左。同時左手由腹前中線逆纏上翻再向左外上掤化敵右臂，使其勁落空。同時右手肘臂順纏下沉以採挒勁裡合向敵肋部擊去，如我以右臂肘向敵人肋部擊去，敵含胸塌腰身向右轉重心變偏左，同時左手臂以採挒勁向右橫截化我右臂肘手的採挒勁，並想用其他手法傷害我，我即乘勢身繼續左轉下沉，左手向左外上掤化敵右臂，右臂手借勢向我左外引進，使敵左手臂勁落空。

動作二：接上例2，敵左臂手截我右臂手勁落空，我即乘勢身繼續左轉下沉，重心變左，同時右腿逆纏裡轉提起，腳尖裡轉上翹，以腳跟向敵右腿裡側或膝部蹬踩，使敵受傷跌倒在地，近距離則用右膝向敵下部襠內撞擊，使敵受重傷，無能力反抗。或向敵襠內插步，占取有利形勢，或將右腿套住敵左腿，準備用摔法擊敵。

動作三：接上例如我右腿進步插入敵襠內，貼近敵身則用後肩向敵胸部或腹部靠擊，將敵靠出摔倒。如距離稍遠則

用右肘尖向敵胸部腹部擊出，使敵受傷，如敵退步則用右掌心以挒勁向敵胸部或面部擊去，以求克敵致勝。

如我右腿進步套住敵左腿，乘敵腿未撤步之前，近身用右後肩靠敵左胸部或肋部，或用右肘向外橫擊敵心窩，或肘尖及手向右側下沉，配合右腿膝部裡扣（敵左腿彎）及上面肘手下沉外翻之勁，將敵仰面向右摔倒在地。

動作四：接上例如我右腿將敵左腿套住，將要用裡扣（膝）外翻（肩靠肘擊敵上胸、肋等部）摔敵時，敵身向左轉下沉，重心變右，提左腿撤步或退在我右腿外側，同時以兩手抓住我雙臂肘彎處，欲將我推出摔倒在地。我即乘勢運用身法，身向右轉下沉，以橫挒勁引化敵雙臂，使其左臂伸展，右臂彎曲截回，同時我右膝裡扣合住襠勁。同時右臂肘由順變逆纏向右外（引化）上翻裡合截敵左手腕，使其勁斷被截受制。同時我左臂肘乘敵右臂手勁被截收回之機，略下沉（上下相合），以橫的挒採勁向敵身右側或肋部擊去，使敵右肋被擊受傷，受制於我。

動作五：接上例，如我以左臂肘向敵身右側或肋部擊出時，敵身繼續右轉，重心變左，同時右腿提起，向右後撤步，並以右手攔我的臂肘橫的採挒勁。我即身向左轉，重心變右，同時右肘臂截住敵左手腕略下沉，使敵左手腕被截拿疼痛，動作失靈，身體向左前傾，這時我如還不想放過敵人，將身繼續向左轉，略上升。同時左手順纏，收回至腹前中線變微逆纏合住勁。同時我右手肘臂向前略下沉（上下相合），截住敵左手腕，使敵受制不得逃脫。這時我乘勢右前臂逆纏向略前上敵人面部擊去，使敵面部受傷跌出摔倒在地。或如上例，敵用雙手抓住我雙肘彎處，欲將我摔倒在地，我即乘勢身向左轉下沉，重心變右。同時左手順纏下

沉，截敵右手腕，使敵勁被截，敵手腕被截疼痛，身向左轉下沉，重心變右欲將左臂收回，我即乘勢身向左轉略上升，左手順纏收回到腹前中線，微逆纏，右手臂乘勢略下沉（上下相合），經胸前中線向右前略上敵面部或胸部擊去，同時左腿順纏外轉，以腳尖劃外弧向左後退回停於右腳旁，身左轉退左腳可加強右手擊敵胸、面等部的開勁，以取得打擊敵人，戰勝敵人的更大效果。

第三十三式　右擦腳

【動作說明】

動作一：身向左轉螺旋下沉，重心偏右。右腿逆纏裡轉，腳踏實，左腿順纏外轉，膝外開，以腳尖點地外轉，圓襠。同時右手由右前上方順纏下沉至腹前中線距離腹部約40公分左右，後翻腕，掌心向左前偏下，指尖向右前偏下；同時左手以小指輕貼腹前略順纏變略逆纏，外掤勁不失，掌心向上，指尖向上，裡上勾腕，小指輕貼腹部。呼氣，眼看右側前，耳聽左後。（圖202）

這個動作練時速度較緩慢。要求：上下相合，右肘懸臂不貼肋，左膝外開圓襠。

動作二：以腰為主結合丹田帶動，身快速向右旋轉下沉，重心由右變偏左。眼看雙臂前。同時，左腿逆纏裡轉，以腳尖點地裡轉，腳跟向左後外旋轉，重心移過來；同時右腿順纏外轉，膝裡合，腳掌踏實。同時左手以小指輕貼腹前逆纏裡轉一圈裡勾腕向右前上掤出，高與鼻尖同，掌心向裡下，指尖向裡下，虎口要圓；同時右手逆纏裡轉上翻以掌背貼左肘下與左手臂同時向右前上掤出，位在左肘前外，掌心向前，指尖向左略偏上。交叉點對準鼻尖前中線。耳聽身

後。（圖203）

　　這個動作練時速度很快。要求：以腰爲主宰，雙手臂環抱向前上快速掤擠出，同時塌腰鬆胯屈膝沉左臀，形成右上左下斜線對稱勁，以保持身體平衡，達到「中定」的要求。此動作與前六封四閉動作二、三手的動作相同。

圖202　　　　　　　　　　　　圖203

　　動作三：身向左轉螺旋下沉，重心偏右。眼看右前兼顧左。開胸左旋，腹部前突向左下沉，右臀略向右後上翻起。右腿逆纏裡轉，腳踏實，五趾抓地，左腿順纏外轉，膝外開，以腳尖點地外轉。同時右手在右前上方（與右肩平）基本在原地方順纏略下沉再略向右前上旋轉，掌心向上，指尖向右偏前；同時左手逆纏略下沉經胸前中線向上翻起裡勾腕，掌心向裡下，指尖向裡偏右，虎口要圓，高與鼻尖同，耳聽左後。（圖204）

　　這個動作練時速度較緩慢。要求：雙臂手擴時要下塌（腰）外輾，手臂掤勁不丟，兩手間距是由手到肘部，不宜太寬。

　　動作四：身向左轉螺旋略下沉，重心偏右後，眼看身

圖204

圖205

前。右腿逆纏裡轉，膝裡合，
腳掌踏實地，五趾抓地。左腿
順纏外轉腳提起向右腳右前方
邁步（圖205），以腳跟爲軸
略偏外側著地，腳尖上翹偏左
外。同時右手在右前上（與右
肩平）逆變順纏略向右前上領
勁，高與鼻尖同，掌心向上，
指尖向右前；同時左手由鼻前
中線逆纏上翻折腕經頭前略上

圖206

向右前坐腕合於右小臂上，掌心向右前偏略下，指尖向上略
偏右。耳聽左後。（圖206）

　　這個動作練時速度較快。要求：上邊手合，下邊腳落
地，即手到腳亦到。兩腿彎曲不要夾住，便於旋轉變化。

　　動作五：身略向左旋轉下沉，重心由右後變左前，眼看
右肘右側，同時沈肩墜肘，含胸塌腰，鬆胯屈膝。左腿順纏
外轉以腳跟爲軸腳尖外轉約90度，腳掌落地踏實。同時右

腿逆纏裡轉腳跟離地以腳尖爲軸裡轉。同時雙腕粘連雙手逆
纏向左旋轉，雙臂裡側要保持半圓，掤勁不丟，勁運到雙手
中指肚。雙手腕以右外、左內交叉。右掌心向左前，指尖略
偏左上。左掌心向右前，指尖向右略偏上，再變左上右下上
掤，雙手順纏，耳聽身左後。（圖207）

　　這個動作練時較慢。要求：上掤勁不丟，全身隨手轉，
兩腿之間要留有空隙，襠要虛要圓。身體要保持中正，勿左
歪右斜或挺胸上拔拉胯。

　　動作六：身向左轉螺旋上升，重心在左後，眼看右前，
耳聽身後。同時，左腿順纏外轉膝裡扣，腳掌踏實。同時右
腿逆纏裡轉提起，用腳背向右前上踢起。同時雙腕臂交叉粘
連，手逆纏向前上翻略超過頭頂，雙手逆纏分向右前及左後
再變略雙順纏，以右手拍右腳面（背）。同時左手在後，掌
心向下與右手形成對稱勁，以保持身體平衡（圖208）

圖207　　　　　　　　圖208

　　這個動作練時速度較穩。要求：身體中正，勿左歪右
斜，要上下相合，內外相合。要做到腳去踢手，不要以手去
夠腳。

【技擊含義】

動作一：設敵人在我身右側，出左步插我襠內，並以右手抓我右腕，其左手按我右肘部，雙手用按勁向我身右側及右臂肘推來，欲將我推出摔倒在地。我即乘勢身向左轉螺旋下沉，重心變偏右，同時右臂手順纏向左前外方引進，使敵雙手按勁落空失勢。

動作二：接上例，敵雙手按勁落空，我即乘勢身右轉下沉，重心變偏左，同時左手逆纏出手抓住敵右手腕順纏外轉撐敵手腕，使敵身向右傾斜失勢，同時我右手逆纏旋轉收回，並以右肘（身左轉）貼敵右肘上繞圈下沉，以右肘夾住敵近右腕關節（身右轉下沉）掛敵右腕肘部，使敵被動。

或我身向右轉下沉，重心變偏左，同時左手逆纏出手抓住敵右手腕順纏外轉，使敵身向右傾斜失勢，同時我右手逆纏收回並以右肘配合左手及肘部，以雙逆纏向敵胸部或下頦用掤擠勁發出，使敵胸部或下頦被擊受傷。

動作三：設敵人在我身右側出左步，用左拳向我耳門或胸部擊來。

我即乘勢身向左轉，重心變偏右，同時我左手勾腕刁住敵左手腕，以右手肘部封住敵左肘部順勢以左逆右順纏向左外側略上擺出，使敵勁落空失勢。這是擺勁的作用，俗名「順手牽羊」。

動作四：接上例，敵人被擺，左拳擊我之勁落空，欲含胸塌腰收勢以維持身體平衡，再變其他手法進攻。

我即乘敵人含胸塌腰維持身體平衡之機，身繼續略向左轉，重心變右前，同時我右手臂略順纏向前，略上托掤敵左臂肘，使敵左肩肘上仰，不能下沉上下相合；同時我左手逆纏上翻向前上敵人面部擊去。同時我左腳提起順纏外轉以腳

跟向敵左膝迎面骨踩擊，這樣上下同時向敵擊去，使敵失敗。

動作五：接上例，設我左手及左腳同時向敵擊去，敵如撤步後退；避我之打擊，再變其他手法攻我。

我即乘勢將左腳落在右腳前方，腳尖外轉扣步變實。同時左手合於敵左腕及肘部，順勢向左轉下沉，以雙手逆纏掤敵左臂肘部，同時以右肘部向敵左臂肘擊去，使敵左臂肘被擊向我左外摔出。

動作六：接上例，敵如抽身撤左步同時將左臂收回，欲避我右肘橫擊之勁。我即乘勢身繼續略向左轉，重心在左，同時右腿逆纏提起，近距離即用右膝向敵下部撞擊，使敵受傷。如距離稍遠則用右腳向敵胸部、腹部或襠內踢去，同時我雙手逆纏由上分，向前後分開，以右手向敵面部撲擊，左手分開維持身體平衡。敵上盤及中下盤同時受擊，必受重創。這是上下（手腳）相合的用法。

第三十四式　左擦腳

【動作說明】

動作一：身微左轉螺旋微上升，再向右轉螺旋略下沉，重心在左後。左腿先順後逆纏裡轉，腳踏實。右腿先略逆纏裡轉，膝上提再順纏外轉，腳尖上翹外轉，以腳跟後外側著地，邁在左腳尖右前方。同時雙臂手在前後略向上略逆纏開（欲順先逆，欲合先開），再變雙順纏下沉（與肩平）右轉，以左上右下交叉合於腕部略向後翻腕，左掌心向右上，指尖向前，右掌心向左上，指尖向前，交叉點高在鼻尖前中線，眼先左顧右盼再看前方，耳聽身後。（圖209）

這個動作練時較緩慢。要求：身體向左右旋轉時，運勁

圖209   圖210

要以左腰控制，立身要中正，勿左歪右斜，右腳著地要輕靈。

　　動作二：身向右轉螺旋下沉，重心偏右後，右腿順纏外轉，以腳跟為軸，腳尖向右轉約90度，腳掌踏實，五趾抓地。左腿逆纏裡轉，腳跟提起以腳尖為軸裡轉。同時雙臂手逆纏外掤，雙腕粘連不脫，旋轉外掤，臂裡側保持半圓，腕略向後翻，右掌心向左下，指尖向左後，左掌心向右，在右臂肘上，指尖向右後略偏下。眼看左肘前，耳聽右後。（圖210）

　　這動作練時速度較穩。要求：身向右轉下沉時，雙腕粘連不脫，雙手臂掤勁不丟，兩大腿之間要留有空隙，勿尖襠夾住，襠要圓。

　　動作三：身向右轉螺旋上升，重心在右。右腿順纏外轉，膝裡扣，腳掌踏實。左腳逆纏裡轉，略屈膝上提起以左腳面及腳尖向左前上踢。同時雙腕粘連手臂逆纏裡轉上掤（超過頭頂），分向左前右後展開，變雙順纏左手放鬆拍左腳面達到手腳相合。右後掌心向右後下，指尖向右後略上，高與右肩平，以求左前右後之勁對稱，維持身體平衡。眼看

左前，耳聽身後。（圖211）

　　這個動作練時速度較快。
要求：左腳向左前上踢起，右
胯勿扯且要放鬆，左手拍左腳
時手臂要放鬆（如鞭子抽動）
富有彈性，左前手及右後手勁
要對稱，免得出現向左前上踢
時的向前上拔的努勁，而影響
身體中正。

圖211

【技擊含義】

　　動作一：接前式動作六例，設我右腳向敵人胸腹等部踢
去，敵人撤右腳後退一步，避我右腳踢擊之勢。

　　我即乘勢微向左再向右轉下沉，以右腳跟著地套住敵左
腳腕，同時雙臂手先逆開變順合，使敵身右轉後迎成為背
勢。或雙臂手先逆開變順合以橫捌勁向敵脖頸兩邊動脈合
擊，使敵受重創。或向敵胸肋、後心合擊，使敵受傷。

　　動作二：接上例，敵左腳腕被我套住，由於我雙手開合
相錯，使敵身右轉後仰處於背勢，我即乘勢身向右轉下沉，
重心變右。同時左腿逆纏裡轉以膝蓋絞壓敵左腿迎面骨，敵
迎面骨被絞壓跪必至疼痛站立不穩，同時我左臂肘以橫捌勁
向敵右胸部擊去，這樣上下兩盤同時進攻，使敵倒地；或用
手按敵人右肘彎及胸部，配合下盤雙腿的套及膝的絞跪下壓
使敵後仰失勢，摔倒。

　　動作三：設我右腳套敵左腿腳腕時，敵提腿撤步，避我
拗攬跪壓之勢，我即乘勢重心變右，同時左腿逆纏裡轉，提
膝向敵襠及腹部撞擊，如距離稍遠，則用左腳向敵襠內、腹
部及胸部踢擊。同時雙臂手逆纏上掤左前右後分開，用左手

向敵面部擊去，這樣上擊下踢同時進攻，使敵難於防備。

第三十五式 轉身左蹬脚

【動作說明】

動作一：身微右轉略螺旋上升再向左轉略螺旋下沉，再略上升，重心在右，開胸收腹，吸氣提肛，鬆胯，略屈右膝。右腿先略順纏外轉，膝裡扣，脚掌踏實。再逆纏裡轉，以脚跟爲軸，脚尖略上翹裡（左）轉約180度；脚尖著地脚踏實。同時左腿先逆纏膝上提裡轉，再順纏略下沉外（左）轉，再略上提變略逆纏與右膝相合。同時左手順纏折腕旋轉一圈（左前上）略墜肘與左膝合、勾腕再下沉，經腹前變逆纏向左上變掌展開，高與肩平，掌心向左側下，指尖向左側上。（第二種練法：左手先略逆纏略向右上起再變順纏下沉經腹前，不勾腕，變逆纏向左上展開。定式手型位置與第一種練法同）；同時右手先順纏（略墜肘與右膝合）向右後外轉再變逆纏略向上翻（略墜肘）至右耳下經胸前上中線向右變略順纏展開，高與右肩平、掌心向右側下，指尖向右偏前上。眼左顧右盼，耳聽身後。（圖212－214）

圖212　　　　　　　　　　　圖213

圖214　　　　　　　　　　圖215

　　這動作練時速度先略慢要穩。待轉身時變快但也要穩。
要求：先略向右轉上下相合時要穩，左轉開時要快。兩手上
掤勁領住勿丟，以免身東倒西歪。定勢時周身要合住勁。

　　動作二：身向右轉螺旋下沉，重心在右。右腿順纏外
轉，膝裡扣，腳掌踏實，左腿逆纏裡轉膝裡轉略下沉合於右
膝裡前上。同時雙手由左右順纏下沉經身兩側以左上右下交
叉合於膝前上，雙腕略向後翻，左掌心向右前下，指尖向
前。右掌心向前，食指尖向下偏右。眼看身左側，耳聽右
後。（圖215）

　　這動作練時速度要慢。要求：雙手臂合時（兩胸、肋部
要虛）雙肘不貼肋。

　　動作三：身快速向右轉螺旋下沉，再向右轉螺旋上升，
重心在右。收腹左旋，右胯鬆略向上提起。右腿順纏外轉，
膝裡扣，腳掌踏實。同時左腿逆纏裡轉膝裡合，再向左側上
（與左肩平）腳尖上翹以腳踵發勁橫蹬，腳尖略偏左前上。
同時雙腕以左上右下交叉粘連，雙臂手先順纏向右略下沉引
合勁，再變拳用雙逆纏分向左側略上及右側下擊出，拳心向
下。眼看身左側，耳聽右後。（圖216－217）

圖216　　　　　　　　　　圖217

　　這個動作練時速度很快。要求：以腰為主宰，一蓄即發，身向右側略斜。拳和腳的發勁要富有彈性，一發（開）即收（合），以利再開（發勁）。

　　【技擊含義】

　　動作一：接上例，設我用左腳向左前方敵人胸腹部踢去，敵人受傷倒地。這時另外一個敵人從我後方進左步以雙掌施按勁向我右肋或後背擊來，欲將我擊傷或推倒在地。或敵人進右步用左腳向我臀部踢來，欲將我踢傷倒地。我即乘勢身微右再向左轉，重心在右，同時左手由順變逆纏下沉經腹前向左側上以採挒勁封截敵左臂手（以橫破直），使敵直的按勁落空失勢。或封截斬劈敵左腿，使敵勁被截斬斷失勢落空。同時右手由順逆順纏向右側展開，以維持身體平衡。

　　動作二：接上例，敵按勁或腿踢之勁被截劈落空失勢，急收勢合胸坐腰，變勢以雙掌向我身左側擊（按）來，我即乘勢身向右轉螺旋下沉，重心在右。右腿順纏腳抓地。左腿逆纏裡合。同時雙手順纏下沉合於右膝前，將敵勁引進使其落空。我則合勁蓄勢以待敵變。

　　動作三：接上例，敵勁落空，急變勢上右步同時用右拳

向我左耳門或左胸擊來，欲將我擊傷倒地。

　　我即乘勢身右轉下沉，同時雙拳分開；以左臂逆上掤敵右臂拳擊之勢。同時左腿逆纏裡轉以腳踵向左側敵人左肋部或腰部膝部橫蹬，使敵被蹬倒地。

第三十六式　前蹚拗步

【動作說明】

　　動作一：身微右轉再向左轉螺旋下沉，重心在右。右腿先微順變逆纏裡轉，腳掌踏實。左腿逆纏上提裡合變順纏外轉，腳尖上翹外轉以腳跟隨身左轉著地，位在右腳尖左側（轉後左腳跟在右腳尖正前方）。

　　同時雙拳變掌，略逆纏略裡合上翻變雙順纏略下沉（高與肩平）裡合左轉，雙腕右上左下交叉，位在胸前上，雙手高與鼻尖同，雙腕略向後翻，右掌心向左前方，指尖向右前方，左掌心向右前方，指尖向左前方。眼先看左手再看右手再看前方。耳聽身後。（圖218－219）

　　這動作練時速度較緩慢。要求：身隨手轉，腰為主宰控制身體平衡，手合腳落地同時完成，身勿左歪右斜。

圖218　　　　　　　　　　圖219

圖220

圖221

【技擊含義】

從拳理講，設上式左蹬腳
將敵人蹬出摔倒在地，那麼，
整個前蹬拗步一式是快速拗步
進（近）敵身（乘敵摔倒未起
來還處於背勢時）接下式擊地
錘向敵頭部擊去。使其受重傷
失去反攻能力。動作一則是身
向左轉拗步變化虛實的第一
步。

圖222

動作二、三與前面第一前蹬動作二、三練習及技擊含義
相同。故略（圖220－222）

第三十七式　擊地錘

【動作說明】

動作一、二、三與前面前蹬拗步接第二個斜行的動作
一、二、三練法及技擊含義相同，故略。不同點只是第三動

圖223

圖224

圖225

圖226

作掌變拳。（圖223－226）

動作四：身向左轉螺旋下沉，重心由右後變偏左前。左腿順纏外轉，膝裡扣；右腿逆纏裡轉。兩腳掌踏實。同時左手由鼻前中線逆纏變拳經胸腹下沉向左膝前略下外開，上提至左眼左前方，臂半圓，下勾腕，拳虛握，拳心向下，虎口向右；同時右手由右側（高與右耳同）順纏外翻變拳向上勾腕，翻轉至右耳下變逆纏經胸腹部前下沉至襠前下近地面，臂彎曲半圓向右外勾腕，拳心向右外，虎口向裡，眼左顧右

圖227　　　　　　　　　圖228

盼，耳聽身後。（圖227－228）

　　這動作練時速度較緩慢。要求：右拳向右前下沉，左胯
鬆，右臀沉，形成對稱勁。以穩定身體平衡。

【技擊含義】

　　動作四：接上式左蹬腳將敵人蹬倒在地，這動作是借拗
步近敵身，乘敵摔倒失勢未變招之前以右拳向敵頭部、耳
門、心口等部下擊，使敵失去反攻能力。

第三十八式　翻身二起腳

【動作說明】

　　動作一：身向右轉螺旋下沉再上升，重心先偏右再變偏
左，吸氣。右腿順纏外轉，膝裡扣，腳掌踏實。左腿逆纏裡
轉，以腳跟為軸腳尖貼地裡轉近90度後變實，以前腳掌為
軸繼續裡轉約90度後腳踏實。右腿繼續順纏外轉，腳跟提
起腳尖擦地隨身右轉劃外弧停在左腳偏右前方虛步腳尖點
地。鬆胯屈膝合住勁。同時左拳逆纏下沉至左膝外下變順纏
上翻至左耳側，臂肘屈腕略向裡勾，拳心向右，虎口向左

圖229

圖230

後。高與耳同；同時右拳逆纏
由襠前下經腹胸前向上提至下
頦前變順纏向右前下沉至右大
腿右側上方，腕略上勾，拳心
向上，虎口向右。眼左顧右盼
再向前看，耳聽身後。（圖
229－231）

　　這動作練時速度先慢穩後
轉身上升時略快一些。要求：
以腰為主宰，轉身時要保持中
正，勿左歪右斜。

圖231

　　動作二：身向右轉略下沉（上下相合）再略上升，重心
由左後變偏右前。左腿逆纏裡轉，腳踏實。右腿順纏外轉，
膝裡扣，腳尖點地為實。同時左拳由左耳左側順纏向前合，
位在左眼左前方再下沉至胸前，拳心向裡右後；右拳由右大
腿右上側逆纏向右後，位在右胯右後略上方，裡勾腕，拳心
向右前上。然後再提至右肩前，拳心向左上。眼看前兼顧左

右，耳聽身後。（圖232）

這動作練時速度稍快。要
求：重心向右前，左胯鬆左臀
下沉，以保持身體中正，以免
前俯失勢。

動作三：身向左轉螺旋上
升，重心由偏右變左。左腿順
纏外轉向前上踢（同時右腳蹬
地騰空躍起）後下沉（未落地
前右腳逆纏向前上踢）落地。

圖232

同時右拳向右後順纏上翻變逆纏經右耳下（身上躍、右肘與
右膝合）向前拍響腳背。同時左拳變掌逆纏向左後提，掌心
向下，高過頭頂。眼看右前，耳聽身後。（圖233－234）

圖233

圖234

這動作練時速度很快。要求：左腳先起，左腳未落地
（將近落地）時，右腳上踢，同時拍腳，整個動作在右腳蹬
地身躍起騰空時完成。

【技擊含義】

動作一：設我以左腳將敵蹬倒，以拗步進身用右拳下擊倒地之敵，這時另一個敵人從我後方進步用雙掌向我後心用按勁，欲將我擊傷或推出摔倒在地。我即乘勢身向右後轉180度下沉再上升。同時右拳逆纏上提以臂肘拳橫擊，截敵之右臂，使敵直勁被截身向左失勢。同時左拳逆纏向左下沉變順纏上翻以左肘或拳橫截敵身右側，使敵被擊跌倒。

動作二：設我身右後轉180度，敵右臂按勁被截，我左肘及拳同時向敵右耳門擊去，敵怕被擊傷，撤步坐腰欲變招取勝，我即乘勢身右轉下沉再略上升，為動作三作好準備。

動作三：設敵撤步坐腰，我即乘勢變重心為右前，左腳乘機向敵襠、胸等部踢去，敵如坐腰欲避讓，我右腿即乘勢蹬地騰空躍起。向敵胸部或下頦踢去，將敵胸或下頦踢傷，使敵無力反擊。

第三十九式　護心錘（獸頭式）

【動作說明】

動作一：身先快速向左再快速向右旋轉螺旋下沉，重心先左變偏右。右腿懸空先逆纏裡轉再順纏外轉下沉腳落地，膝裡扣，腳掌踏實。左腿先順纏外轉，膝裡扣，腳掌踏實，變逆纏裡轉，腳提起離地，腳尖上翹裡轉向左略偏後跳步以腳跟裡側著地。同時雙手左逆右順纏向下沉，（左手由左後上下沉至左胯外，右手由前經胸腹前下沉偏左），再變左順右逆纏向左上翻至眼前左手停住，掌心向右上，腕向後翻，指尖向左前；右手繼續向右外展開至右眼前略上方，掌心向右前上方，指尖向左（腕向後翻）略偏上。眼隨手旋轉一圈後再看身左側，耳聽身後。（圖235－236）

這動作練時速度很快。要求：雙手右順左逆纏向左下沉

圖235

圖236

再由左向上向右變左順右逆纏展開時，雙腳同時落地，也可練習慢動作。

　　動作二：身先略向右轉再向左轉，螺旋下沉再上升。重心先右再偏左。左腿先逆後順纏外轉，膝裡扣，腳掌踏實。右腿先順纏外轉，膝裡扣，腳掌踏實，變逆纏裡轉，腳跟提起離地以腳尖擦地劃裡弧併於左腳裡側，腳尖向右外，勿超出左腳尖，同時右手先略逆纏變順纏下沉經腹前向上旋，腕後翻，掌心向左上，指尖向右前，位在鼻前中線。同時左手略順纏變逆纏下沉經腹前向左上展開，後翻，掌心向左，指尖向前略偏右，位在左耳左側，眼左顧右盼。耳聽身後。（圖237）

圖237

　　這動作練時速度較快。要求：動作完整，氣宜鼓蕩，眼神先左後右，顧盼自如。要手

腳相合。手領腳隨（合）。

　　動作三：以腰爲主宰結合丹田帶動，身快速向左轉，螺旋下沉，重心在左。左腿順纏外轉膝裡扣，腳掌踏實。同時右腿逆纏裡轉腳尖上翹裡轉，以腳跟裡側著地向右略偏前貼地蹬出。同時右手由鼻前中線變拳裡勾腕逆纏向右前上方突腕旋轉，再變順纏後翻腕，位在頭前略上中線，拳心向上，虎口向右後，同時左手在左耳左側變拳逆纏向左略沉劃小下弧變順纏外翻，虎口向左上，拳心向右上，高與左耳同。眼主要注意力在身右外側，耳聽左後。（圖238 - 239）

圖238　　　　　　　　　　圖239

　　這動作練時速度特快。要求：右拳向上，右腳向右下貼地蹬出的快速動作同時完成。形成上引下進，上引下擊之勢的對稱勁，肩勿上拔，以免上浮。

　　動作四：身向右轉螺旋下沉，重心偏左。左腿逆纏裡轉，腳掌踏實。右腿順纏外轉，膝裡扣，腳掌踏實。同時右拳逆纏裡勾腕由頭前上中線下沉至腹前向右經右腹向右外開，位在右胯外上，裡勾腕，拳心向裡左略偏前，虎口向上偏右上。同時左拳由左耳左側順纏外轉裡合至鼻前中線，拳

心向裡，虎口向左上。順先看右再看前，耳聽身左後。（圖240）

這動作練時速度較緩慢。要求：右重則右虛，左肘與右膝相合，兩膝相合，上下相合。

動作五：身向左轉螺旋下沉，重心偏右。右腿逆纏裡轉，腳掌踏實。左腿順纏外轉，膝裡扣，腳掌踏實。同時

圖240

右拳逆纏裡勾腕向右後上旋轉變順纏外翻腕，再旋轉向前略上翻（耳右側）裡合至右耳下變逆纏裡勾腕向前略下沉（上下相合）由胸前向前上變順纏展出，臂屈半圓，裡勾腕，拳心向裡右偏下，虎口向右上，位在鼻前中線；同時左拳由鼻前中線順纏向前下沉劃弧，經腹前下，略向上旋，位在腹中線略上，虎口向前上，拳心向裡上，臂半圓腕裡勾。眼先看右後再看前，耳聽身後。（圖241－242）

圖241

圖242

這動作練時速度較緩慢。要求：運勁時上下相合，雙拳在胸前上下一條中線上，雙臂肘半圓外掤勁不失。兩拳合時含有絞勁。

【技擊含義】

動作一：接上式，設我以二起腳將面前敵人踢倒在地，這時另一敵人由我身左側用雙手施按勁向我身左側擊來，欲將我擊傷或推倒。

我即乘勢身略向左再向右快速旋轉下沉，雙手以左逆右順纏向左外下再向上翻掤敵雙手進擊的按勁，變左順右逆向右上展引進，使敵雙手按勁落空失勢。同時我右腳先逆後順纏落地變實；左腿先順後逆纏變虛向敵人下盤蹬去，這時敵受傷倒地。或左腿向敵襠內插去，或套住敵腿。這叫上引下擊，上引下進。

動作二：設我身左側敵人雙手按勁被我雙臂手掤引落空失勢，敵人在調整穩定之時，這時另一敵人由我身右側用左拳向我右肋部擊來。我即乘勢身向左轉螺旋下沉再略上升。右腿先略順變逆纏收回併於左腳旁。同時左手略順纏變逆纏下沉。右手先略逆變順纏下沉。以採挒勁擊截敵左腕使敵勁被截失勢。借機繼續以左逆右順纏由下向左側敵之右肋及胸部擊去。這一勢的作用是既用採挒勁以應身右之敵，使其勁被截失勢，同時收右腿與敵拉開距離；又以挒勁橫擊身左側之敵。

這叫上引下進（擊），引後乘機再擊，這是上下開合反覆運用之法。

動作三：設我以雙手用外掤勁擊傷身左側敵人之機，右側之敵又調整身法進步用雙手施按勁向我右肩肘推來，欲將我推倒在地。

這時我即乘勢身向左轉下沉，右手變拳以逆變順纏向頭上中線引進，使其勁落空失勢。我左手變拳由逆變順纏向左外上引，同時右腿逆纏向右外敵膝蹬擊或插入襠內。採用方法是上引下擊。也是上引下進。

動作四：接上動作，設敵雙手按勁落空失勢，或乘機右腿插入敵人襠內，近距離，我隨即身向右轉下沉，右拳變逆纏下沉向敵胸、腹、肋部擊去。如距敵稍遠，則用右腕拳向敵腹部或襠內擊去。同時我左拳及臂肘以橫捌勁向敵右耳門或右肋部擊去。

動作五：接上動作，設身右側敵人已被我擊倒失去反攻能力。這時另一敵人從我身左前方用左腳向我襠內踢來，我即身向左轉下沉，我左拳臂肘前外下沉以採勁截擊敵人迎面骨，使敵左腿迎面骨被採受傷失勢。同時我右拳以順逆纏由右後上翻經右耳下向前略下沉以肘和拳向敵胸、腹擊出。最後合時，還含有雙手（拳）截拿敵左臂反關節之意。

第四十式　旋風腳

【動作說明】

動作一：身先略向左轉再向右轉螺旋略上升再略下沉，重心是右左右。右腿先略逆纏裡轉再順纏外轉，膝裡扣，腳掌踏實，左腿先略順纏外轉，膝裡扣，再逆纏裡轉，膝裡扣，腳掌踏實。同時左拳由腹前略逆纏向左下沉變掌順纏向左上翻再向右上旋至鼻前中線停，臂彎曲，墜肘，外折腕，指尖向左前，掌心向右上。同時右拳由鼻前下略順纏向左略下沉變掌逆纏，由腹胸左前方上翻，經眼前向右上展開，臂彎曲半圓，外折腕，掌心向右前，指尖向左微偏上，高與右眼同。眼先看右前再看左肘外側，耳聽身右後。（圖243-

圖243

圖244

244）

　　這動作練時速度較快。要
求：雙拳左逆右順纏向左下沉
時，運勁路線圈要小，要緊
湊。變掌時再開展，要緊湊和
開展相結合。兩手間隔距離是
由手到肘的寬度。

圖245

　　動作二：身先微向右轉再
向左轉，螺旋下沉再上升，重
心先右後左。左腿先逆纏裡轉
再順纏外轉，膝裡扣，腳掌踏實。右腿先微順纏外轉，膝裡
扣，腳踏實。再逆纏裡轉下沉提起，腳尖略向裡下扣護左
膝。同時左手微向右上順纏再逆纏下沉，經腹前向左上翻轉
開，位在左耳左側，掌心向左，坐腕，指尖向前偏上；右手
先逆纏微向右上再下沉變順纏經腹前向前上領勁，位在鼻前
中線，掌心向上，指尖向前。眼左顧右盼再看前，耳聽身
後。（圖245）

這動作練時速度引接勁（右上）要快，下沉時要慢，右手帶右腳上提時要快。要求：左實腿略彎曲，右肘與右膝相合，上提右膝時要收腹、吸氣、提肛。

動作三：身略向右轉螺旋下沉，重心在左後，左腿逆纏裡轉，腳掌踏實。同時右腿順纏外轉，腳尖上翹以腳跟外緣著地，腳尖向右前外斜約45度。同時右手略逆再略順纏微上升以小指領住勁，掌心向上，指尖向前，位在鼻前中線；左手由左側變順纏向左前上，再變逆纏經頭前上，以腕部交叉合於右腕上，指尖向右前方。眼左顧右盼再看前。耳聽身後。（圖246－247）

圖246　　　　　　　　　　圖247

這動作練時速度較慢。要求：雙手合與右腳著地同時完成。

動作四：身向右轉螺旋下沉，重心變右前。右腿順纏外轉，以腳跟為軸，腳尖再向外旋轉約45度，腳掌落地踏實。左腿逆纏裡轉腳跟提起離地以腳尖為軸隨身旋轉成拗步，同時雙腕交叉粘連旋轉雙手逆纏裡轉。右腕後翻，掌心向左前，指尖向左後略偏上。左手腕向後翻掌放在右臂肘裡

側向右外，指尖向右後，眼看左肘尖外側。耳聽身後。（圖248）

圖248　　　　　　　　　　圖249

　　這動作練時速度較緩慢。要求：雙腕交叉雙臂外掤勁不失，兩大腿間要留有空隙，襠要虛圓。整個動作是向右外轉約90度。

　　動作五：身向右轉螺旋上升，重心在右。墜肘，開胸、右膝裡扣，腿順纏外轉，腳掌踏實。同時左腿逆纏裡轉，腳隨身向左側上裡合踢起。同時雙手由眼前交叉以雙逆纏分向左右開展。左手掌指橫拍左腳裡側，右手掌心向左，指尖向前。左手比肩略高。右手比肩略低，以維持身體平衡。眼看左手左腳，耳聽身右後。（圖249）

　　這動作練時速度較快。要求：左右手分開及左手拍左腳（上下相合）同時完成。

　　動作六：身微左轉微下沉（上下相合）再向右後轉180度，螺旋微上升再下沉，重心先右後略偏左。右腿先略逆纏變順纏外轉以腳跟為軸，腳尖略上翹離地向右後旋轉180度，腳掌落下，五趾抓地，湧泉穴要虛。同時，左腿先略順

纏外轉變逆纏上提裡合，隨身右後轉180度，在右腳左邊橫開一步落地腳掌踏實。同時，雙手先分向左右上方略逆纏略開，變雙順纏以左上右下交叉帶著身體向右後轉，變雙逆纏雙腕左裡右前外交叉合於胸前略上。雙掌心是右掌向左，指尖向左上；左掌心向右，指尖向右上。眼左顧右盼再看前。耳聽身後。（圖250－251）

圖250　　　　　　　圖251

這動作練時速度先略慢（上下相合時），轉身下沉時要快。要求身勿左歪右斜，轉身後雙手下沉，腳落地時要穩。

【技擊含義】

動作一：設敵人從正面進右步用右拳向我胸部擊來，欲將我胸部擊傷。

我即乘勢身微左再向右轉螺旋下沉，以左臂手管敵右肘，以右手纏拿敵右手腕，變挒勁將敵人捋出摔倒。

動作二：設敵被捋，如含胸塌腰，身向右轉下沉，化去我捋其右臂手的捋勁，同時以左掌向我右胸擊來，欲將我擊傷。或用左掌用按勁推我右臂肘，欲將我推出失勢跌倒。

我即乘勢身向左轉下沉再上升，左腿順纏，右腿逆纏膝

提起，腳護膝，以右膝向敵人左膝、胯或襠內撞擊。同時我左手由順變逆纏抓敵左腕外側向左外上捋，使敵左肘下、肋部出現空襠，同時我右手由逆變順向敵左肋部橫擊或向敵咽喉點擊。手腳同時向敵進攻。

動作三：設敵見我右手及右膝同時進攻，如退左步，同時翻身左轉，欲避我右手及右膝的進攻。

我即乘勢身略向右轉下沉，右腿順纏外轉以右腳踵向敵襠內或右膝踩擊。同時左手由左側由逆變順纏向敵右耳門擊去。右手順纏在前上領住勁，向敵面部點擊。使敵上下盤受重傷跌出。

動作四：設敵人見我上下盤同時進攻，略退右腳，含胸塌腰下沉，避開我手腳上下進攻之勢，並乘機以右拳向我左耳門擊來，欲將我擊傷。

我即乘勢身右轉下沉，重心變右前，使敵勁落空，同時右手由順變逆纏管住敵右腕或右肘外側，左手逆纏管住敵右肩或右肘外側加外掤勁，同時我左肘向敵右肘或肋、肩部擊去，使敵向我身右後摔出。這是我貼近敵身右側的進攻。

動作五：設我以拗步貼近敵身右側，以左肘向敵右肋、肘部或右肩進攻時，敵左腳橫跨一步，與我距離稍遠，化去我左肘進擊之勁。

我即乘勢身向右轉略上升，左腿逆纏裡合提起以左腳向敵右肋或後心踢去，同時雙手逆纏分向兩旁展開，左手以橫掤勁向敵面部、咽喉擊去，或向其胸部橫擊，使敵受重創。

動作六：設我以左手及左腳將敵擊傷跌倒在地。這時另外一敵人從我背後乘機進步，以雙手用按勁向我後心按或擊來，欲將我擊傷或推出跌倒。

我即乘勢身向右後轉，以右腳跟為軸順纏外轉180度，

腳掌踏實，同時左腿逆纏裡合隨身轉180度在左前方落地。
同時雙手先開後交叉合於胸前以採勁截敵的雙按勁，使敵勁
落空失勢。

第四十一式　右蹬腳

【動作說明】

動作一：身略右轉螺旋下沉，重心偏左。左腿逆纏裡
轉，右腿順纏外轉，膝裡扣，兩腳掌踏實。同時雙手由胸前
逆纏（採勁），下沉至腹前向兩膝外分開變略順纏，勁鬆到
雙手中指肚。雙手位在（低架子）兩膝外下，中架子位在兩
膝外略上。左手心向左前下，指尖向左前。右手心向右前
下，指尖向右前。眼左顧右盼，耳聽身後。（圖252）

這動作練時速度較緩慢。要求：上下相合，氣沉丹田。

動作二：身微右轉再向左轉略下沉再螺旋上升，重心先
右再左。左腿先略逆纏裡轉再變順纏外轉，膝裡扣，腳掌踏
實。右腿先順纏外轉，膝裡扣，腳掌踏實，五趾抓地，湧泉
穴要虛，再變逆纏裡轉，腳跟提起離地，腳尖點地隨身轉劃
裡弧向左腳裡側虛步腳尖點地
併步。同時雙手先略向上雙逆
纏再變雙順纏略下沉再上升裡
合（左外右裡雙腕交叉）雙腕
略向後翻，右手心向左，指尖
向前下。左手心向右前，指尖
向左前，位在腹前中線。眼先
看右再看左再看右，耳聽身
後。（圖253－254）

這動作練時要穩。要求：

圖252

圖253　　　　　　　　　圖254

欲合先開（指雙臂手），合時右手及右腳要同時裡合。合併右腳時要輕靈。

　　動作三：身快速向左轉螺旋下沉再略上升，重心在左。腳掌踏實。同時右腿逆纏裡轉腳提起腳尖上翹，以腳跟向右橫蹬發勁，高與右肩同，腳尖向前略偏上。同時雙手變拳先順纏雙臂肘裡合再變雙逆纏略上裡勾腕，雙臂肘成半圓（加強外開前的掤勁），分向左右兩側快速逆纏掤出，拳心向下，右拳略高，高與右眼同。左拳略低，高與左肩同。眼看右腳蹬之方向，耳聽身左後。（圖255－256）

　　這動作練時速度很快，要求：蓄勢如開弓，含胸塌腰，雙臂裡側保持半圓，加強開前的掤勁。發勁如放箭，手腳同時進攻，速度要快，發勁要整。發勁後右腳速收回不落地，要上下相合。

　　【技擊含義】

　　動作一：設敵人用雙掌向我背心按來，欲將我擊傷或推倒。我雙腕交叉雙手逆纏向下分採，使敵雙手按勁落空失勢。

　　動作二：接上動作，敵雙臂手被我雙手分採勁落空失

圖255   圖256

勢。這時另一敵人從我身右側進右步用左腳向我右腰胯蹬來，欲將我腰胯蹬傷摔出。

我即乘勢身向左轉下沉再上升，重心移左，右腿逆纏腳跟提起離地向左併步收回，同時雙手由雙逆纏變雙順纏合，以手臂採勁向敵左腿迎面骨截擊，使敵左腿被擊。

動作三：接上動作，設我右臂手順纏下沉裡合以採勁擊敵左腿，敵見勢不利，左腿收回著地，身向左轉180度，進右步用右拳向我面部擊來，欲將我擊傷。我即乘勢身向左轉下沉再略上升，重心在左，右腿逆纏裡轉用右腳跟向敵腰胯蹬去。同時雙手變拳由雙順變雙逆纏向兩旁掤出，並用右臂肘將敵臂掤出，使敵右拳擊我面部之勁落空。這叫上掤下擊。

第四十二式　海底翻花

【動作說明】

動作一：身快速略向左轉略下沉，重心在左。左腿順纏外轉，膝裡扣，腳掌踏實，五趾抓地。右腿逆纏裡轉膝合，

腳提起。同時右拳逆纏裡轉下沉（與右腳同時收回）至右膝裡側，拳心向裡，虎口向左前；左拳逆纏下沉至左大腿左前，拳心向裡，虎口向右前。眼看身右側兼顧左，耳聽身左後。（圖257）

這動作速度很快。要求：右手右腳同時收回，上下相合。

動作二：身快速向右旋轉90度，重心在左，左腿逆纏裡轉以腳跟為軸腳尖略上翹，隨身向右裡轉約90度，腳尖落地腳掌踏實。同時右腿順纏外轉，膝裡扣上提護襠，腳尖裡合向下護左膝。同時右拳逆纏裡合，裡勾腕經腹前、左胸，變順纏屈肘裡勾腕，經鼻前向右下沉，至右膝外下，拳心向上，虎口向右前；同時左拳逆纏向左旋轉開變順纏，向左上翻屈墜肘裡勾腕合於左耳左側變略逆纏，拳心向右裡略下，虎口向後，眼先看右，兼顧左再看前，耳聽身後。（圖258）

圖257　　　　　　　　　圖258

這動作練時速度很快。要求：動作迅速一氣完成。動作二與上式右蹬腳連起來練，動作很快，發勁要整，上下相合。

【技擊含義】

動作一：接上式，敵被我右腳蹬傷跌倒在地，我雙拳及右腳同時收回是蓄勢，以防敵人再犯。

動作二：接上動作，這時另一敵人乘我左邊單腿站地，從我身右後側進左步，用右腳向我右腿或左腿蹬來，欲將我蹬傷使我跌倒。

我即乘勢向右轉，左腿逆纏腳裡轉，右膝上提護襠。以避敵右腳蹬我之勁。同時右拳由右腿裡側逆纏上翻經胸前變順纏向右外上翻，再向右外下沉，向敵右腿迎面骨以下採勁截擊，使其右腿迎面骨被採擊受傷倒地。同時我左拳以逆順纏經身左側上翻至左耳左側，以保持身體平衡穩定。此式在推手中運用雙臂挒採勁，非常有效。

第四十三式　掩手肱錘

【動作說明】

動作一：身微向左轉螺旋微上升，再向右轉螺旋下沉。左腿先微順纏，膝裡扣，再變逆纏裡轉隨身下沉，腳尖裡合上翹向左前方邁步，以腳跟裡側著地；右腿先微逆纏裡轉，膝上提變順纏外轉，腳尖向右外轉，隨身下沉震腳，五趾抓地，重心移右，變實。同時右拳先略順纏外開墜肘，拳向上翻至右肋變逆纏勾腕裡合上翻，再經胸前上向左前下沉，外勾腕，拳虛握，拳心向右；同時左拳變掌微順纏微外開變逆纏裡合，經前上向前略下沉合於右腕臂上，略裡勾腕，掌心向右前下，指尖向右前上。雙臂腕交叉點在胸前。眼先左右再看前，耳聽身後。

動作二至動作五練法及技擊含義與前掩手肱拳同，略。

（圖259）

這動作練時速度很快。要
求：雙臂交叉合，身下沉震腳
呼氣同時完成，下沉時身要中
正勿歪斜。雙臂裡側保持半圓
掤勁不失。

圖259

【技擊含義】

動作一：接上式，敵見我
右臂拳下沉擊其右腿迎面骨，
怕被擊傷趕緊收回落地，同時
變招用雙掌施按勁向我胸部擊
來，欲將我胸部擊傷或將我推出。

我即乘敵雙手按勁欲發之機，身先微左轉再右轉下沉，
左腿先微順纏腳尖上翹向左前方邁進。同時右腿先微逆纏變
順纏外轉下沉震腳變實。同時我左掌右拳先微順開變雙逆纏
由胸前上交叉下沉，以採勁截擊敵雙臂手按勁，使敵雙手按
勁落空失勢。同時我以下沉雙拳掌合住勁。以待敵變。動作
二至動作五同前掩手肱拳動作二至五完全相同，故略。

第四十四式　小擒打

【動作說明】

動作一：身快速向右旋轉螺旋略下沉，再向左轉略下
沉，再螺旋略上升，重心是左右左。同時左腿先逆纏裡轉再
順纏外轉，以腳跟為軸，腳尖略上翹向左外轉約近90度，
落地變實。同時右腿先順纏外轉，膝裡扣，腳掌踏實，再逆
纏提起腳離地略裡轉變順纏外轉腳尖上翹略外轉，以腳跟後
外側向前在左腳前著地。同時右拳變掌逆纏略下勾腕上掤，
掌心向下（高與右眼同，位在右眼右前方），再變順纏下沉

圖260　　　　　　　　圖261

經胸前向前旋轉出，掌心向
上，指尖向前，高與眼同。同
時左手逆纏裡勾腕下沉（上下
相合）掌心向裡，指尖向裡，
位在腹部左前略上，再向前上
繼續逆纏勾腕旋轉裡勾經眼前
合於右肘彎處略前，臂半圓，
指尖向右前，掌心向右前下。
眼左顧右盼再向前看，耳聽身
後。（圖260－262）

圖262

　　這動作練時速度要快。要求：動作開始要快，如火燙手
指，用腰的抖勁迅速逆纏抽回。右手變順纏下沉，左手逆纏
裡勾腕向前微下沉，上下相合時略慢要穩。向前上右步雙手
左逆右順纏交叉合時要快，邁步要虛要靈，手合、腳落地同
時完成。

　　動作二：身向右轉螺旋下沉，重心偏右。右腿順纏外轉
以腳跟為軸，腳尖上翹外轉約近90度落地，腳掌踏實。左

腿逆纏裡轉，腳跟提起，以腳尖爲軸裡轉變虛。同時右手逆
纏（高與眼同）向右旋轉，手心向右前方，臂半圓後翻腕，
指尖向左前，位在右眼右前略上方。同時左手粘連右肘彎裡
側逆纏坐腕旋轉，臂屈半圓，指尖向後上，掌心向右，位在
右肘裡側。眼先看右手再看左肘外側，耳聽身右後。（圖
263－264）

圖263　　　　　　　　　圖264

　　這動作練時速度較慢要穩。要求：右手上掤領住勁，兩
臂掤圓，兩腿拗步，大腿之間留有空隙，襠要虛要圓。
　　動作三：身繼續向右轉螺旋下沉，重心在右後。右腿順
纏外轉，膝裡扣，腳掌踏實，左腿逆纏提起腳尖上翹（先肘
膝，兩膝合）裡轉向左前邁步以腳跟裡側貼地蹬地。同時右
手逆纏向右外略上展開，位在右眼右前略上方，臂半圓，後
翻腕，掌心向前上，指尖向左前偏上；左手由右肘彎裡側逆
纏向左前下沉，位在左膝裡側下，掌心向左下，指尖向前。
眼先看右手再看前，耳聽身後。（圖265－266）
　　這動作練時速度較慢。要求：右手大指上掤領住勁不
丟。左腳向左前邁步貼地鏟出要輕靈。身勿左歪右斜。

圖265　　　　　　　　圖266

　　動作四：身略向右轉螺旋下沉，重心偏右後。右腿順纏
外轉，膝裡扣，腳掌踏實。左腿略逆纏裡轉腳跟裡後側著地
腳尖上翹。同時左手順纏上翻至左眼左前變逆纏墜肘手裡
合，腕略向左外勾，指尖向上，掌心向右前，指尖位在左眼
左前方。同時右手由右後上順纏下沉至右胸略下外（屈肘坐
腕上下相合）變略逆纏。掌心向左前，指尖斜向前上，指尖
高與右胸同。眼看左前方，耳聽身右後。（圖267－269）

圖267　　　　　　　　圖268

這動作練時速度較快。要求：上下、左右、斜向相合。右手直接以逆纏下沉至右胸略下外坐腕。

動作五：身略向左轉螺旋略上升，重心由右後變偏左前。左腿順纏外轉，膝裡扣，以腳跟為軸略向外轉落地，腳掌踏實。右腿逆纏裡轉腳掌踏實。同時左手逆纏裡轉略下沉向左前略上推出發勁，掌心向左前方，指尖向右前方，高與鼻尖同。同時右手逆纏微下沉向左前略上推出發勁，掌心向左前偏下，指尖向左前上，高與胸部同。眼看左前方，耳聽身右後。（圖270）

圖269　　　　　　圖270

這動作練時速度要快。要求：發勁向左前方需要鬆右後胯，以求身體穩定，形成對稱勁。發勁時要富有彈性，勿僵直。兩手形成斜向八字，左掌略橫，右掌略向裡斜立。兩手虎口要合住勁。

【技擊含義】

動作一：動作開始身略向右轉，其中含有背靠。接上式掩手肱拳發勁動作先向後右轉，也是「欲前先後」身法的運用。

設敵人上右步用右拳向我胸部或面部擊來。我即乘勢身略向右轉，右拳變掌逆纏翻轉由敵右肘外側捋敵手腕外側，順纏撑敵手腕，使其成爲背勢。同時左手逆纏擒敵右肘，與右手合勁。敵如要後退，我即乘勢左腳尖外轉變實，右腳乘機跟步近敵身以下踩勁擊敵右腿迎面骨，使其右臂被制不得逃脱。下盤右腿受創。

動作二：接上動作，設敵人進右步即避我右腳向其迎面骨下踩之勁，同時欲插襠並想用右肩靠及左手合勁靠擊我胸部，欲將我靠出摔倒。我即乘勢右腳先上步外轉變實，走敵身右外側，同時逆纏外掤將敵右腕捋出。同時左手及肘部逆掤敵右臂肘，使敵不能貼近我身，這時我或將敵捋出摔倒，或以左肘擊敵右肘、右肋等部。

動作三：接上動作，敵右臂被制，欲靠不能進，如退右腳，欲解其右臂肘手之圍。我即乘勢，身繼續右轉，左腳提起，向左前邁步，同時右手繼續加強掤勁。同時左手逆纏由右肘彎外向左前下沉向敵胸肋部推擊去。

動作四：接上動作，敵見我左掌向其胸部擊來，一面含胸塌腰避我左掌，同時左手以採捌勁截我左手腕，欲使我左腕被採受傷或落空失勢摔出。

我即乘勢身略向右轉下沉，重心由右後略向前移，仍略偏右後。同時我左手以順纏上翻將敵左臂手掤出，使其胸腹等部露出空間。同時我右臂手以順逆纏下沉合於右胸下，準備進攻。

動作五：接上動作，敵左臂被掤出失勢，胸腹露空，我即乘勢身略向左轉下沉，重心偏左前，同時雙臂手半圓雙逆纏以左上右下同時向敵胸腹等部推擊。

第四十五式　抱頭推山

【動作說明】

動作一：身快速向右轉螺旋略上升再快速向左轉螺旋下沉，重心是左右左。左腿先逆纏裡轉變順纏外轉，膝裡扣，腳掌踏實。同時右腿先順纏外轉，膝裡扣再逆纏裡轉，同時雙掌變拳虛握雙順纏外加小弧圈掤勁向左前及右後分開。左拳位在左肩左前方，屈臂半圓墜肘向裡上勾腕，拳心左肩略高，距左肩前約35至40公分左右，拳心向裡偏下，虎口偏左上方；右拳位在右肩前，高與肩同，拳心向裡偏下，屈臂墜肘向裡上勾腕，虎口向右後方。然後雙拳變雙逆纏裡轉。右拳由右肩前略向外後向裡旋向前繞一圈，經胸前向前下沉，臂外掤半圓，腕向右後外勾，位在左膝裡側前略下，拳心向右後外方；同時左拳在左肩左前方裡轉略向左前上再向中線略走上弧再略下沉合於右臂肘略上方，屈臂向左前下墜肘，拳心向前下方，略向左外勾腕，左拳高度在右胸前。眼先左顧右盼再看左前上方，耳聽身後。（圖271－272）

圖271

圖272

這動作練時速度很快。要求：身法運用要以腰爲主宰，做到欲左前先右後，即是「欲合先開」，頂勁領起，氣宜鼓蕩。要做到開展和緊湊結合起來。

動作二：身快速略向左轉略下沉再向右後轉約180度螺旋上升，重心是左、右、左。左腿先順纏外轉，膝裡扣，腳掌踏實。隨身逆纏裡轉以腳跟爲軸，裡轉約近90度角腳掌著地變實。同時右腿先逆纏裡轉是虛變順纏外轉，膝裡扣，腳掌踏實，五趾抓地，湧泉穴要虛，變實（當左腳尖裡轉右腳掌踏實後），腿繼續順纏外轉，腳跟提起以腳尖點地變虛略劃小外弧收回，虛步腳尖著地，併於左腳裡側偏前。同時雙臂交叉雙拳逆纏略向左下方沉（雙腕交叉粘連旋轉），再向上以雙順纏上掤起經胸前至唇前（身隨手轉）略向下沉於胸前略上，左裡右外粘連腕交叉向裡上勾，交叉點腕部在胸前，雙拳心向裡略下，雙臂半圓掤勁不失，雙拳高度與下頦同，距下頦約35公分左右。眼瞻前顧後，耳聽身後。（圖273－274）

這動作練時速度很快。要求：運勁及身法運用上要「欲

圖273　　　　　　圖274

右先左，欲後先前」，轉身後要中正，背勁不丟。

　　動作三：身先略向右轉略上升再向左轉螺旋略下沉，重心偏左後。左腿先逆纏裡轉再順纏外轉，膝裡扣，腳掌踏實。同時右腿先順纏外轉，膝裡扣，腳尖著地再逆纏裡轉腳尖點地為軸，膝裡合。同時雙拳變掌雙腕仍交叉粘連旋轉，以雙順纏掌心向裡，指尖向上略超過頭頂上旋（同時身法略下沉），再變雙逆纏下沉至頦前，分向右前及左後展開，雙臂展至七、八分，雙腕裡勾，右掌虎口向上，掌心向裡後，指尖向左偏後，高與嘴同。左掌位在左胸左前，掌心向左胸，高與下頦同，距下頦約45公分左右。這時的身法動作是開胸突腹，鬆胯，向右後上翻臀，兩膝開中有合，右腳跟提起離地。眼左顧右盼再向右前看；耳聽身後。（圖275－276）

圖275　　　　　　圖276

　　這動作練時速度雙手雙順纏上引時較快，雙逆纏略下沉分向右前左後分開略慢一些。要求：雙手順纏上引時動作要輕靈，同時身向下略沉。雙逆纏右前左後分開時略慢，動作要舒展大方。周身掤勁不丟。

動作四：身快速向左轉螺旋下沉，重心由左後下沉向右前移偏右。同時以左腳前掌點地爲軸（或腳掌點地略騰空順纏外轉約45度落地變實），順纏外轉約45度，腳跟落地腳掌踏實。再變逆纏裡轉腳掌踏實。同時右腿逆纏裡轉腳尖點地再提膝裡合，腳尖上翹向右前邁一大步以腳跟裡側著地變順纏外轉，膝裡扣，腳掌落地踏實，同時雙肘外開上挑，雙手逆纏裡轉外翻向後翻腕，雙手指尖再翻至兩耳下腮旁。左掌心向右前，右掌心向左後，然後身再向右略轉螺旋下沉。同時雙手逆纏下沉至胸前再向右前略上推出，右手略在前偏上，掌心向右前，指尖向上偏左。左手略在後偏左下，指尖向上。雙手指尖高與下頦同。眼左顧右盼再向右前看，耳聽身後。（圖277－278）

圖277　　　　　　　　圖278

　　這動作練時速度較快。要求：雙手逆纏裡轉外翻雙肘外開上挑的同時身要向左轉下沉，形成對稱勁。雙手逆纏向右前略上推時要鬆胯沉左臀，形成右前左後的對稱勁。雙手間隔勿太寬，雙手間隔中線下對右膝，以求上下左右斜線相合。

【技擊含義】

動作一：接上式小擒打，設我已將敵人推出摔倒，如我欲繼續進擊，即乘勢身向右轉，重心向後移。雙掌變拳向左右分開，以加強右拳向左前下方採勁的威力和打擊效果，同時這種身法運用既可以使自己靈活而不受制，又可以使敵人按我雙肘之勁落空失勢和判斷錯誤。隨即快速身向左轉下沉，重心偏左前。雙拳變逆纏左拳上掤以避敵人拳腳進攻，也是一種引化；右拳下插向敵胸、肋、後心以採勁擊去。

動作二：設我剛將這一個敵人打退。而另外一個敵人乘勢從我後方進左步，用雙掌施按勁向我後心及腰部擊來，欲將我擊傷跌倒。我即乘勢身快速向左轉略下沉，再向右後轉180度，同時雙腕左上右下交叉雙拳先向左下，略逆纏變雙順纏上翻右轉，以橫挒勁截擊敵右臂肘，使敵雙手臂直按勁被橫截失勢落空。

動作三：設敵雙手臂的按勁被截落空。我即乘機身向左轉下沉，重心偏左後，同時沉肩墜肘、開胸、突腹，鬆胯屈膝左轉，同時雙拳變掌先交叉向前上雙順纏引勁，這是欲開先合，再變雙逆纏分向右前及左後將敵兩臂肘向兩旁掤開，使敵人胸部露出空間。以便於我進攻。

動作四：接上動作，敵人雙手臂被我雙臂手分向右前及左後掤開失勢，胸部完全暴露出來。我即乘勢身向左轉再向右轉下沉，重心由左後下沉移至偏右前，同時沉肩開肘上挑，開胸，突腹，鬆胯屈膝，沉肩墜肘，含胸塌腰，鬆胯屈膝。左腿先順纏外轉，以左腳離地騰空外轉落地；同時右腿先逆纏裡轉，以腳尖點地騰起裡合提右腿向右前邁一大步，以腳跟裡側著地變順纏外轉腳掌踏實。同時雙手臂逆纏裡轉外翻上挑肘掤敵雙臂時，使敵胸部兩肋空間完全暴露出來，如距離敵人很近，可用雙肘向敵兩肋部挑擊；如果距離敵人

稍遠，雙臂手同時快速順纏下沉至胸前，乘勢向右前敵人胸、腹等部用周身之力推擊。

第四十六式　三換掌

【動作說明】

動作一：身向右轉螺旋下沉再向左轉螺旋下沉，重心先偏左後再偏右前。左腿先逆纏裡轉再順纏外轉，膝裡扣，腳掌踏實。同時雙手在前以雙順纏外翻、左前右後旋轉合勁；左手臂略彎曲，掌心向上，指尖向前略偏左，高與鼻尖同；右手臂彎曲腕後折，掌心向左偏上，指尖向前偏右，位在左肘彎前上，以小指掌外緣輕輕貼在左肘前上。然後雙手臂變雙逆纏（先上下相合）再左手略下沉、右手向右前上錯開，左手心向上略偏裡，指尖向前偏右，位在右肘下，指尖位在右肘彎下邊略偏前；右手臂呈半圓，腕後翻，掌心向右前，指尖向左後略偏上，中指高與鼻尖同。眼看前兼顧左右，耳聽身後。（圖279－281）

這動作練習時速度稍快。要求：身向右轉，雙手順纏左前右後旋轉合時，要鬆胯，右膝裡扣。身向左轉雙手逆纏開

圖279

圖280

時，鬆左胯，左膝裡扣，以形
成襠膝的開合。

　　動作二：以腰爲主宰身快
速先向左轉再向右轉螺旋下
沉，重心先向右前再變偏左
後。同時，左腿先順纏外轉變
逆纏裡轉，膝裡扣，腳掌踏
實。右腿先逆纏裡轉變順纏外
轉，膝裡扣，腳掌踏實。同時
右手先逆纏向右前上開變順纏

圖281

下沉收回合於左肘下用食指貼住，臂彎曲，腕略向裡勾，掌
心向裡，指尖向左；同時左手逆纏裡轉（沉肩墜肘）略勾腕
向裡略下沉，經腕前坐腕後翻手（手心向前）向前上翻變逆
纏，臂掤圓，掌心向右前，指尖向上略偏右，中指高與鼻尖
同。眼看前兼顧左右，耳聽身後。（圖282－284）

　　這動作練時速度很快。要求：胸、腰、胯、臀部的開合
旋轉折疊運化時，要體現出「緊要全在胸中腰間運化」的拳
理。

圖282

圖283

雙手由雙逆纏變雙順纏旋轉開
合時，全在胸前折疊變化，而
身體左右旋轉方向角度不大。

動作三：以腰爲主宰結合
丹田帶動身快速略向左轉開合
折疊螺旋下沉，重心偏右前，
同時左腿略順纏外轉，膝裡
扣，腳掌踏實。右腿逆纏裡
轉，腳掌踏實。同時左手在前
順纏裡勾腕由鼻尖前向右前上

圖284

略上翻轉，突出腕背，掌心向裡略偏下，指尖向裡偏上，高
與眼同，右手在左肘下逆纏裡轉向前上掤出，臂半圓，後翻
腕，掌心向右前偏上，指尖向左後，位在左手裡上方。眼看
前兼顧左右，耳聽身後。（圖285－286）

圖285

圖286

這個動作練時速度很快。要求：雙手向右前上翻轉上掤
時，要沉肩鬆胯，沉左臀，形成右上及左下斜線對稱勁，以
保持身體支撐八面的中定勁。動作開合運動時要充分體現出

胸腰運化及開合旋轉折疊勁。

三換掌連起來練時，三個動作要以腰爲主宰結合丹田帶動，第一動作稍快，第二動作快，第三動作很快。從速度上由稍快到很快。但動作要快而不亂，要有節奏，分出層次，如同蜻蜓點水形成的波漪翻滾一樣，一浪高似一浪。

【技擊含義】

動作一：設對方在我右前方雙手用按勁按我雙肘及腕部，或用雙手抓住我雙腕部用按勁向前上步，欲將我推出跌倒。我即乘勢身先向右轉，重心偏左後，左腿逆纏裡轉；右腿順纏外轉，膝裡扣合住襠。同時雙手順纏旋轉外翻，右臂手裡合引化對方左手的按勁，使其勁偏於隅角。同時左手由右手下乘機向對方腹部擊去；對方如含胸塌腰後坐，化我左手進攻之勁，我即乘勢身向左轉下沉，重心向右前移，我左手略逆纏下沉收回，右手逆纏裡轉向前擊對方的胸部。距離近用肘擊；距離遠則用手擊。

動作二：接上動作，設對方見我右肘或右手向其胸腹等部擊來，身向右轉，用左手臂截化我右臂肘手進攻之勁。

我即乘勢身略向左轉，再向右轉螺旋下沉，重心先右再偏左。同時右手由逆纏變順纏裡合收回至左肘下；左手由逆變順纏向前上翻，向對方面部擊去。

動作三：接上動作，設對方見我左手向其面部擊來，身右轉退右步變爲順步，化我進攻之勁；同時左手逆纏翻手抓住我左手背，右手乘機抓住我左腕，向下施採勁，截拿我左手腕，使我受傷或失去反攻能力。

我即乘勢身快速略向左轉下沉，重心偏右前。左手乘對方雙手採拿我左腕之機，以腰勁帶動左手快速順纏勾腕旋轉，用腕背向對方面部或胸部擊出；同時我右手逆纏裡轉，

由左肘下前上翻，同時向對方面部擊去。對方如右轉退步避我向其胸、面部擊出之勁，我即乘勢身左轉以左手牽對方左手；同時右肘手向對方左耳門或身左側以捌勁擊出。

技擊含義還有一種活步的練習及實用方法，即：

動作一：設對方從我右前方以雙手按或抓住我雙腕及肘部，右腳向前上一大步，用猛力欲將我推出。

我即乘勢身右轉，重心在左後，雙手順纏左前右後，以右手引使對方雙手勁斜分成隔角不能合力發勁，我左手乘機向對方腹部擊去。同時我右腿順纏裡合提起可向對方下盤踢擊，使對方受傷倒地。如對方含胸塌腰，右腿後撤一步，避我左手及右腳進攻之勁。我即乘勢雙手逆纏左後右前上相錯，右手向對方胸部擊去。同時右腳逆纏向右前上一步著地以加強右手向對方胸部發勁的威力。

動作二：動作及技擊含義同上動作二，區別在於身向右轉時，重心在右後，左腳順纏提起向右前上一步，以加強左肘及手向對方面部及胸部進擊的力量。

動作三：動作及技擊含義與上動作三相同。區別在於練習及技擊實用上是雙腳跳起向右前下沉著地，以腰為主宰動作練習及實用上速度更快，向對方進擊的威力更強。

第四十七式　六封四閉

其動作及技擊含義同前六封四閉的第三、四、五、六動作，此處略。（圖287－289）

第四十八式　單　鞭

此式同前單鞭中的動作一、二、三、四、五、六完全相同，此處略。（圖290）

圖287

圖288

圖289

圖290

第四十九式　前招、後招

【動作說明】

動作一：分二段

　　一段：以腰爲主宰結合丹田帶動身快速向左轉略上升，重心偏左。眼看右側，耳聽左後。左膝裡扣合右膝，左腿順纏外轉，腳掌踏實。同時右腿逆纏裡轉，腳掌踏實（身法

大、勢低）以腳跟為軸腳尖貼
地裡勾。（勁在腳跟後外
側）。同時左手由左側變逆纏
向左上偏前領勁，位在左眼左
前上方，臂伸展七、八分、坐
腕、手後翻，掌心向左前上，
指尖向偏右上方；同時右掌由
右側略前方勾手變順纏向左上
領起，位在頭前上中線，臂伸
展至七、八分、掌心向上，指
尖向右前方。（圖291）

圖291

　　二段：身向右轉螺旋下沉再上升，重心由左偏右。右腿
順纏外轉（先上下相合膝裡扣）以腳跟為軸，腳尖向右轉約
180度內，腳掌踏實。左腿逆纏裡轉（重心變右後）再提腿
以腳尖虛步併於右腳裡側旁。

　　同時右手逆纏略下沉（至與眼高相同）先上下相合繼續
逆纏向右外領勁展開，臂半圓伸展至七、八分，腕後翻，掌
心向前方，指尖偏左上，位在右眼右前方；同時左手變順纏
由左上下沉至腹前中線，懸臂引進，掌心向右前方，指尖偏
左前方，臂伸展至七、八分，位在腹前中線。眼先看右手再
看身左側。耳聽身後。（圖292）

　　這動作練時速度一段要快。二段，下沉略慢，上升稍
快。要求：

　　一段：身向左轉以腰為主丹田帶動，要上引下進，上引
指手，下進指右腿，勁運到右腳跟，不能上浮。

　　二段：要先上下相合，右手逆纏在眼前勁運到大指後，
整個身體跟著手轉。從一、二兩段練習中要體會並表現出，

未動之前由腰（由內而外）帶動，動起來之後整個身體跟著手走。這即是拳理中講的勁起腳跟，行於腿，主宰於腰，氣貼脊背，形於手指的拳理。

圖292　　　　　　　　　圖293

動作二：身向右轉螺旋下沉，重心在右。眼看身左側，耳聽身右後。右腿順纏外轉，膝裡扣，腳掌踏實。同時左腿逆纏裡轉（左膝與右膝合），腳尖上翹裡轉向左側邁步以腳跟裡側著地、腳尖上翹裡合。同時右手逆纏向外略展開領住上掤勁。臂半圓、後翻腕，掌心向右前略偏上，指尖向左微偏上，位在右眼右前方略上；同時左手順纏向右略引進，臂伸展七、八分。後翻腕、掌心向右前方，指尖向左前，位在腹前中線。（圖293）

這個動作練時速度稍快。

要求：欲開（兩腿）先合（上下左右）。上引是左手，下進指左腿，邁步要輕靈。

動作三：分二段。

一段：以腰為主結合丹田帶動身快速向右轉螺旋下沉，重心偏右。右腿順纏外轉，膝裡扣，腳掌踏實，同時左腿逆

纏裡轉，膝裡合。同時右手逆
纏向右眼前領勁，臂半圓，腕
後翻，掌心向右前略偏上，指
尖向左，位在右眼右前約10公
分；同時左手順纏向右前懸臂
引進，位在腹前中線，後翻
腕，掌心向右前偏上，指尖向
左前方，眼看身左側，耳聽身
右後。

圖294

　　二段：身向左轉螺旋下沉
再上升，重心由右下沉變偏左後。左腿順纏外轉，膝裡扣以
腳跟為軸、腳尖向左外轉約45度，腳掌踏實，右腿逆纏裡轉
（重心變左後）右腿提起向左腳前邁步，虛步腳尖點地。同
時右手由右眼右前先逆纏向右外展開，變順纏下沉經腹前向
前上伸展，臂伸展七、八分，位在胸前中線，掌心向左前
上，指尖偏右前；同時左手先向右前，略下順纏變逆纏經右
胸前，向上經鼻尖向左外略上展開，臂伸展七、八分，位在
左眼左側略前，掌心向左前、指尖向右前略偏上。眼先看右
手再看前，耳聽身左後。（圖294）

　　這個動作練習時速度一段很快，二段下沉稍慢，上升稍
快。

　　要求：身法練習運用時要「欲左先右」「欲上先下」，
眼神要先左後右再看前，與身轉方向恰相反，要做到左顧右
盼。

　　動作四：身先向左再向右快速旋轉螺旋略下沉，重心先
略向右前移再度偏左後。左腿先順纏外轉，膝裡扣再逆纏裡
轉，沉左臀，腳掌踏實。同時右腳尖點地逆纏裡轉變順纏外

轉，鬆右胯，腳跟略上提（腳
尖仍點地）右膝裡扣。同時右
手由胸前先順纏向左下沉再度
逆纏向上翻至眼前中線發勁，
臂半圓，掌心向前，指尖向左
上方，位在眼前中線；同時左
手由左眼左側略前方先逆纏向
左外劃弧變順纏下沉，經身左
側前至腹前中線發勁，臂伸展
七、八分，腕後翻，掌心向右

圖295

前略上方，指尖向左前偏下。眼左顧右盼，再看前，耳聽身
後。（圖295）

這個動作練時速度很快。

要求：雙手順逆纏在身前動作不大，要靈活，發勁要富
於彈抖性。雙手右上左下都在身前中線，上下相對。

整個前招後招拳式，要練得瀟灑，鬆活彈抖。

【技擊含義】

動作一：設對方在我身右側進左腿套住我右腿及腳，以
右手拿住我右手指（逆纏，掌心對掌心）或拿住右腕，左手
拿住我右肘關節，欲想拿我手腕或手指及肘關節，使我背
勁，或想扭斷我指關節，或欲使我右肘脫節而受制。

我即乘勢身向左轉略下沉，重心偏左。同時沉肩墜肘，
開胸，突腹下沉左轉，鬆胯屈膝合。右手臂乘勢順纏向左上
領勁，造成引進擊搏之勢，使敵勁落空；同時我左手向左外
上領勁。然後我再身向右轉下沉，左腿逆纏變虛步併於右腳
旁。同時我右手逆纏向外展掤開對方右手，使對方左轉，身
右及後面露空成為背勢；我左手同時由左上變順纏向下沉，

經腹前向敵身右側後腰撞擊。

　　動作二：設接上動作，我右前對手剛被我擊中倒地。這時另一對手從我身左後進右步，用雙掌施按勁向我身左側肋部擊來。我即乘勢身右轉略下沉，重心在右，眼看身左側。同時左腿逆纏提起用腳踵向對方右腿膝部或迎面骨蹬踩，使對方右腿受擊倒地。或進步插入對方襠內，或套住對方右腳，準備貼近對方之身進擊。同時我左臂手順纏向右前方引進，使對方來勁落空；同時我右手向右上逆纏領住勁。這叫「上引下擊」或「上引下進」的進攻之法。

　　動作三：接上動作，設我左腳將對方右腳套住，貼近其身，我即乘勢身快速向右轉下沉，重心偏右，再向左轉先下沉再上升，進身用肩靠擊對方右肋及右胸；稍遠則用左肘擊其胸、腹等部，同時右腿逆提向左腳前邁步；再遠可用左臂手向對方胸、面等部橫擊。對方如退右步避我進擊之勢，我即乘勢身繼續左轉上升，用右臂肘手橫擊其左腰、肋部。

　　動作四：設對方從我前面進右步用右拳向我胸部擊來，我即乘勢身先向左轉，再身向右轉，右臂向右上將對方右臂肘掤出。同時我左臂手下沉經腹前用橫勁向對方右腰、肋等部發勁擊去，使其右腰肋被擊。

第五十式　野馬分鬃

【動作說明】

動作一：分二段

　　一段：以腰為主宰結合丹田帶動，氣貼脊背，身快速略向右再向左轉螺旋下沉，重心是左、右、左。左腿先逆纏裡轉五趾抓地（重心移至右腳時）再順纏外轉以腳跟為軸，腳尖貼地快速略向左外轉，腳掌踏實。同時右腳在左腳前腳尖

點地，腿先順纏外轉，膝裡扣，腳跟略上提，腳尖點地裡合，再腳尖用力點地，腿逆纏裡轉（左腳尖外轉後踏實）後變虛步。同時右手由眼前快速逆纏向右後（在眼前）再變順纏向前略下沉，位在鼻尖前，掌心向前，指尖向右上；同時左手在腹前快速略順纏再變逆纏向上翻，經右胸前向左上旋

圖296

至左眼左前方，距離約30公分左右，掌心向左外，指尖向右前略偏上。眼左顧右盼，耳聽身後。這動作練時速度較緩慢。要求：身體中正，勿左歪右斜，雙手左前右後，分勁要同時到達，形成對稱。（圖296）

　　二段：身繼續向左轉螺旋下沉再微向右轉，重心先在左後，變偏右前，左腿順纏外轉，膝裡扣，腳掌踏實。變逆纏裡轉；同時右腿逆纏裡轉，膝上提裡合，腳提起離地，腳尖裡合上翹向右前方邁步，以腳跟裡側貼地向右前方鏟出漸踏實。變順纏外轉膝裡扣。同時右手順纏由鼻尖前下沉（肘膝相合）至右膝前下，裡合至腹前下，再向右前上展出，臂伸展至七、八分，掌心向上指尖向右前方，高與鼻尖同；同時左手由左眼左前繼續向左外再向左後，由逆纏變順纏展開，臀略屈，掌心向左後下，指尖向左後略上，勁運至左手中指肚，右手略高，左手略低。眼瞻前顧後，耳聽身後。（圖297－299）

　　這個動作練時，一段，動作小，速度很快。二段，動作大，速度緩慢。

　　一段，動作閃戰抖勁，緊湊迅速，以接上式第四動作之發勁做到勁斷意不斷。二段，是大舖身法，右手順纏下沉接近地面，左手逆纏向左外後上展開，形如野馬奔馳，藉以練習胸、脊背之合開勁。兩臂前後同時分開對稱。

　　動作二：身向左轉螺旋下沉，重心由偏右前變偏左後，

圖297

圖298

圖299

同時左腿順纏外轉，膝裡扣，腳掌踏實。同時右腿逆纏裡轉以腳跟為軸腳尖裡勾。同時右手由右前順纏向頭略上領勁，掌心向上，指尖向右前上方；同時左手由左後方逆纏向右前下略沉，再向左側上展開位在頭左前上，掌心向左上方，指尖向右前略上。眼看右前方右側，耳聽身左後方。（圖300－301）

　　要求：這個動作練時速度快，勁起腳跟，形於腿，主宰

圖300　　　　　　　　　　圖301

於腰，氣貼脊背，形於手指。勁運到腰脊，部分上升到手，部分下降到腳跟，形成上引下沉（進腿）之勁。否則，有上沒下，不能中定，身體易為對手所制，氣也易上浮，腳底發飄。

　　動作三：身向右轉近180度螺旋下沉再略上升，重心由左後變到右。右腿順纏外轉，腳跟為軸腳尖外轉近180度腳掌踏實，膝裡扣。同時左腿逆纏裡轉（重心變右後）提起腳離地，左膝與左肘相合。同時右手由頭前上逆纏下沉至眼前向右外展開，臂半圓，右掌外翻，掌心向右前，指尖向左偏上；同時左手由頭左上順纏下沉至腹前，掌心向前上，指尖向前偏下，位在左膝前略上方。眼先看右手再看左手，耳聽身後。（圖302）

　　動作四：身向右轉螺旋下

圖302

沉再略向左轉，重心由右變偏
左前。同時，左腿先逆纏裡
轉，腳尖上翹裡合，以腳跟著
地鏟出腳尖落地踏實變順纏外
轉，膝裡扣，同時右腿順纏外
轉，膝裡扣，變逆纏裡轉。同
時左手由腹前向上順纏展開，
臂屈墜肘，位在左前方，高與
鼻尖同，掌心向上，指尖向左
前；同時右手逆纏向右外後展

圖303

圖304

圖305

開變順纏，勁運到中指肚，掌心向右後下，中指尖向右後上
方，左手略高。眼先看右手再左手，耳聽身右後。（圖303
－305）

　　動作五：身向左轉螺旋略上升，重心偏左前。同時，左
腿順纏外轉，膝裡扣，腳掌踏實，右腿逆纏裡轉。同時左手
由左前方略逆纏向左外略上轉，位在左眼左前方，掌心向上
微偏右；指尖向前偏右；同時右手由右後略順纏向左前旋，

位在兩眼前，掌心偏前下，微
向右外下勾腕，指尖向右前略
偏上。眼左顧右盼，耳聽身
後。（圖306）

圖306

　　這個動作在接下動作時速
度很快。

　　要求：動作以腰為主宰結
合丹田帶動，身體快速向左旋
轉，雙手快速領動，身勿失去
中正之意。

　　動作六：以腰為主宰結合丹田帶動身快速向右轉螺旋略
上升，再向右下沉，再向左上升。同時左腿逆纏裡轉變順纏
外轉，膝裡扣，腳掌踏實。同時右腿先順纏外轉，膝裡扣，
變逆纏裡轉。同時右手逆纏裡轉由眼前向右後再向右膝下沉
至右外下，變順纏向左上發勁，臂伸展七、八分，後翻腕，
位在右膝左前上方，掌心向左前偏上，指尖向右後偏下；同
時左手由眼前順纏向右上旋轉，再下沉經右胸前至腹前變逆
纏向左方發勁，位在左膝左前上，臂半圓，後翻腕，掌心向
左前，指尖向右微偏上。重心由左前變偏右後再變偏左前，
眼先看左前兼顧右後再看左前，耳聽身右後。（圖307－
308）

　　這個動作練時速度很快。

　　要求：立身中正，勿失中定勁，發勁要鬆活彈抖，蓄發
呼吸要內外結合，發勁前蓄勢要左右、上下相合。

　　【技擊含義】

　　動作一：設一：對方從我正面進右步用右拳向我左胸部
擊來，我即乘勢快速旋轉螺旋下沉，同時左臂手由順變逆纏

圖307　　　　　　　　圖308

由腹前中線向左外上掤捋敵右臂手，使其擊我之勁落空。同時我身繼續左轉，重心在左，右臂手由逆變順纏，從前中線下沉經胸腹前向敵右臂肘下穿纏住其右臂肘，右腿同時進步插入敵襠內，借勢身向右轉，重心由左漸移右，右膝裡合，以左逆右順纏向右外掤挑敵右臂肘，使敵右臂被我掤挑受制，向我右外方摔出跌倒。

　　設二：敵人用槍向我胸部刺來，我即乘勢左臂手由順變逆纏從腹前中線向左外上掤，化敵槍刺之勢，使其槍刺落空，順勢纏擱住敵槍桿，同時我右臂手由前上由逆變順纏向左前臂手（持槍前手）下穿擊，同時我右腳也上步套住敵左腿，乘勢用肩靠擊敵左肋部，使其受擊摔出或用裡扣（膝裡扣）外翻之勢將敵人摔出跌倒。

　　動作二：設我剛將敵人套住，用裡扣外翻之勢摔倒敵人，這時另一敵人從我身右外側用雙手抓住我右臂腕，欲用擒拿外翻扭我右臂使我右肘關節受傷脫臼。

　　我即乘勢身向左轉下沉，左手逆纏向左外上領勁，以便呼應右臂手，同時右臂手順纏向頭前中線領勁引進，使敵勁落空失勢。

動作三：接上動作，敵身前傾，勁落空失勢，乘其身體後坐穩定平衡未變招之機，我即乘勢身向右轉下沉，重心由左變右。同時我右臂略下沉逆纏向右外展開，與敵貼近可乘機用右後肩向敵胸肋等部靠擊。稍遠則用右肘向敵胸面等部擊出，使敵受傷失勢。再遠則用逆纏外掤敵右臂肘，同時我左手順纏由左上下沉裡合，向敵右肋或背部橫擊，使敵被擊失勢。如我還不欲放過敵人，可乘機用左腳向敵左膝蹬擊，使敵下盤受擊摔倒。

動作四：我已將敵人蹬倒，這時另一敵人從我前方進右步用右拳向我面部擊來，我即乘勢身繼續右轉，重心先右再偏左，左腿先逆纏邁步插入敵襠內，右腿順纏外轉腳心空。同時我右臂手逆纏向右外掤攦敵右臂手，使敵右拳之勁落空，同時我左臂手順纏向前裡合，與敵遠則用掌橫擊敵右肋部，或向敵腹部擊去，稍近時則用左肘擊敵肋部，貼近則用左肩靠擊敵胸、腹部等。

動作五、六：按上動作，設我貼近敵人欲用左肩靠擊敵胸腹等部，敵乘勢退右步，同時含胸後坐，右臂手下沉收回與左手合抓住我左臂肘，欲用雙按勁將我推倒失勢。我即乘勢身快速向左再向右轉略上升，重心先左後右。同時我左手先向左逆纏變順纏向右上中線領。向左外逆纏，是「欲右先左」；向右上中線順纏是引進落空，使敵雙按勁落空失勢。這樣「欲右先左」容易使敵人判斷錯誤，更易起到引進落空的作用，造成敵人失勢，這時我身繼續快速向右轉下沉再向左轉上升，重心由偏右變左。雙手左順右逆纏下沉，避開敵失勢身前傾之勢，接著身向左轉上升，我雙手以左逆右順之勁，乘敵穩定中心後坐之機，用左臂手向敵胸腹等部發勁擊去。

第五十一式　大六封四閉

【動作說明】

動作一：先做微向左轉，螺旋微上升，再向右轉螺旋下沉。重心偏右後。左腿先順纏外轉，膝裡扣，再逆纏裡轉腳掌踏實。同時左手先微逆纏略向左上變順纏外轉裡合下沉至腹前中線，位在兩膝前中線，臂伸展至七、八分，腕後翻掌心向右前；指尖向左前微偏

圖309

下；同時右手先略順纏向左上變逆纏裡轉向右下沉，臂伸展至七、八分，位在右膝外側略下，坐腕、掌心向右後下，指尖向前。眼看身左外側，耳聽身右後。（圖309）

動作二：身快速向左螺旋上升。重心由右後偏左前。左腿順纏外轉膝裡扣，以左腳跟為軸腳尖外轉約135度著地腳掌踏實，五趾抓地，湧泉穴虛；同時右腿逆纏裡轉，腳掌踏實。同時左手由兩膝前勾腕逆纏裡轉經腹前上升變順纏至鼻尖前向裡後勾腕，掌心向裡，指尖向裡，虎口向左上，同時右手由右膝外側順纏外轉向右後再上升經身右側頭上變逆纏裡轉，臂伸展至七、八分，腕後翻，掌心向左前，指

圖310

尖向左偏後，位在眼上中線。眼看左前，耳聽身右後。（圖
310）

　　這動作練時很快。要求：動作迅速雙手向左上翻，但兩
胯要鬆。成左上右下對稱，保持身體中定。兩膝要開中有
合。

　　動作三、四：與前掩手肱拳後接大六封四閉一式的動作
三、四相同，故省略（圖311－312）

圖311　　　　　　　　　　　圖312

【技擊含義】

　　動作一：設敵人從我左側用雙手抓住我左臂肘施雙按
勁，欲將我擊倒。我即乘勢身先微向左轉（欲右先左），使
敵人判斷錯誤，再向右轉下沉，重心由左偏右後。同時左手
先略逆變順纏向右裡合下沉引進，使敵雙臂手按勁落空失
勢。

　　動作二：接上動作，設敵人雙手按勁落空失勢。我即乘
其身向後坐，調整平衡未穩之機，我左手快速逆纏裡轉勾
腕，由腹前上翻變順纏，用腕背向敵胸部或面部擊去。同時
我右手在右膝上快速順纏外轉向上翻，經胸部頭部右側變逆

纏擊敵面部。這樣雙手同時合力進攻敵胸面等部。或者：我
雙手同樣旋轉，左手勾腕，刁敵左腕向我左外上牽，右手上
翻管住敵左肘關節。準備接動作三，變擺將敵人擺出。（其
他同前大六封四閉）（圖313－314）

圖313　　　　　　　　圖314

第五十二式　單　鞭

動作練習及技擊含義均同前單鞭，故省略。（圖315）

第五十三式　雙震腳

【動作說明】

動作一：身先略向右轉略
螺旋上升，再向左螺旋下沉。
重心先偏右變偏左。左腿先逆
變順纏外轉，膝裡扣，腳掌踏
實。同時右腿先順纏外轉，膝
裡扣，變逆纏裡轉，腳掌踏
實。同時右手由右側前勾手變

圖315

掌逆纏由右外向裡右上翻，臂半圓，位在右眼右前方，指尖向左，掌心向右前，再變順纏向右側前展開下沉裡合至腹前，臂半圓，腕後翻，位在兩膝中線前，掌心向左前，指尖向右前方；同時左手在左側前先順纏外轉，掌心向上，指尖向左，位在左眼左側前方變逆纏裡轉，臂半圓，掌心向左前上，後翻腕，指尖向右前略偏上。眼先看左再看右，耳聽身後。（圖316－317）

圖316　　　　　　　　　　圖317

　這動作練時身右轉動作速度快，身左轉略慢。要求：身法運用「欲左先右」、「欲上先下」、「欲順先逆、欲逆先順」之法，並做到上下相合。

　動作二：身向右轉螺旋略上升再略下沉。重心變偏右。左腿逆纏裡轉以腳跟爲軸腳尖裡勾。同時右腿順纏外轉，膝裡扣，腳掌踏實。同時右手由腹前逆纏上翻至眼前向右側前展開，臂伸展七、八分，後翻腕，位在右眼右前方，掌心向右前，指尖向左；同時左手由左眼左側前變順纏向左外略下沉翻轉再略上升，位在左肩左側略前方，掌心向上，指尖向左。眼先看右手再看左手，耳聽身後。（圖318－320）

這動作練時速度較緩慢。
要求：兩膊相吸相繫，手開，
兩膝合，這是上開（雙手）下
合（兩腿），還要上下相合。

動作三：身向右轉90度
螺旋略上升再略下沉，重心由
右變偏左後。同時雙臂上旋再
下墜，胸先開，略突腹變含胸
塌腰，左腿逆纏裡轉，腳掌踏
實。同時右腿順外旋腳跟提起

圖318

圖319

圖320

腳尖點地向左後貼地收回。位在左腳右側前。同時右手逆纏
向右外略上開展略下沉（高與右肩同）變順纏裡合略下沉再
略上升，臂屈肘後翻腕，位在鼻尖前方，掌心向上偏左，指
尖向前偏右；同時左手在左肩左側前逆纏上翻經頭左側略上
向前下沉合於右肘彎裡側，掌心向右前下，指尖向前上，眼
瞻前顧後，耳聽身後。（圖321）

這動作練時速度較快，要求：先上開下合再上下相合。

圖321　　　　　　　　　　圖322

動作四：身微右轉，螺旋上升再略向左轉螺旋下沉，重心偏左後。同時身體略下沉，用左腳跟及右腳尖以左逆右順纏蹬地，然後隨雙手順纏騰空躍起（右腳先起，左腳後起），變隨雙手逆纏合勁下採，雙腿以左順右逆纏（左腳先下，右腳後下）下沉震腳。雙手順纏上升時，右手在前上，高與眼同，左手高與鼻同，下沉後右手在前左手在後，高在胸前略下，掌心向前下，指尖向前上。（圖322－324）

圖323　　　　　　　　　　圖324

這動作練時速度較快。要求：身體騰空，雙手順纏上升領勁吸氣，雙手逆纏下沉，雙震腳、呼氣同時完成。雙腳同時下沉震腳亦可。

【技擊含義】

動作一：設敵人由我身右側用雙手抓住我右肘及腕部，用雙按勁向我推來，欲將我推出跌倒。我即乘勢身快速向右再向左轉下沉。同時我左手先略順纏逆纏向左外上領勁，以備伺機進攻；同時我右手先略逆纏（使敵判斷錯誤）變順纏懸臂裡合下沉引進，使敵雙手按勁落空失勢，我再乘機變招。

動作二：接上動作，敵雙手按勁被我引進落空失勢，乘其沒變招之前，我同時身向右轉，我右手由順變逆纏上翻捋敵右腕；同時我左手變順纏，準備配合右手纏拿敵右臂或進擊敵人。

動作三：接動作二，設我右手捋住敵右手腕，乘其未變招之前，我身繼續右轉，重心變左，左腿逆纏，右腿順纏腳尖點地收回。同時我右手快速由逆變順纏反纏拿敵右腕，使敵成背勢；同時我左手快速變逆纏合拿敵右肘關節，以加強右手纏拿敵右腕之合勁，使敵右臂肘、腕關節被纏拿受制處於背勢。

動作四：接動作三，設敵右臂肘及腕關節被拿受制，處於背勢，如我還不想放過敵人，我即乘勢身微向右轉，兩腳蹬地騰空，左腿逆纏，右腿順纏。同時我雙手快速順纏上升，再逆纏快速下沉用採勁猛採敵右肘及腕部，使敵因被採而身前傾跌倒在地。這裡用的是「欲下先上」的身法，以加強採勁的威力。

第五十四式　玉女穿梭

【動作說明】

動作一：身微向左轉螺旋上升，重心在左。左腿順纏外轉，膝裡扣。右腿逆纏裡轉，提膝裡合，腳提起腳尖略向左裡下合護左膝。同時雙手順纏右前左裡後向上領勁翻起，右手位在鼻尖前方，約距鼻尖50

圖325

公分左右，掌心向上微偏左，指尖略偏右前；左手位在胸前右肘彎裡上側，以小指輕貼在肘彎裡側上，掌心向右，指尖向前略偏左。眼看雙手前，耳聽身後兼顧左右。（圖325）

這動作練時速度較快。要求：雙手順纏上翻右膝上提時要上下相合，否則有上沒下，易犯上浮亂晃腳底拔根之病。

動作二：身快速向左旋轉90度略上升，重心仍在左，同時，右腿逆纏裡轉膝屈向右前上提；同時左腿順纏外轉，膝裡扣，腳掌踏實。同時雙手逆纏領勁，用挒勁以右前左後分開。右手位在右前方，臂伸展至七、八分，掌心向右前，指尖向前左上，高與右眼同；左手位在右肩裡前，後折腕屈肘，食指尖及中指尖貼於右肩窩前，掌心向前，指尖向右後上。眼瞻前顧後，耳聽身右後。（圖326）

圖326

這動作練時速度很快。要求：運用身法，以腰為主宰，用捌勁，做到雙開勁。

動作三：身快速向右旋轉近180度螺旋略下沉，重心偏右前。同時以左手逆纏向左前、右手順纏向右後，以捌勁分開。左手臂伸展至七、八分，位在左眼左側前，掌心向左前方，指尖向右上方；右手位在右胸前，指尖向前，小指輕貼右肋部，掌心向裡上。同時，右腿順纏外轉，腳變上翹外轉約135度，向前上一大步以腳跟著地變實，五趾抓地，湧泉穴要虛；同時左腿逆纏裡轉（重心變右前時）腳跟提起，以腳尖點地為軸裡轉，與右腿形成拗步。眼看左前兼顧右後，耳聽右後。（圖327）

圖327　　　　　　　　圖328

這動作練時速度很快。要求：身隨左掌走，雙手掌以捌勁分開，右腳同時向前跨進一大步，以腳跟外緣著地。

動作四：身快速繼續向右旋轉約45度螺旋上升，重心先右後左。同時左手逆纏向左前推出，掌心向前，指尖略偏右上；同時右手順纏向右前上穿出，指尖向前。同時右腳蹬地隨身騰空屈膝上提順纏外轉；左腿逆纏裡轉提膝隨左手前

推向左前身旋躍步以腳尖著地。眼看左掌，耳聽身後。（圖328）

這動作練時速度很快。要求：右腳蹬地身騰空右轉隨左掌前進，眼向前不要低頭下看。

動作五：身繼續快速向右旋轉180度，螺旋下沉，重心由左變偏右。左腿逆纏裡轉以腳尖爲軸裡旋，隨身轉約180度後腳跟落地，腳尖裡勾；右腿提起順纏外轉，隨身右轉約180度，與左腿平行後腳落地，膝裡扣，腳掌踏實。同時左手逆纏下沉，向左後轉至左膝外側略下，掌心向左下，指尖向前略偏上；同時右手由右胸前逆纏裡轉向右外上展開，位在右眼右前方，掌心向右前上方，後翻腕，指尖向左上方。眼先看左手後看右手，再看前，耳聽身後。（圖329－330）

圖329　　　　　　　　圖330

這動作練時速度很快。要求：身隨掌轉，左腳尖一著地即鬆左胯屈膝，同時左手下沉，形成上下相合。身隨右手外開右轉，右腳著地後即扣住襠，兩腳心空，以求穩定，如上下不合，躍步翻身腳著地時易犯前俯後仰之病。

【技擊含義】

從整個玉女穿梭一式來說，它適用於衝出包圍圈，是在亦攻亦守的情況下穿出來的。這是一人對付多人之法。

動作一：設敵人從我前方進步用雙掌向我胸部擊來，欲將我擊傷或推出。我即乘勢身微左轉上升，重心在左，同時右腿逆纏，左膝裡扣，雙手順纏，以右前左後合勁上翻，使敵雙掌擊我胸部之勁落空。並順勢我左手截托敵手腕，右手截托其左肘部，將敵雙臂肘截托起，故敵身後仰，勁上浮。同時我右膝借上提之勢向敵襠內或腹部擊撞。

動作二：設敵在我正面進右步，用雙手抓住我雙臂肘彎，欲將我推出跌倒在地。我即乘敵人雙手勁將發未發之際，身快速向左轉約90度，同時雙手逆纏以捌勁分敵雙手推我之勁，使敵身左轉歪斜。同時我右手逆纏向敵胸部擊去，並右膝逆纏裡轉，向前上再提向敵襠內撞擊，將敵擊傷。同時我左腿順纏，腳五趾抓地，控制重心，這樣右掌與右膝上下同時向敵進攻。

動作三：接上動作，設我右掌及右膝向敵胸部及襠內擊出，敵右腳退後一步，避我右掌及右膝之勁，我即乘勢身快速向右轉135度，右腿順纏腳尖外轉向前上一大步逼近敵人。同時我右手順纏快速收回至右胸前；同時我左手快速逆纏向左前方敵人面部及胸部擊出，使敵不及躲避，被擊倒地。

動作四、五：設我剛將一敵人擊倒，另外一些敵人從我左前右後及兩側將我包圍住，欲合伙乘我不備將我擊敗。這時我即乘勢右腳踏地，身騰空躍起，隨左手逆纏向左前穿出，當我左腳尖一著地，左手逆纏下沉（上下相合）裡合向我原來身右側之敵腿部擊去，敵見我左手擊來或被擊傷或閃

開，同時我右手由右胸前逆纏向右外上展開，向我原身後及左側之敵擊出，這時我身已穿出敵人包圍圈。向前騰空衝擊時，要發揮旋體時的肩靠肘擊諸法。

第五十五式　懶扎衣

【動作說明】

動作一：身向左轉螺旋下沉，重心全部移於左腿。左腿順纏外轉，膝裡扣，腳掌踏實。同時右腿逆纏裡轉，腳提起腳尖上翹，向右側邁步以腳跟裡側著地。同時，右手由右眼右外順纏下沉，經胸前向鼻前中線旋轉引進領勁，掌心向上，後翻腕，指尖向前偏右，臂伸展至七、八分；同時左手由左膝外側向左變順纏旋轉，再向上翻變逆纏經頭前中線下沉，合於右肘彎上，坐腕，掌心向右偏前，指尖向上，高在胸前。眼看右肘外側，耳聽身左後。（圖331－332）

圖331

圖332

這動作練習速度很快。要求：上合下開同時完成，右腳隨雙手上合即提起向右邁步。

其他動作同前懶扎衣式。

【技擊含義】

動作一：設敵人在我身右側，進左腳，用雙手抓住我右臂肘手，欲用雙按勁將我推倒。我即乘勢身左轉下沉，重心移左，同時，左腿順纏、右腿逆纏裡轉提起向敵左腿後套步，將敵腳勾住或提腿向敵右膝、脛、腓骨蹬踩擊去，同時我右臂手順纏向中線領勁引進，使敵雙手按勁落空失勢；同時我左手由順變逆纏合於右肘彎上，一方面起到保護我面部作用，同時可以向敵胸部擊出。這是「上引下進」步法，可插襠套住敵腿，配合左手及右肩肘向敵胸部擊出。「上引下進」是右臂懸臂引進，使敵雙手按勁落空失勢，同時下部用腿法向敵下部進擊。

其他動作技擊含義與前懶扎衣完全相同。

第五十六式　六封四閉（圖333）

第五十七式　單　鞭（圖334）

圖333

圖334

第五十八式 運 手 (圖335)

以上三式動作及技擊含義均與前相同。故省略。

圖335   圖336

第五十九式 雙擺蓮

【動作說明】

動作一：身向左轉約45度螺旋略下沉再略上升，重心由偏右下沉移左。左腿順纏外轉，以腳跟為軸，腳尖略外轉，腳掌踏實，膝裡扣。同時右腿逆纏裡轉（重心移左後）腳跟提起，腳尖離地向左腳裡側旁併步，腳尖虛步點地。同時左手逆纏裡轉，由腹前略下沉向左額外上領勁，掌心向前，指尖向前；同時右手由右眼右前順纏略向右下沉懸臂後翻腕，裡合至腹前，掌心向左前下，指尖向右前下。眼左顧右盼，耳聽身後。（圖336）

這動作練時速度較緩慢。要求：重心移動走下弧，併步時要手腳同時完成。

動作二：身快速向右轉約45度螺旋略下沉，重心由左移右。右腿順纏外轉，以腳尖為軸腳跟略向裡轉著地腳掌踏

實，膝裡扣。左腿逆纏裡轉腳提起向左前方邁一步，腳尖上
翹裡合以腳跟裡側著地。同時左手向左前逆纏上翻變順纏至
鼻前中線，腕後翻略屈肘，掌心向上，指尖向左前；同時右
手由腹前中線順纏上旋至鼻前，變逆纏再略向右上展開領
勁，位在右眼前方，臂半圓，後翻腕，掌心向右前偏上，指
尖向左前。眼看左前方，耳聽身右後。（圖337）

　　這動作練時，速度很快。要求：重心虛實變化，邁左腳
及雙手右上攦同時完成。

　　動作三：身快速向右旋轉約180度，螺旋下沉，重心由
右移偏左。左腿逆纏以腳跟為軸，腳尖裡轉約45度，腳掌
落地踏實。同時右腿順纏外轉膝裡扣。同時左手逆纏領勁由
鼻前下沉兩膝前略下，掌心向右下，指尖向右上；同時右手
變順纏領勁，向右下沉至右膝外略下，掌心向右下，指尖向
上略偏後。眼看雙手前，耳聽身後。（圖338）

圖337　　　　　　　　　　　圖338

　　這動作練時速度很快。要求：身快速向右旋轉下沉，襠
要合住勁，手腳、肩胯、肘膝上下相合。

　　動作四：身快速向右轉，螺旋略上升，再略下沉，再向

左轉螺旋上升，重心全部在左腳。腳蹬地身左旋上升。左腿逆纏裡轉先屈膝上升再略下沉，變順纏外轉，膝扣，腳掌踏實，再略逆纏裡轉；右腿順纏外轉，膝裡扣，先略上升再屈膝下沉腳蹬地變逆纏由右下向左上（高與胸部齊）裡合，再變順、逆纏略屈，向右外上擺。同時雙手由右膝兩側略下

圖339

方以左順右逆纏略上翻變左逆右順纏，右腳外上擺略下沉時，雙手再向左上與右腳相合，橫向拍右腳面外側。拍完後雙手肘腕放鬆。左手屈肘位在胸前，掌心向左外略偏下，右手位在右膝外上，掌心向右下，指尖向右下。右膝屈上提腳腕放鬆。眼左顧右盼再看手腳合，耳聽身後。（圖339）

　　這動作練時速度很快。要求：胸腰上升下沉，開合摺疊反覆兩次，上下左右相合，身勿左歪右斜。擺右腳與雙手相合拍腳時，手臂與腿彎屈勿直，要放鬆合擊。做到以腳橫擊手，而不是手去夠腳。

【技擊含義】

　　動作一：是由運手變化虛實接下式雙擺腳，為擊摔敵人的過渡準備階段。

　　動作二：設敵進右步從我前方用右拳向我胸部擊來，欲將我胸部擊傷。我即乘勢身向右略轉以避敵右拳擊我胸部之勢。同時我左腿逆纏提起向敵右腿外側進步以備變化虛實擊敵。同時我雙手以左逆變順纏，右順變逆纏，由身前向敵右臂外側掤攦敵肘、腕部，準備順勢將敵攦出摔倒。

動作三：接上動作，我左手管住敵右肘外側，右手捋住敵右腕關節，順勢向外下以左逆右順纏攦採敵右臂手，使敵身前傾失勢落空。同時左腿逆纏裡轉；右腿順纏外轉，兩膝兩腳相合，以求下盤堅實穩固。否則在雙手領勁攦採敵人，身快速向右轉下沉時，容易因下盤不合而失勢。

動作四：接上動作，我雙手攦採敵失勢落空，這時我乘敵身前傾失勢之機，提右腿逆纏裡轉，距敵近，可用右膝裡合上提撞擊敵人下陰或腹部；或用右腳裡側向敵右膝下脛骨鑷蹬擊去，或用雙手攦採之勢將敵摔出。這是裡合腿法。或右腿逆纏裡轉提起，向敵右腿外後方裡合，藉身左轉再略右轉之勢，我雙臂手以左逆右順纏向左上方將敵右臂壓住，向敵下頦或胸部擊去。同時我右腿由敵右腿外後下方，向右上擺擊敵腰胯或右腿彎處，雙手向左旋橫擊，用摔法，將敵擊傷摔倒。這時我身法上一定要上下左右旋轉開合折疊，這樣才能體現出「緊要處全在胸中腰間運化」的拳理。

第六十式　跌　叉

【動作說明】

動作一：有兩種練法：⑴身向左轉約近90度，螺旋略下沉，重心由左移右。右腿由右前上隨身逆纏裡轉，腳尖略上翹裡合下沉震腳。同時左腿順纏外轉，膝裡扣（右腳下沉震腳的同時）腳跟提起離地以腳尖虛步點地。同時，右手由右膝右外上方變拳順纏下沉劃弧經身右側至胸前下，拳心向上，虎口向右前；同時左手由右膝左上方變拳逆纏裡轉合在右腕上，拳心向下，虎口向右。雙腕交叉點在胸前略下30公分左右。眼先看右前再看左前方，耳聽身後。

⑵身快速向左轉約近90度，螺旋向下沉，重心由左全部

移到右腿，右腿由右前上，快速逆纏裡轉下沉震腳，五趾抓地，湧泉穴要虛；同時左腿快速順纏外轉，膝裡扣向上提起，腳尖略上翹，腳跟上提離地。同時雙手變拳，以左逆右順纏快速領勁（如上(1)練法）交叉合於胸前略下。眼左顧右盼，耳聽身後。

圖340

這個動作練時兩種方法：(1)動作變慢；(2)動作迅速。

要求：(1)手合、下沉震右腳，左腳跟提起腳尖點地變虛步，呼氣，同時完成，要左右、上下相合；

(2)雙腕交叉下沉震右腳，左膝快速向上提起，呼氣，快速同時完成。上下左右相合更明顯。

以上(1)、(2)兩種練習方法區別是：(1)難度小，速度較慢，容易掌握練習；(2)難度大，速度快，較難掌握練習。另外，左腳(1)虛步腳尖點地。(2)左膝、腳全部提起。雖然兩種練習方法左腳都是虛步，都是上下相合，這是共性，但這在技擊上的運用上還是有區別的。（圖340）

動作二：身略向右轉螺旋下沉，重心偏右。同時左腿先逆纏裡轉，腳尖上翹裡合向左側前以腳跟裡側著地蹬出，漸變順纏腳尖向上，腳全部貼地，左臀部略懸變虛；右腿先順纏外轉屈膝下沉裡扣，腳掌踏實，變逆纏裡轉，屈膝裡合下沉用膝裡側著地，腳裡側著地。同時左拳變順纏下沉（與左腿同時）向左側前略上衝，位在左膝前偏裡上，臂略屈，伸展到七、八分，拳心向裡上；同時右拳變逆纏裡轉裡下略勾

腕與左腕粘連旋轉由左腕外
側後上提起，位在右眼右側外
後略上方，臂半圓裡下勾婉，
拳虛握，拳心向下偏左前方。
兩拳心斜相對，合住勁。眼看
左側前，耳聽身右後。（圖
341）

圖341

　　這個動作練時速度很快從
空跌下，故名跌叉。但在練習
時可隨著熟練程度漸由慢變
快，並能從懸空快速跌下以符合要求，但為了適合老年體弱
的人練習，難度可減低，不必跌下，能作到「下勢」即可。

　　要求：從空快速下沉跌叉，身勿左歪右斜，勁在左拳及
左腳跟，腳尖向上勿向左側歪斜，重心偏右，左臀部略懸變
虛。這個動作以能作到快速跌下向左側前衝出，蹬擊為準。

【技擊含義】

　　總的含義，是預防不慎跌倒，可以利用臀部下沉著地彈
起，即以後右腳裡側與左腳後側撐起和左拳上衝（兩者必須
同時一致行動），騰然而起，獲得敗中取勝的效果。

　　動作一：接上式雙擺蓮，設我用右腿外擺及雙手裡合，
剛將我身右側敵人摔出跌倒，這時另一敵人由我左側前進步
用雙手按推我左臂肘腕，欲將我向身右後推出跌倒。

　　我即乘勢身向左約轉90度略下沉，右腳逆纏下沉震腳
變實，同時左腿順纏外轉膝，腳裡扣上提向敵人下部襠內或
腹部撞擊，使敵被撞擊受創。同時我雙手變拳以左逆纏右順
纏，左下右下雙腕交叉，左肘腕逆纏向右合下沉，是為了使
敵雙手按勁落空失勢，同時又可起到左臂手掩護我右臂拳擊

敵之勢，使敵防不勝防。同時我右拳順纏下沉經腹前略向上，由左腕下交叉向敵胸部擊出，這樣右拳及左膝運用身法配合，使敵雙按勁落空，同時我乘機向敵中、下盤進擊，使敵人受重創。

動作二：設敵人進右腳雙手向我左臂肘推來，迅速凶猛，我引化稍遲，不慎被其推動重心受制，有被推出跌倒的危險。我即乘勢身略向右轉，右膝彎曲先順後逆纏裡合，快速跌下右臀部及膝裡側著地。同時我上提左膝、腳快速先逆後順纏向敵右腿下肢、脛、腓骨蹬擊，使敵右膝下肢脛、腓骨被蹬擊受傷。這是敗中取勝之法。再借身跌下臀部著地彈起，配合左腳後跟及右膝腳裡側撐地借力上起之機，我左拳向前上衝起以擊敵。

若使難度減小，可按適合一般人練習的下勢（即不坐到地上）做，但這樣減少了左腳擊敵脛、腓骨的作用。不過亦可借下勢避敵雙手按勁，使其勁落空。乘勢身向左上起，仍可以左拳向左側上衝擊敵人。

練習程序：先易後難，即先練下勢後練跌下著地。先慢後快，先求姿勢勁別準確，要求快速協調一致。

第六十一式　左右金雞獨立

【動作說明】

動作一：身略向左轉螺旋上升，重心由右後全部移到左腳。左腿順纏外轉，以腳跟為軸，腳尖向左外轉約45度，腳掌踏實。同時右腿逆纏裡轉（當左腳變實後），右腳上提膝護襠，腳尖向裡下護左膝。同時左拳由左膝前上領勁，拳心向裡向左側前上衝至下頦；同時右拳由右後上順纏向後側下沉經身側後至腹前，拳心向裡（與右腿同向上），變逆纏

由中線向前左拳心裡上衝至下頦。雙拳變掌以逆纏分別從鼻前和胸前下，左右手分向右上左下捌採。右手位在頭略右前上方，臂伸展七、八分，掌心向右前上，指尖向左。左手位在左大腿外側略前，臂伸展至七、八分，掌心向下，指尖向前，眼先看左掌再看右掌，再看右上兼顧左下後向前看，耳聽身後。（圖342－345）

　　這動作練時速度較快。要求：由上式跌叉坐地向左側上衝起時，右臀部由跌叉坐地而彈起，以左側前腳跟及右腳掌

圖342

圖343

圖344

圖345

裡側著地借彈力隨左、右拳向左上衝起，左腳踏實，右腿、膝、腳隨右臂拳，上衝向上提膝，作到上下相隨。上衝托起時要收腹、吸氣、提肛。

圖346

　　動作二：身微向右轉微下沉（蓄勢準備上跳），再略向左轉（利用左實腳蹬地反作用力）螺旋上升跳起身騰空左腳離地，再身略向右轉，螺旋下沉，重心在左腳。同時左腿先微逆纏裡轉再略順纏外轉，利用地上反作用力腳蹬地隨身騰空跳起，再變略逆纏鬆胯、屈膝下沉震腳，湧泉穴要虛。同時右腿、膝先微順纏外轉再隨右手逆纏向上提膝、變略順纏鬆胯屈膝下沉，震腳。同時右上手領勁，先微順纏略下沉，變逆纏向右略前上托起，再變順纏經右肩下沉至右大腿右前外側變略逆纏下按，掌心向下，指尖向前略偏左。同時左手先微順纏放鬆變逆纏向左外下（與右手形成斜線的開勁）略展變微順纏，略向下鬆再變逆纏向下沉按，位在左大腿近旁左前外側上方，掌心向下，指尖向前微偏右。眼先看右上兼顧左下再看前，耳聽身後。（圖346）

　　這動作練時速度較快。要求：身下沉時左腳先右腳後震腳。雙手下沉、呼氣、震腳同時一氣完成。

　　動作三：身快速以腰為主宰，結合丹田帶動向左旋轉約45度螺旋下沉，重心在左。左腿順纏外轉膝裡扣，右腿逆纏裡轉，以腳跟著地腳尖上翹裡合，向右側貼地鏟出。同時左手先順纏向右胸前上翻變逆纏經鼻前中線，向左側前略劃上

弧展開，位在左眼左前方，後翻腕，掌心向左前，指尖向右前上，同時右手先逆纏向右側前外開至右肩右前略下時，變順纏略劃上弧，裡合至鼻前中線，臂屈懸肘後翻腕，掌心向上略偏左，指尖向右前上。眼先看手即看身右側，耳聽身後。（圖347）

這動作練時速度很快。要求：作到上引下進（手引、腳進）同時完成。

動作四：身向右轉約45度螺旋下沉，再略上升，重心由左移右。右腿順纏外轉，腳跟爲軸，腳尖向右外轉約60度腳掌踏實，五趾抓地，湧泉穴要虛；左腿逆纏裡轉漸變虛，腳跟提起離地，腳尖擦地劃裡弧虛步腳尖併於右腳裡側旁。同時右手逆纏由鼻前下沉經胸腹，兩膝前右側外下按，位在右膝右側外，掌心向右外下，指尖向前略偏上，同時左手順纏略向左外開，下沉經左膝至腹前上托位在胸前，掌心向上微偏右，指尖向前，腕部距胸約25公分左右，眼先看右手再看左手，耳聽身後。（圖348）

這動作練時速度稍慢。要求：立身中正，重心移動要走下弧，勿上晃。

圖347

圖348

動作五：身略向右轉，再螺旋上升，重心全部放在右腿。右腿順纏外轉略屈膝裡扣，同時左腿逆纏裡轉左膝隨左手向上提起，腳尖向右裡下護右膝。同時左手由胸前逆纏旋轉向上至下頦（左膝隨）向左側前上托起，位在頭左側前上，掌心向上，指尖向右，同時右手逆纏向下按，位在右大

圖349

腿右側略前方，掌心向下，指尖向前，眼先看左手兼顧右手再看前下，耳聽身後。（圖349）

【技擊含義】

動作一：接上式跌叉，我利用地上反作用力，右臀部彈起，再借左前腳跟及右腳掌裡側撐地，身略左轉向左前上騰起，跟左拳逆纏向敵（距敵近擊襠，稍遠擊胸部，身跟進即擊下頦）由下面而上衝擊，同時左腿順纏外轉變實。右拳由右後下沉順變逆纏至腹前，從左拳裡側向上衝擊，這是以防敵躲過左拳，右拳跟進為偷擊之法。同時我右腿逆纏，右膝上提向敵襠內或腹部撞擊，這樣拳、膝同時進擊，使敵難以防備。我右拳至敵下頦時也可變掌逆纏向右側前上托敵下頦，敵下頦被托，頭部及身後仰，定然突出小腹，我即以右膝借敵身後仰之機上提向敵襠、腹部撞擊。

動作二：設我剛將敵人擊倒，這時另一個敵人用低身法進步乘我身手上起擊敵之機，用雙手向我中、下盤擊來，欲將我胸、腹等部擊傷。我即乘勢身快速下沉震腳，同時用雙掌向敵頭部或雙肩、肘部猛力下沉用採勁擊敵。

這個動作是由高身法快速下沉變爲低身法。練習時跳起雙震腳也可，單獨右腳震腳也可以。跳起雙震腳可快速調整與敵距離，單震腳可跺敵腳面。

動作三：設前面敵人被我雙手下採勁擊傷倒地。這時另一敵人從我身右外側進步雙手按推我右肩肘欲將我推出跌倒。我即乘勢身向左轉下沉，重心移左，同時右腿逆纏以腳跟裡側著地，向右側邁步，同時左腿順纏變實。同時我雙手臂先向右左順右逆纏變左逆右順纏，再向左外上引，使敵雙手按勁落空失勢，這種方法是上引下進之法。

動作四：接上動作，敵雙手按勁被引進落空失勢，不等敵人換勁變招，我乘機身略右轉下沉，重心移到右腿，與敵失勢落空方向相反，右腿順纏變實。左腿逆纏變虛併步，同時我雙手以右逆左順纏下沉由敵雙臂下向右劃弧領勁，目的以左手接近敵胸部和下頦，準備變招擊敵。

動作五：接上動作，當我左手接近敵胸部或下頦時，乘敵失勢調整重心含胸後坐時，我左手逆纏旋轉托住敵下頦向左上托起，敵下頦被托身後仰，我同時以左膝上提撞擊敵襠內或腹部，將敵擊傷以取勝。

第六十二式　倒捲肱

金雞獨立接第二個倒捲肱，雙手先雙逆（左前右後斜向）展開，再變雙順、雙逆合住，然後再下撤左腳按第一個倒捲肱動作二、三、四、五、六、七做完。動作、要領完全相同。（圖350－352）

圖350

圖351

圖352

第六十三式　退步壓肘

第六十四式　中　盤

第六十五式　白鶴亮翅

第六十六式　斜　行

第六十七式　閃通背

第六十八式　掩手肱錘

第六十九式　六封四閉

第 七 十 式　單　鞭

第七十一式　運　手

第七十二式　高探馬

以上十一個式子同前二十
二式至三十二式。故省略。
（圖353）

圖353

第七十三式　十字單擺蓮

【動作說明】

動作一：身先略右轉再向左轉約45度螺旋略下沉，重心偏右。同時右腿屈膝逆纏裡轉腳掌踏實，同時左腿以腳尖點地為軸順纏外轉膝外開圓襠。同時右手由右側前順纏裡合下沉再向右前上旋，掌心向上，指尖向右前，位在鼻尖右前方，距鼻尖約60公分左右；同時左手由腹前逆纏屈肘上翻劃弧合於右肘彎裡側，略向左外下勾腕，掌心向下。指尖向左前下，眼看右肘外側，耳聽左後。（圖354－355）

圖354　　　　　　　　　　　圖355

這動作練時速度較快。要求：動作主宰於腰，做到手合肘開，上下相合，膝開襠圓。

動作二：身向右轉約90度，螺旋略下沉，重心是右左右。右腿以腳跟為軸，腳掌尖略微上翹隨身順纏向右旋轉約90度，腳掌踏實，同時左腿以腳尖為軸逆纏隨身裡轉。同時右手變逆纏領勁（高與眼同）向右略上劃弧旋轉，位在右眼右前方，臂半圓，掌心向右前微偏上，後翻腕，指尖向左

上，同時左手指尖貼住右肘彎裡側逆纏坐腕沉肘裡轉，掌心向右，指尖偏右後上方。眼先看右手再看左側前下，耳聽身右後。（圖356）

圖356

這動作練時較緩慢，要穩。要求：身向右轉，右臂手略向右上領勁劃弧時，同時左臂肘下沉坐腕，肘尖略向左外下沉劃弧，以形成兩膊相吸相繫之開合對稱勁，藉以穩定身體平衡。

動作三：身向右略轉，螺旋上升再下沉，重心偏右。右腿順纏外轉膝裡扣，同時左腿逆纏提起，腳尖上翹裡轉（先膝合腳開）向左前方邁出以腳跟裡側著地鏟出，腳尖上翹裡合。同時右手逆纏上掤領勁，臂伸展至七、八分，後翻腕，掌心向右前略偏上，指尖向左，位在右眼右前方；同時左手由右肘彎裡側逆纏裡轉（先肘膝相合）向左前下展開，位在左膝前下方，掌心向左下，指尖向右前。眼看左側前下方，耳聽身右後。

這動作練時速度較緩慢，要求：右手上掤勁領住勿失，要先上下相合再開，邁步時落腳要輕要虛靈，充分表現出「如臨深淵，如履薄冰」的虛靈勁。（圖357－358）

動作四：身略向右轉螺旋下沉，再向左轉約45度螺旋略上升，再向右轉約90度，螺旋下沉，重心是右、左、右、左，同時左腿先略逆纏裡轉變順纏外轉膝裡扣，變逆纏裡轉，以腳跟爲軸，腳掌擦地裡勾旋轉，同時右腿先順纏外轉膝裡扣，變逆纏裡轉，再變順纏外轉，膝裡扣，五趾抓

圖357　　　　　　　　　　圖358

地，腳尖裡扣。同時左手由左膝前下向左前逆纏下沉領勁，再向左前略外上旋，臂展開七、八分至與左肩平（位在左前方）變順纏向右上略超過頭頂前上中線變逆纏，向右下沉至右膝右前略上方，掌心向右下，指尖向右偏上；同時右手先逆纏向右外略上劃弧變順纏向右下沉，經身腹前向左變逆纏坐腕交叉合於左腋下，以手指輕貼腋下肋部，掌心向左後下，指尖偏左後上方，眼左顧右盼，耳聽身後。（圖359）

　　這動作練時先略慢要穩，向右轉雙臂交叉合，左腳尖裡轉時要輕靈快速。要求左右交叉，上下相合。左腳尖裡勾時要以腰為主宰，胸腰運化折疊開合，肩勿上聳。

　　動作五：身向左轉約45度螺旋上升，再略右轉，重心在左，先吸後呼氣。同時沉肩略墜肘，略開胸，突腹向左上旋，鬆胯略屈左膝。左腿先順纏外轉，膝裡扣變略逆纏裡轉。同時右腿先逆纏裡轉略屈膝向左前上裡合提起，再向右略外順纏擺腳。同時右手背在左腋下先略順纏變逆纏粘連旋轉；同時左手逆纏由右前下向左上迎右腳面外側合拍擊打。眼先看左前再看右前，耳聽身後。（圖360）

圖359　　　　　　　　　圖360

　這動作練時速度較快。要求：動作主宰於腰，右腿先裡合再向外擺，左手與右腳斜線相合。身正勿歪斜。

　動作六：身向右轉約90度，螺旋微上升，重心全部放在左腿。左腿逆纏以腳跟為軸，腳尖略翹隨身裡轉腳掌落地踏實。同時右腿屈膝上提裡合順纏外轉腳尖向裡下扣。同時左掌變拳由胸前中線下沉向左外開，變順纏經身左側微前方屈肘上翻變略逆纏，拳心向左耳，高與眼同；同時右掌在左腋下變拳由左腋經左胸下向上至鼻前中線再向右外下翻沉，位在右膝右外略下，略裡上勾腕，掌心向上略偏裡。眼左顧右盼再看前，耳聽身左後。（圖361－362）

　這動作練時速度較快。要求：身向右轉時身要正，右膝上提與右肘相合。勁力與海底翻花相同。

　【技擊含義】

　動作一：設敵人從我身右側抓住我右腕及肘部，欲用擒拿外翻扭我右手臂肘，使我右腕肘關節被拿受傷或乘勢施雙按勁欲將我橫向推出。我即乘勢身先略右轉再左轉略下沉，右腿逆纏，左腿以腳尖為軸順纏外轉，同時右手臂順纏外轉

圖361　　　　　　　　　圖362

下沉裡合向右前上旋，將敵反扭我右臂肘勁或雙按勁引進化空，乘其未變招前，我左手由腹前逆纏上翻裡合向敵胸面等部擊出，使敵被擊失勢。

　　動作二：接上動作，如我左手擊敵胸面時，敵含胸塌腰下沉避我左手擊出之勁，並欲變招取我。我即乘勢身右轉略下沉，以右手逆纏粘敵右腕翻轉反擒住敵右腕向我右外略上領出，使敵身右側露出空間；同時我左手合於右肘彎裡側略下沉，逆纏裡轉與敵距離近，即用左肘向敵右肋部擊出。

　　動作三：接上動作，身繼續右轉下沉，距敵稍遠，仍用右手擒住敵右腕繼續向我右外上領勁，使其身右側完全露出空間，我即乘勢左手逆纏向左外下沉向敵右肋部擊出。左腿也同時逆纏逆轉提起用左腳向敵右膝關節及脛腓骨部位踩擊，使敵中下盤同時被擊受傷失勢，或左腳向左前方（敵右腿右後方）邁步，以備變招再擊敵人。

　　動作四：設敵人在我正面用雙手抓住我雙腕部，以左上右下把我雙臂手絞住，乘勢欲將我撞出跌倒在地。我即乘勢身右轉略上升，再下沉，左臂手逆纏，右臂手順纏被敵雙手

絞住，我即乘勢用左外肩向敵右臂肘外側靠擊。這叫十字靠。

動作五：設接上動作，敵人距我稍遠不能用靠，我即乘勢身向左轉上升，右腿逆纏裡合提起，距敵近用右膝撞擊敵襠或者大腿裡側；距敵稍遠用右腳鑔割敵右腿脛腓骨，配合我左手向右略下沉，將敵勁引空，使敵被擊受傷；距敵遠我右腿裡合提起至敵右腿右後方，配合我左手臂逆纏擊敵右手外側或敵胸部，我用右腿向敵腿彎處外擺擊出，將敵摔倒。

動作六：我把敵摔倒在地，另一敵人由我身右後進左步用右腳向我右外胯蹬擊，欲將我摔倒在地。我即乘勢身向右轉，右腿裡合屈膝繼續向上提起，順纏外轉。同時我左手變拳逆變順再變逆纏上翻至左耳旁；右手變拳由左腋下逆纏上翻，向身後側右膝外下沉向敵右腿腓骨擊出。

第七十四式　指襠錘

【動作說明】

動作一：身向右轉約90度，螺旋快速下沉，重心是左、右、左。右腿屈膝腳尖上翹順纏外轉先下沉震腳，左腿屈膝腳尖上翹逆纏裡轉再隨身右轉向左前方下沉震腳踏實。同時右拳略逆纏裡轉上勾腕，右後外下沉，再略向上領勁，位在右膝右外側上方，臂伸展至七、八分，拳心向左裡上；左拳領勁順纏外轉（原與左耳高度同不變）屈肘裡上勾腕，臂半圓，位在左眼左前方，拳心向裡偏下。眼看左前方，耳聽身右後。（圖363）

這動作練時可分為三種方法。一種如上述身右轉快速下沉。先右後左。雙震腳的練習方法；二種是身右轉下沉先單震右腳，再向左前方邁左腳；三種是雙腳都輕輕落地不震

腳，動作速度較緩慢，適合年老體弱的人練習。三種練習方法，雖然形式上有快慢剛柔的區別，但虛實變化仍是一樣。

動作二：身先略向左轉螺旋略上升，再向右轉螺旋下沉約90度，再向左轉螺旋上升約90度，重心是左、右、左。同時左腿先順纏外轉，膝裡扣，再逆纏裡轉。再變順纏外

圖363

轉，膝裡扣。同時右腿先逆纏裡轉，再順纏外轉，膝裡扣，再變逆纏裡轉，腳掌踏實。同時左拳由左眼左側變逆纏，拳虛握裡轉略向左前上翻（高與頭頂同）變順纏外轉，略向左外翻腕旋轉裡合，下沉至兩膝中線前，拳心向右上，虎口向左上方，變逆纏裡勾腕，拳心向下由腹前上翻經貼近胸前變順纏向左前翻，臂屈肘半圓裡上勾腕，拳心向裡偏下，位在左眼左前方，高與眼同；同時右拳在右膝外略上方順纏外轉，略向右外翻腕向左發勁，至兩膝中線；逆纏裡轉向右膝右外略下沉，再略向右後上領勁再變順纏，由右側上翻經頭右側至頭前中線略上方，拳心向左，虎口向右後上方。與左拳形成左略前下，右略後上的平行，兩拳相距約20公分左右。眼先看左拳兼顧右，再看左側前略下，再看左前上，耳聽身右後。（圖364－367）

這動作練時身先略左轉引接勁較快，身向右轉螺旋下沉時速度慢要穩，身再向左螺旋上升時速度很快。要求：動作運勁主宰於腰，兩次身向左轉螺旋上升，要做到胸腰運化折疊開合，拳向左前上翻，胸腰腹要左旋下沉，鬆胯沉臀以形

圖364

圖365

圖366

圖367

成左上右下斜線對稱，以求運勁作到支撐八面。

　　動作三：身先向左轉約45度，螺旋略上升，再向右轉約45度，螺旋下沉，再繼續向左轉約45度，螺旋微微上升。同時左腿先逆纏裡轉，再順纏外轉，膝裡扣，同時右腿先順纏外轉，膝裡扣，再逆纏裡轉，腳掌踏實。同時雙拳逆纏裡轉略向上起位在頭前上方，雙拳心向前略偏上，再變雙順纏下沉經胸部前至腹前。右拳合於左肘彎上，臂半圓裡上勾腕，

拳虛握，拳心向上，虎口向前上，左臂伸展至七、八分，略裡上勾腕拳虛握，拳心向右後上，虎口向左前上方，位在兩膝中線前略下。雙拳變逆纏裡轉，左拳向上裡轉收回合於肋部，拳心貼肋部，虎口向上；同時右拳貼左肘裡側先粘連裡轉，由肘彎裡下向右下方擊出，位在兩膝中線身右側，拳心向下，位在兩膝下。重心是左、右、左。眼先看雙拳再看右側前下方，耳聽身後。（圖368－371）

　　這動作練時身右轉雙拳逆纏動作較快，雙順纏身左轉下

圖368

圖369

圖370

圖371

沉合時要穩稍慢，雙逆纏雙拳左上貼肋，右拳指襠時略快。
要求：動作運勁主宰於腰，運勁要柔中寓剛，指襠錘勁含蓄
可不發勁。

【技擊含義】

動作一：接十字單擺蓮最後動作六，設敵人進左步用右
腳向我右外胯蹬出，我乘勢身右轉，右膝上提裡合，以避敵
之來腳，右掌變拳由左腋下逆順纏上翻經鼻前向右膝外下沉
擊敵蹬來之右腳。敵見勢身向左轉撤回右腳，避我右拳下擊
之勁，並欲變招要進攻。我即乘勢身向右轉約90度，快速
下沉震腳，並以左腿逆纏向敵襠插進，或套住敵右腿，使其
不得逃脫。同時右腿順纏下沉震腳。同時我以左拳及肘尖向
敵胸面等部擊出，使敵胸面等部被擊傷。

動作二：設接上動作，如敵見我左拳、肘擊其胸面等
部，身略左轉左腿後撤半步，並含胸向後坐腰，避我左拳肘
進擊之勢，並乘機用雙手由我左前外側抓住我左臂肘，欲施
雙按勁推擊我身左側臂肘，想把我推出。我即乘勢身右轉下
沉，並左手臂順纏裡合引進下沉，使敵雙手按勁落空失勢。
於是我即乘敵雙手按勁，落空失勢調整重心未變招之機；身
快速向左轉上升，左腿順纏，右腿逆纏、兩腳五趾抓地。拳
以雙逆變順纏，由下向左前上敵人面部擊去。

動作三：接上動作，我身左轉，雙拳向敵面部擊時，如
敵閃身撤右腳右轉避開我拳擊出之勢，並乘機用雙掌向我面
部或雙耳擊來，欲將我擊傷失勢。我即乘勢身先略向右轉，
同時我雙拳逆纏，向上掤分敵雙掌擊來之勢。敵雙臂手被我
雙逆纏上掤分開必身後仰，避我可能擊其胸部的雙拳。我即
乘勢身快速向左轉約90度，同時雙臂拳快速雙順纏下沉合
變雙逆纏，以左上右前下的開勁，用右拳向敵襠內擊去。

第七十五式　白猿獻果

【動作說明】

動作一：以腰爲主宰，結合丹田帶動全身，快速向右旋轉約45度，螺旋略上升，重心略偏左再移右。左腿逆纏裡轉，右腿順纏外轉，膝裡扣，腳掌踏實。同時，左拳貼左肋部粘連逆纏折勾腕旋轉，虎口向裡上；右拳由指襠逆纏裡轉向上提下勾腕，高在胸前，拳心向右後，虎口向左裡，位在胸前約30公分處，眼左顧右盼，耳聽身後。（圖372）

這動作練時速度很快。要求：動作運勁以腰爲主，胸腰折疊併合，身略下沉，拳逆纏上提，上下相合。

動作二：身較快速向左轉約90度，螺旋下沉，再螺旋上升，重心是由右移左。左腿順纏外轉，以腳根爲軸腳尖略上翹向外轉約90度著地，腳掌踏實。同時右腿逆纏裡轉向上提膝，腳尖略下垂。同時左拳貼住左肋部順纏旋轉，拳心向上；同時右拳由胸前順纏下沉至兩膝中線前螺旋向右前上衝，臂半圓，略裡勾腕，拳心向裡略偏下，位在右眼右側前約35公分左右。眼左顧右盼，耳聽身左後。（圖373－374）

這動作練時較動作一稍慢。要求：左實腿勿直，略彎曲，右膝腳隨右拳同時上提。提膝時要收腹、吸氣、提肛、鬆胯。

【技擊含義】

動作一：接上式動作三。

設一：我以右拳向敵襠內

圖372

| 圖373 | 圖374 |

擊去，敵向我左前方撤步，避開我右拳進擊之勢。我即乘機身快速向右轉，準備變招進擊敵人。

設二，我右拳向右前敵人襠中擊出，使敵人重傷倒地，另一敵人從我左後側用雙手將我環抱住，欲將我抱起摔倒在地。我即乘勢身快速向右轉45度上升，再向左轉螺旋下沉，解脫敵人的環抱。

動作二：我乘勢身向左轉約90度，先螺旋下沉再上升，重心由右變左。同時左腿順纏以腳根為軸，腳尖外轉著地，右腿逆纏裡轉膝上提（隨右拳上衝）向敵襠內撞擊。左拳貼左肋部順纏旋轉，配合右拳上衝向下沉，右拳繼續變順纏向前衝擊敵下頦。這樣上下同時向敵進攻。

第七十六式　六封四閉

與前六封四閉同，只是動作小。故又稱「小六封四閉」。動作特點是：雙拳合於胸前，雙逆纏變掌，推出。其他動作及技擊含義同前。（圖375－376）

圖375　　　　　　　　圖376

第七十七式　單　鞭

與前單鞭動作及技擊含義相同。（圖377）

第七十八式　雀地龍（鋪地錦）

【動作說明】

動作一：身先略左再右螺旋上升，再向左轉約45度，螺旋下沉，重心左、右、左。同時，左腿先逆纏裡轉變順纏外轉，膝裡扣，腳掌踏實；同時右腿先順纏外轉，膝裡扣，變逆纏裡轉，腳掌踏實。同時右勾手逆纏略放鬆向右上旋再向右外開變順纏向右側前下沉，經腹前向上合，臂半圓，拳心向上略偏裡，虎口向右前方，位在心口前約45公分左右；

圖377

同時左手略向左側前順纏外轉變拳虛握，再逆纏裡合，經鼻前下沉，交叉合於右小臂裡上略上右前方，拳心向下。眼左顧右盼，耳聽身後。（圖378－380）

　　這動作練時速度先快後慢。身先向右略轉，接勁時較快，身向左轉下沉雙臂交叉合時略慢。要求：上升吸氣、下沉呼氣，動作運勁要輕沉兼備、快慢相間。

　　動作二：身向右轉約15度，螺旋下沉，重心偏右。左腿逆纏裡合，以腳跟為軸，腳尖隨身轉裡勾。右腳順纏外轉，膝裡扣，腳掌踏實。同時右拳逆纏裡轉，拳虛握，裡下勾腕向後上升，拳心向下略偏裡，位在右眼右側前；左拳由右小臂上經腹前下沉，過襠前至左膝裡側，拳心向上略偏裡，虎口向左前上。兩拳拳心斜相對，合住勁，開中寓合。眼先略看右拳再看左拳前，耳聽身後。（圖381）

圖378

圖379

圖380

這動作練時速度較緩慢。
要求：大的低身法，左腳尖上
翹，小腿肚貼地。中等身法左
腳尖裡勾，腿肚不貼地。

圖381

【技擊含義】

動作一：設敵人由我身左
側前進右步用右拳向我面部擊
來，欲將我面部擊傷。我即乘
勢身快速先略向右再向左轉，
重心由右移偏左，同時左腿先
逆後順纏，五趾抓地。右腿先順後逆纏，五趾抓地。同時左
掌快速由順變逆纏上挪敵向我面部擊拳之臂，使敵右臂拳被
挪勁斷；同時我右拳快速先逆後順纏，由右側下沉至我左臂
下交叉向敵胸腹等部擊出。

動作二：接上動作，我右拳向敵胸腹等部擊出，敵身右
轉收右拳，拗右步含胸塌腰，避開我進擊之勢，並提左腳向
我腹部踢擊。

我即乘勢身右轉約15度下沉，重心偏右後。左腿逆
纏，腳尖裡勾。右腿順纏腳五趾抓地。同時我雙拳以左順右
逆分向左前下沉，採擊敵左腳踢來之勢，和向右後上方分
捌。這樣一方面左臂拳下沉採擊截斷敵人踢來之勢。另一方
面也為下式蓄勢作好準備。

第七十九式　上步七星

【動作說明】

動作一：身向左轉約15度，先略沉，再螺旋上升，重
心由右後移左腳。左腿順纏外轉，以腳跟為軸向左外轉約90

度左右著地，腳裡扣，腳掌踏實。右腿逆纏裡轉（當左腳踏
實後）提起隨身轉向左腿前上步，虛步腳尖點地。同時左拳
先略順纏變逆纏先略下沉，再向左前上衝。臂半圓略向裡折
腕，拳心向裡偏下，位在鼻尖前約25公分左右處；同時右
拳由右側上變順纏向右後開下沉，經身右側向左腕前外交叉
上衝，臂半圓，略向裡勾腕，拳心向裡偏下。眼先看左拳再
看右拳及右步。耳聽身後（圖382－383）

圖382   圖383

　　這動作練時速度較慢。要求：身向左轉雙拳先後交替上
衝時，身要正，勿左歪右斜。左實腿略屈膝。

　　動作二：身快速微向左轉，再微向右轉，螺旋略下沉，
重心偏左後。左腿先微順纏，膝裡扣，腳尖裡合，虛步點
地。同時雙拳變掌粘連右上左下略下勾腕上掤，再繼續粘連
雙逆纏旋轉以左前右後雙腕略交叉合住，坐腕，向前發勁。
雙腕交叉點在鼻前。雙掌心向前，指尖向前兩側隅角前上。
眼看前方，耳聽身後。（圖384－386）

　　這動作練時速度較快。要求：身先微左轉，雙拳變掌逆
纏上掤時，胸腰腹胯臀膝等部要折疊旋轉開合，同時下沉，

圖384

圖385

與雙掌逆纏上掤勁方向相反。
這是逢上必下，對拉拔長拳理
的體現。

【技擊含義】

動作一：設接上式動作
二，我左臂拳順纏下沉，採擊
敵向我踢來的左腿，敵人見勢
不妙，撤回左腳並欲變招勝
我。我即乘勢身左轉略下沉
（合）再上升，上右腳，向敵

圖386

人膝部脛腓骨踩擊。同時，左拳領勁先略下沉（上下相合）
略順纏變逆纏向左前上方敵人下頜骨衝擊；同時右拳由右後
上順纏外開下沉經身右側由左拳外交叉上衝，向敵人胸部或
下頜骨衝擊。敵如身後仰躲避我雙拳衝擊時，上右步近身用
左或右肘向敵胸部擊去，這樣上、中、下三盤同時向敵擊
出。

動作二：設敵人從我正面進右步，用雙拳向我面部撲擊

欲將我面部擊傷。我即乘勢身快速先微左轉略下沉，同時雙手逆纏上掤敵人雙手腕，將敵雙手臂上掤開，再快速微向右轉，乘機雙手腕粘連旋轉以左前右後交叉合、坐腕、向敵人胸部擊出。

第八十式　退步跨虎

【動作說明】

動作一：身先微向左轉螺旋略上升再微向右轉螺旋下沉，（動作運勁這一段稍慢，上下相合後，再快速繼續向右旋轉約90度螺旋下沉），重心是左、右、左後微偏右。即兩次胸腰折疊勁。同時左腿先微順纏外轉，膝裡扣，再變逆纏裡轉，再以腳跟為軸，腳掌擦地，腳尖裡轉約90度後腳掌踏實。同時右腿先微逆纏裡轉，腳尖點地，再變順纏外轉，膝裡扣（上下相合），繼續順纏外轉，以腳尖擦地隨身旋轉向右後方以腳尖擦地迅速退一大步，腳掌踏實，右腳踏實後左腳尖隨身裡轉，兩腳平行在一條線上。同時雙腕交叉粘連雙手臂先略向前上雙順纏上揚（欲下先上之意），變略雙逆纏向前下沉，再變雙逆纏裡轉，由腹前粘連旋轉上提至胸前（左腕在裡上下勾腕，右腕在右前外略下方，向裡下勾腕），再粘連旋轉變雙順纏（由裡向外上旋）雙腕外突雙掌心向裡（左腕在外，右腕在裡），變雙逆纏，略下沉，雙掌心向兩側外斜下方，雙手指尖向兩側斜上方，勁運至雙手中指肚，雙腕交叉點在胸前略上方。眼先看前再看身右後再看前方，耳聽身後。（圖387－389）

這動作練時速度先略慢，要穩，後轉身退步時動作較快。要求：肩胸腰腹胯臀膝等部位在運動時要開合、運化、折疊、氣通脊背，反覆兩次，從動作中充分體現出拳論中「

圖387　　　　　　　　　圖388

緊要全在腰間胸中運化」的含
義。要注意鬆胯後上翻臀部，
與鬆胯收（斂）臀部的辯證關
係。另外，運動時雙腕始終交
叉粘連旋轉勿脫離。

動作二：身微左轉螺旋下
沉，重心略偏右。左腿順纏外
轉膝裡扣，右腿略逆纏裡轉，
同時兩手由胸前上雙逆纏下沉
向兩旁分開，變略雙順纏分沉

圖389

至兩膝略外下方（高架子在兩大腿上方），掌心分向左右外
前下方，指尖分左右前方。眼向前看，兼顧兩手，耳聽身
後。（圖390）

這動作練時速度要穩。要求：身要正，身下沉，雙手逆
纏變順纏下沉分開時，要放鬆勿僵，掤勁不丟，開中寓合。

動作三：身先略向左轉螺旋下沉再螺旋向右轉上升再略
下沉，重心偏右。同時右腿先略逆纏裡轉再略順纏外轉，膝

圖390　　　　　　　　　　圖391

裡扣，腳掌踏實，同時左腿腳跟提起離地，以腳尖擦地逆纏
裡轉略劃裡後弧線合於右腳裡側旁，腳尖略向左前外，勿超
過右腳尖。同時雙手略逆纏分向兩側外開變雙順纏外翻，由
身兩側向前上合下沉。左手合沉於腹前，掌心偏右前，後翻
腕，指尖向左前；右手合沉於鼻尖前，臂屈半圓，掌心向左
偏前，指尖向前上偏右前。眼左顧右盼，耳聽身後。（圖
391）

　　這動作練時速度較慢。要求：胸、腰、腹、胯、臀、膝
等部在運動時要開合、折疊、旋轉運化，要做到「開中有
合」，雙手向兩側逆纏分開時，下盤前襠要合住勁，會陰穴
要虛。「合中有開」，雙手由兩側向前上、略下沉合，但下
盤左腿合後兩膝要開，襠要圓。

　　【技擊含義】

　　動作一：設敵人在我正面進右步，雙手抓住我雙腕將我
雙腕合絞住，使我受制或乘勢欲將我扭絞翻倒在地。我即乘
勢身先略向左轉略上升，再右腿以腳尖著地向右後退一大
步；同時我雙手先向前上敵人面前略雙順纏上揚（這是欲下

先上之意，使敵人判斷錯誤），然後雙手合住勁變雙逆纏下沉，使敵人身前傾隨我右腿向右後退步右轉；而更加失勢；同時我雙腕粘連交叉，雙手由裡下向前翻繞一圈，以解敵人拿我雙腕之手；同時可乘機用雙腕背向敵人胸、面等部合勁擊出。

再設，我將敵人雙手交叉拿住，雙手合住勁用雙腕背先向敵人胸面等部擊出（虛實並用令敵難防），然後突然下沉合住勁，用採勁拿敵雙手，使敵雙手腕被絞截纏拿，身前傾失勢。同時右轉退右步，使敵被截拿身更前傾失勢。這時我雙手腕由裡下向前上交叉粘連翻轉一圈，乘機向敵人胸面等部擊出。

動作二：接上動作。我身右轉右腳向右後退一大步，同時我雙手由逆變順再變逆纏，由裡下向前上翻轉一圈，使敵雙腕被截拿身前傾失勢。這時我也可以用雙手由敵人雙臂肘裡側用雙逆纏變雙順纏，向兩旁將敵人雙臂手分開。

動作三：接上動作，敵人雙臂被我雙臂手向兩旁分開，我即乘勢身先略向左轉下沉，再向右轉上升；左腿先順纏外轉再變逆纏，腳跟提起腳尖擦地（或提起）裡合向敵人左腿左側脛骨拌擊，配合雙手由敵人雙臂肘下，向上合勁，向敵雙肋部合擊。

第八十一式　轉身雙擺蓮

【動作說明】

動作一：身略向左轉約15度，重心偏右。同時右腿逆纏裡轉，腳掌踏實。左腿略順纏外轉以腳尖點地。同時雙手右上左下由胸腹前中線雙逆纏略裡合略下沉，分向右側前上及左大腿及膝上，左掌心向前下指尖向前。右掌在右眼右前

方，指尖向左上，掌心向右前。眼左顧右盼，耳聽身後。

這動作練時速度先慢（合沉時）分開時略快。要求：立身中正，勿偏斜，雙肩要鬆沉，勁運到大指肚。

動作二：身快速向右後轉約180度螺旋上升再略下沉，重心在右。右腿以腳跟爲軸，腳尖略上翹順纏，隨身向右後旋轉約180度，腳尖落地，膝裡扣，腳掌踏實，同時左腿逆纏裡轉，腳尖上翹裡合，再隨身向右後提起，裡合擺腿，旋轉約180度，然後以腳跟裡側著地，腳尖上翹裡合，位在右腳左前方。同時右手逆纏大指領勁向右後略上旋轉，位在右眼右前略上方，掌心向右前略偏上，指尖向左略偏前，同時左手由左大腿上變順纏，以小指領勁向左後上方裡合，（帶動左腿）旋轉，位在兩眼中線前，掌心向右上方，後翻腕，指尖偏左前上方。眼先看右手再看左手，再看左肘外側。耳聽身後。（圖392－395）

這個動作練時速度要快。要求：身向右後轉身時，身要正，勿歪斜，兩手間隔寬度不要超過肩寬。左手順纏領勁裡上合，旋轉時要帶動左腿，左腿裡合時要擺起，充分體現

圖392

圖393

圖394

圖395

出：㈠手腳相合；㈡左腿裡合擺擊的作用。身向右後轉時勢子愈低架子愈大。

動作三：身快速向右旋轉180度螺旋下沉。重心偏左。同時左腿以腳跟為軸腳尖裡合，腳掌踏實，右腿順纏外轉，膝裡扣（或腳尖上翹裡合）。同時左手由兩眼前變逆纏裡合下沉至兩膝中線（拳勢較低）略下方，掌心向下，指尖向右；右手由右眼右前略上方，向右順纏領勁下沉至右膝外側，掌心向右前下，指尖向右前略上方。眼左顧右盼，再看左肘外側，耳聽身後。（圖396）

這動作練時速度很快。要求：身隨手轉，雙手向右下沉，重心偏左，鬆沉突出左臀部，與雙手形成對稱，以穩定身體平衡。

動作四：身先向左轉，略螺旋上升，再向右轉，螺旋下沉，再向左轉螺旋上升。重心是左、右、左。同時左腿先順纏外轉，膝裡扣變逆纏裡轉，再順纏外轉，膝旋裡扣，右腿先逆纏裡轉變順纏外轉，再逆纏裡轉向左上屈膝裡合提起，然後右腳順纏由左上經胸前向右外上擺與雙手相合擺擊。擺

　　　　圖396　　　　　　　　　　圖397

腳後膝上提裡合。腳下垂放鬆懸空。同時雙手以左順右逆纏
先向右上旋轉，經眼前變左逆右順纏向身右側下沉（右腿逆
纏裡合向左上提起，向右擺時），再左逆右順纏向左上合擊
拍右腳面外側。拍擊後雙臂肘略屈沉。左手位在右膝裡上側
左胸前，腕放鬆，掌心向左前方，指尖向左；右手位在右膝
外側，腕放鬆，掌心向左前，指尖向右略偏下。眼左顧右盼
再看左前。耳聽身後。（圖397）

　　這動作練時速度要快。要求：神氣鼓蕩，左實膝略屈，
右腳外擺時，雙臂略屈，腕放鬆，雙手拍擊右腳時要輕鬆，
勿伸臂過直，否則易影響身體中正及平衡。

　　【技擊含義】

　　動作一：設敵人由我正面進右腳用右拳向我胸面等部擊
來，欲將我擊傷倒地。我即乘勢身略左轉，右手略下沉逆纏
由敵人右臂肘外側向右前上方纏拿或掤敵右臂腕，使其勁落
空身左傾失勢；同時我左臂分開向左逆沉，以備變招制敵。

　　動作二：接上動作，如敵右臂腕被纏拿或被掤開，身左
傾失勢，右肋部及後背露空。我即乘勢視距離遠近，近則提

左膝逆纏裡合向上撞擊敵右肋部或後臀及外胯；遠則用左腳裡合擺起擊敵人右肋部或後背；或用左手順纏上起裡合擊敵後腦。

動作三：接上動作，如我右手逆纏拿住敵人右手腕向右外上掤牽引，敵人害怕身右側及後面暴露被攻失勢，則隨我右手纏拿掤牽，向我身右後轉，避我左手及左腿合擊之勢，並欲變招勝我。我即乘勢身向右轉下沉，重心變偏左，我以雙手以左逆右順纏向右外下攦，採敵右臂腕，使其失勢向我右外前傾。

動作四：技擊含義同第五十九式雙擺蓮。

第八十二式　當頭炮

【動作說明】

動作一：身先略向右轉約15度略上升，再向左轉約60度，螺旋下沉。重心全部放在左腿。同時屈左膝，略向左前上提右膝，同時左腿先逆纏裡合再順纏外轉，膝裡扣，腳掌踏實，右腿先順纏外轉，膝腳裡合，向左前上提，再逆纏裡轉向右後方下沉，以採挒勁斜下蹬出，以腳跟裡側著地，腳尖裡合勁逆纏至腳大趾，裡合外翻至腳跟外側。同時左手由胸前順纏外轉變拳虛握合於右膝外上，拳心向上。然後再快速繼續順纏，經右肋及右胸向左前上翻出，臂略屈，伸展至七、八分，拳心向右上，虎口偏左前上，位在鼻前中線；同時右手由右膝外側略下方逆纏裡轉變拳虛握略沉，拳心向下略偏右後方，然後再繼續逆纏經身右側向左前上翻出，拳心向左前下方，虎口略偏左後上方，位在左拳右側上方。兩拳心相對，距離與肩同寬。眼先看左前，兼顧右後，再看左前方。耳聽身右後。（圖398－399）

圖398　　　　　　　　圖399

　　這動作練時速度先略慢要穩，雙拳同時向左前上翻及右
腳向右後方斜下蹬出時要快。要求：動作運勁要快慢相間，
穩中求快及剛柔互濟。雙手變拳左順右逆纏略下沉及右腿膝
裡合上提蓄勢時，要上下左右內外一齊合住勁。另外雙拳經
身右側略下沉向左前上翻時，雙拳間距要保持與肩同寬，要
拳向左上翻及右腳向右後下蹬出同時完成。雙手走右前上
弧，右腳走右後下弧，形成以丹田為軸心的螺旋式的對拉拔
長勁。

　　動作二：身先略向左轉略上升，再向右轉約60度，螺
旋下沉，重心先偏左前，後移略偏右後。同時左腿先順纏外
轉，膝裡扣，再逆纏裡轉，腳掌踏實；右腿先逆纏裡轉再順
纏外轉，膝裡扣，腳掌踏實，同時左拳先逆纏裡下勾折腕，
先略上升，再順纏下沉合於兩膝中線前，距腹部約45公分
左右，拳心偏右後上，虎口偏左前上方；同時右拳虛握，先
逆纏裡勾折腕，略向左前上開，再變順纏下沉，合於襠前偏
右約20公分左右，略裡上勾腕，拳心向左裡上，虎口偏
右前上方。眼先看雙拳再看左前下方，耳聽身右後。（圖

400）

這動作練時，雙腕逆纏折
疊先向左前略上升時較快，變
順纏向下沉合時較慢。要求：
雙腕逆纏折疊略上升時，動作
運勁要以腰為主宰。注意「緊
要全在胸中腰間運化」的身法
練習。

圖400

動作三：身先略向右轉約
15度略下沉，再向左轉約60
度螺旋上升。重心先偏右後再移偏左前。同時左腿先逆纏裡
轉，再順纏外轉，膝裡扣，腳掌踏實，右腿先順纏外轉，膝
裡扣，再逆纏裡轉，腳掌踏實，同時左拳先略順纏，再逆纏
裡勾折腕，由襠前向前上掤出，臂半圓掤勁不失，裡勾腕，
拳心向裡，虎口向上，位在胸前約50公分左右；右拳先略
順纏再逆纏裡勾折腕，由右大腿裡側向前上掤出，臂屈半
圓，掤勁不失，略裡勾腕，拳心向裡，虎口向上，位在左拳
後比左拳微低一些。眼先看雙拳，再看雙拳前，耳聽身右
後。（圖401－404）

這動作練時雙腕裡勾略下沉，折疊時要快；雙拳向左前
上掤出時略慢要穩。要求：動作運勁要以腰為主宰，結合丹
田帶動，胸腰運化，折疊開合，雙拳領勁向左前上掤出時勁
要柔、含蓄，隱而不發，勁蓄其中。

【技擊含義】

設敵人在我前面，右腳在前用雙手按我左臂肘，欲將我
左臂按扁推出。我即乘勢身略向右轉右腿膝腳上提裡合，用
右膝向敵人右膝裡側或襠內撞擊，或用腳裡側向敵人右膝下

圖401

圖402

圖403

圖404

脛骨處踢擊。同時配合我雙臂、肘、拳向右側外後引進，使敵雙手按勁落空失勢，將敵向我右側後方摔出。

　　如敵調整重心右腳向前上步未跌倒，身向後坐想穩定重心再乘機變招勝我。我應乘敵調整重心未穩定變招之前，我右膝腳由敵右腿外後方逆纏向敵右腿膝下腓骨處橫擊。同時配合我雙拳以左順右逆纏，由我身前右側向左前上敵人胸面等部以捌勁橫擊出，將敵擊傷。這樣上面雙拳與下面右腿相

配合可將敵擊傷摔出。運用此手法時，左實腿略屈，順纏外轉，膝裡扣，五趾抓地，一定要站穩。

　　動作二：接上動作。我剛將敵人向我左前方擊傷摔出，這時另一敵人由我正前方起右腳向我腹部踢來，欲將我踢傷倒地。我即乘勢身快速先略向左轉再向右轉下沉，重心先偏左前，移偏右後，我雙拳先雙逆纏略上揚（這是欲下先上之意，也是爲了加強雙臂肘拳下沉採勁擊敵的力量），再下沉以雙順纏向敵右腿脛骨處以採勁擊出，使敵右腿脛骨被擊失勢，然後我再變招取勝。

　　動作三：接上動作，我雙臂拳以採勁向前下沉，將敵右腿脛骨處擊傷，敵受傷失勢，如我還不想放過敵人，我即乘勢身先快速先略向右轉下沉，再向左轉上升，以雙臂拳先快速略順纏變逆纏，裡勾折腕，由腹前向左前上敵人胸、面等部擊出，使敵胸或面部被擊失去反攻能力。

第八十三式　金剛搗碓

【動作說明】

　　動作一：身先略向左轉約15度，略上升再向右轉約60度螺旋下沉，再向左轉約45度先螺旋下沉再上升，重心先偏左前下沉移偏右後再移左前。同時左腿先略順纏外轉，膝裡扣，腳掌踏實。再逆纏裡轉，以腳跟爲軸（大身法）腳尖擦地裡勾再順纏外轉，以腳跟爲軸，腳掌擦地，腳尖向外轉斜向左外約30度，腳掌踏實。同時右腿先逆纏裡轉，再順纏外轉，膝裡扣，再逆裡轉，（當左腳踏實後）再腳跟提起腳尖擦地，向左腳右前方上步，虛步腳尖點地。同時左拳略逆纏略向前上接勁變掌順纏外後上掤（高與鼻尖同，位在鼻尖前），再變逆纏裡轉下沉至腹前（掌心向下），再向前上

（屈臂半圓高與胸同）掤出，然後再順纏，以中指尖向前上
（高與眼同），掌心向右抖擊變逆纏屈肘裡轉下沉合於右肘
彎處，掌心向下，指尖向前輕合右肘彎上；同時右拳由胸前
略下裡勾折腕向前上略順纏，接勁變掌，逆纏向右側外上方
領勁（高與眼同），變順纏由身右下沉屈臂至右膝右側上，
再繼續順纏（帶右腳）向前上鏟出，（臂肘略屈下沉與左手
相合上）掌心向上偏前，指尖偏前下，高與胸同。眼瞻前顧
後再看前，耳聽身後。（圖405－407）

圖405

圖406

圖407

圖408

這動作包括前金剛搗碓一式中的動作三的一部分和動作
四、五兩個動作，練時雙手接勁時要快，攦下沉再向前上胸
部掤時要穩略慢。左手順纏向前上抖出時要快，左手與右肘
相合時略慢。要求：動作運勁以腰為主宰結合丹田帶動，雙
手領勁，身隨手轉，肩不要晃。

　　動作二：與前金剛搗碓動作六練習方法完全相同，故省
略。（圖408－412）

圖409　　　　　　　　　　圖410

圖411　　　　　　　　　　圖412

【技擊含義】

動作一：這是欲後先前之意。是爲了加強向我身右側外後雙臂手掤勁的效果，同時這也是上式與下式，上一動作與下一動作接勁、變勢、變招、變速的身法練習。這種「欲前先後」、「欲順先逆」的身法運用，作用在於：㈠能使敵人判斷錯誤，出其不意，攻其不備；㈡便於變勢、換招、運勁，以制敵。

其餘動作技擊含義同前第一金剛搗碓動作，故省略。

收　式

【動作說明】

動作：身體漸漸起立，兩膝微屈，兩手放鬆，逆纏裡轉由腹前分向左右兩側自然下垂，掌心都向大腿，同時氣沉丹田，恢復預備式之姿勢。

要求：練完後應感到呼吸自然，氣遍全身，汗流浹背而不氣喘，周身舒適，精沛神怡。如果發生氣喘現象則應按拳論檢查運勁是否舒鬆合理，呼吸和動作配合是否自然協調。

第一路拳如果面朝南開始，在收式時則應面朝北。

下　編

陳式太極拳第二路（炮錘）動作說明及技擊含義

　　陳式太極拳第二路，又名「炮錘」。開始前面五個式子，即從預備式、金剛搗碓、懶扎衣、六封四閉到單鞭五個式子，與第一路完全相同，故省略。現從第六式搬攔肘寫起。套路中如遇與第一路太極拳拳式名稱相同而練法有異者，則重寫，否則也省略。在練整個套路中都要求虛領頂勁，立身中正，沉肩墜肘，含胸塌腰，鬆胯屈膝，五趾抓地，湧泉穴要虛，內外呼吸自然配合，氣沉丹田與丹田內轉相結合，這些共性要領，以後在每一式中即不再重述。

第六式　搬攔肘

【動作說明】

　　練習方法有三種：

　　第一種練法： 動作一、二：兩腳原地不動練法。以腰為主宰，結合丹田帶動，身快速先向右轉約45度螺旋下沉，再向左轉約90度略螺旋上升，再微下沉，再向右轉約90度略螺旋上升；重心是先右後左，再先左後偏右。動作緊湊快速，先向左，後向右，連續發勁二次，時間短，發勁連擊。左腿先逆纏裡轉再順纏外轉、膝裡扣，再逆纏裡轉，腳掌踏實，五趾抓地。右腿先順纏外轉，膝裡扣，再逆纏裡轉變順纏外轉，膝裡扣，腳掌踏實，五趾抓地。同時左掌由左前方

變拳，順纏略外開下沉，經腹前向左側前上屈肘，拳心向上，虎口向外發勁，緊接著再屈肘向右中線逆纏裡扣發勁，臂半圓，拳心向下，虎口向右後，距胸約30公分左右。同時右勾手由右前逆纏略向裡合變拳向右下沉至右膝外，隨即向左至胸前中線裡扣發勁，緊接著變順纏上翻發勁，位在右膝略前上，拳心向上、虎口向右，高度在胸部。眼先看身左側再看身右側，耳聽身後。（圖413－415）

圖413

圖414

這動作練時速度快。要求：雙拳間距與肩同，動作緊湊迅速連貫。

第二種練法：蓄勁兩腳不動，發勁蹉步練法：

動作一、二：身快速（以腰為主宰結合丹田帶動）先向右轉約45度螺旋下沉再向左轉約90度螺旋上升，重心先右後再移偏左。左腿先逆纏裡

圖415

合再順纏外轉，隨腳跟向左側蹉步發勁（蹉步時腳仍下沉，勿飄）。右腿先順纏外轉，膝裡扣，再逆纏裡轉，腳跟蹬地（與左腳同時）向左側略蹉步發勁。同時左掌由左眼左側前順纏變拳略外開下沉屈肘裡合至兩膝前下，拳心向上，再向上經腹前向左前上屈肘發勁，位在左膝前上，高度在胸部，拳心向上，虎口向左。同時右勾手逆纏變拳向左裡上劃弧，再向右下沉至右膝外側，拳心向下略偏右，虎口向左前略偏下，緊接著再逆纏屈肘裡扣上翻至胸前向左發勁。拳心向下，虎口偏左後。眼先看右拳再看身左側。耳聽身右後。（圖413－415）

這動作練時速度快。要求：蓄勢要低、大，發勁要鬆活彈抖。雙拳間距約與肩寬相同。雙腳蹉步發勁要與雙拳發勁和呼氣同時完成。蹉步發勁要求：要兩腳勁起腳跟，再將腳跟略提，重心移至前腳掌再下沉，用雙腳跟、腳掌與五趾抓地同時發勁。蓄勢時，雙拳虛握放鬆，發勁時雙拳握緊，發勁後即放鬆。

動作三、四與動作一、二左右方向相反，動作要求相同。雙拳間距與肩寬相同。（圖416－417）

第三種練法：蓄勢時雙腳騰空後下沉，不震腳，發勁時雙腳同時蹉步發勁練法。其動作一、二、三、四的具體要求，均同第二種練法，只是速度更快，跳躍騰空更高，發勁更脆，下沉時雙拳、雙腳同時沉落，蹉步發勁呼氣同時完成。蓄發體現出欲左先右，欲右先左之意。發勁要鬆活彈抖。動作一、二向左發勁；動作三、四向右發勁，方位相反，動作要求相同。

【技擊含義】

練習方法一：設敵人從正面進右步用雙手向我胸部擊

圖416　　　　　　　　圖417

來。我即身快速先向右轉略下沉，再向左轉約90度，再向右轉略上升，雙手變拳，左拳順纏右拳逆纏向下沉，左拳在腹前橫擊敵右臂；右拳由右膝略前上裡合橫擊敵左臂。再很快翻轉以左拳逆纏橫擊敵右臂。右拳很快由胸前橫擊敵左臂。使敵雙手擊我之直勁被我雙拳同時向左、右橫捌勁截擊而失勢。

練習方法二：

設敵人從我身左側進右步，用右拳向我左肋部擊來。我即乘勢身先向右轉再向左轉，左手變拳由左腿左側前順纏略外開下沉裡合以採、捌勁截擊敵右拳，使敵擊我左肋之勁落空，身體前傾失勢。緊接著我左拳屈肘，乘敵失勢前傾之機，向敵胸、面部橫擊。同時我右手由右眼右側前變拳逆纏，下沉至右膝外再向中線屈肘發勁，如敵人失勢身前傾斜度大，則我右拳可同時擊敵面部。

此式體現了採捌肘靠四法的充分運用。最後以發肘勁爲主。

練習方法三：

動作一：設敵人由我身左側進左步，提右腳向我左膝、胯、肋部踢或蹬擊，我即乘勢身快速先略向右轉略上升再向左轉下沉，同時雙腳原地跳起再落地，這是爲了加快動作速度。或向右側跳起略退再著地踏實，五趾抓地。這是因爲敵距我過近，向右側跳起退回著地，以避敵右腿向我踢、蹬之勢。同時我左手由左眼左側前變拳先快速略逆纏略上揚，再順纏略外開，下沉裡合，以採挒勁向敵右腿膝下腓骨處擊出，使敵下肢、腓骨被擊失勢身前傾。同時我右手由右眼右側前方變拳，先略順纏，再變逆纏，向右下沉至右膝外下，以配合左拳動作，求動作協調，維持身體平衡。

動作二：接上動作。我乘敵人右腿下肢被擊失勢身前傾未變招之機，身迅速向左側敵右腿後蹉步發勁。同時我雙拳先以左逆右順纏，略向左上揚變左順右逆纏向右下沉含蓄勢，再向左上繼續以左順右逆纏，屈肘向敵胸前及面部擊出，或配合我左腿套住敵右腿之機用左膝裡扣敵右膝腿彎，結合上擊，用裡扣外翻之勢，將敵從我左側外摔出。

動作三、四，動作及技擊含義與動作一、二相反相同，體現左右併用。不論左發右發，都要注意肩、胯、肘、小臂及拳勁兼施。以體現「挨我何處何處發」之拳理。

第七式　躍步護心錘

【動作說明】

動作一：身快速先向右轉約45度下沉，再向左轉上升約105度再下沉，重心是右、左、右；左腿先逆纏裡轉，腳跟蹬地，先屈膝上提裡合，再順纏外轉，腳尖先著地，腳跟再落地，腳掌踏實。同時右腿先順纏外轉，當左腳上提要下沉時，右腿變逆纏，腳跟蹬地騰空躍起，隨身轉向右前方，以

腳尖著地再腳跟著地，腳掌踏實，五趾抓地。同時左拳由胸前先放鬆略逆纏變順纏，向右兩膝前下近右大腿內側下，再裡勾腕，裡扣拳，屈肘上提，拳由腹前下變逆纏裡轉向上，經腹、胸、鼻、頭前上領勁變順纏，由中線下沉至腹前約20公分左右，拳心向裡上。同時右拳由右膝前上放鬆先略順纏，略上揚變逆纏裡轉下沉至右膝外下，再繼續向上翻，經身右側至頭前上變順纏下沉至鼻尖前約35公分左右，掌心向裡，虎口向上。眼先看右下再看左上，再看前，耳聽身後。（圖418－420）

圖418   圖419

這動作練時速度快。要求：身法欲左上先右下。左腳先起先落地，右腳後起後落地。身要正，勿左歪右斜。

動作二：身快速向左轉約45度螺旋下沉，重心先右後變偏左。左腳跟蹬地騰空快速向左外順纏跳下，腳掌踏實，五趾抓地。右腿腳跟蹬地快速騰空向右外邁步，以腳跟裡側著地，腳尖上翹裡合。同時右拳由鼻尖前裡扣折腕逆纏向頭右前上旋轉變順纏裡合於頭前上，拳心向上，虎口向右。左拳由腹前快速逆纏向左略劃下弧，再向左眼左側前略上變順

圖420

圖421

纏展開、臂略屈，掌心向右前
上，虎口向左後上，眼看身右
側，耳聽身左後。（圖421－
422）

　　這動作練時速度很快。要
求：左拳領勁，右拳上引，與
雙腳騰空分向左右邁步著地同
時完成。

　　動作三、四與一路護心錘
動作四、五的練習方法及技擊
含義完全相同，故省略。（圖423－425）

圖422

【技擊含義】

　　動作一：接上式。設我剛將身右側敵人擊倒，另一敵人
由我身左側進右步，用雙掌向我左肩及胸部擊來，欲將我推
倒。我即乘勢身快速先向右下沉，重心向右移。同時雙臂放
鬆，左手先逆纏略上變順纏下沉，右手先順纏略上翻變逆纏
下沉，這樣可避敵雙掌擊我之勢。再乘敵雙掌擊我之勁落空

圖423

圖424

圖425

失勢，身前傾未變招之機，我迅速身向左轉上升，重心在右。左腳逆纏裡合上提向敵右膝或腹部蹬擊。同時我雙臂拳屈肘折腕，用左肘向敵胸部擊出，稍遠，則用左腕背及拳擊敵面部。右拳則在右下順纏配合以備變招進攻。

　　如距敵人再遠一點，則跳起來，左腳變順纏隨身轉下沉著地；右腿當左腳下沉未著地時腳跟蹬地騰空，變逆纏裡轉、提膝隨身轉下沉著地。同時當騰空旋轉時，我雙拳向左上領勁，經頭前上，向敵人頭、面等部下沉，以採勁先左拳後右拳擊出。

　　動作二：設敵人在我身右側以雙手抓住我右臂、肘、腕，欲將我推出，或反關節擒我。我即乘勢快速向左轉下沉，雙腿快速跳起，左腳略向左外下沉震腳。右腿向右前敵

褙插步，用右腳蹬敵下肢脛骨外；同時我雙拳以雙逆纏變雙順纏向前上引進，使敵雙手之勁落空。這叫上引下擊之法。

動作三、四之用法同第一路之護心拳（錘）

第八式　躍步斜行

【動作說明】

動作一：身快速先向左轉略螺旋上升再向右轉近90度螺旋下沉，重心右、左、右。左腿先順纏外轉，膝裡扣，再變逆纏裡轉，腳掌踏實，五趾抓地。右腿先逆纏裡轉，變順纏外轉，膝裡扣，腳掌踏實，五趾抓地。同時右拳在鼻前略下約35公分處，先順纏變掌向右前上方，約與眼高同，略開再變逆纏裡轉坐腕，以大指尖合於左前肩處，掌心向左側，指尖偏左後上方。同時左拳由腹前逆纏變掌裡轉，掌心向下，至腹前上再變順纏外轉略下沉向右膝前引進展開，位在右膝略右前上方，掌心向右上，指尖向右前下。眼先看右手，再看左手外側，耳聽身右後。（圖426－427）

這動作練時先快，後向右轉下沉時略慢。要求：身先向

圖426　　　　　　　　圖427

左轉略上升是開。向右轉下沉是合。所以動作運勁要練出「欲合先開」、「欲順先逆」、「欲逆先順」的身法。

　　動作二：身向左轉約45度先略螺旋下沉（上下相合）再螺旋上升，重心由右下沉移左。左腿順纏外轉，膝裡扣，略屈，腳掌踏實，五趾抓地；右腿逆纏裡轉，腳掌踏實，五趾抓地；當重心移到左腳後，右腳跟提起離地、腳尖點地劃裡後弧，虛步併於左腳裡側旁，腳尖不要超出左腳尖。同時左手由右膝略右前方先略順纏外翻裡合，經右肘尖下向裡至腹前變逆纏（經右掌心下相錯），向左前方裡下勾折腕領起，位在左眼左前方約40公分左右，掌心向裡右下，指尖向右裡下方。同時右手由左前肩先逆纏裡轉向右下沉，經腹前和左掌心上相錯後再繼續向右前下展開，變略順纏，勁鬆到中指肚，位在右膝略外上方，指尖向右前，掌心向下。眼左顧右盼，耳聽身後。（圖428）

　　這動作練時速度適中。要求：先手腳、肘膝、肩胯上下左右相合，再作到雙手左上、右下斜線展開，下面兩腳合。即上開下合。

　　動作三：身先左轉約45度，螺旋上升，再向右轉約90度，螺旋下沉，重心先左變偏右。右腳尖先蹬地屈膝逆纏裡轉上提變順纏外轉，隨身向右下沉（左腿這時屈膝腳跟蹬地身騰空隨身右轉向左前方下沉邁步著地），腳尖腳掌先著地，再腳跟著地，或下沉震腳發勁，腳掌踏實，五趾抓地。

圖428

圖429　　　　　　　　圖430

左腿屈膝（當右腿順纏隨身右
轉下沉腳未著地時）先順纏外
轉，膝裡扣，變逆纏裡轉，腳
跟蹬地身騰空屈膝裡合，向左
前方邁步下沉，以腳跟裡側著
地、腳尖上翹裡合。同時右手
由右大腿右前外先順纏向頭前
中線略上領勁變逆纏下沉經
胸、腹前向右側開，再向上翻
展開，位在右耳右側，臂略彎

圖431

屈，伸展至七、八分，掌心向右，指尖向左前略偏上。同時
左手由左眼左前方裡下勾腕順纏，下沉至左胯外側再向左逆
纏略開上翻，變順纏經身左側至眼前變逆纏，立掌，下沉至
鼻尖前約35公分左右，掌心向右。眼先看右前再看左前，耳
聽身後。（圖429－431）

　　這動作練時速度很快。要求：身體騰空時勿左歪右斜，
下沉著地周身要合住勁，勿前俯後仰。

躍步斜行。四、五、六動作，練習方法與技擊含義均與
第一路太極拳斜行一式中的動作四、五、六完全相同，故省
略。（圖432－435）

圖432

圖433

圖434

圖435

【技擊含義】

動作一：設敵人從我左側進右步用雙掌向我肩、肘等部
施按勁擊來，欲將我擊倒。我即乘勢身快速先略向左轉略上
升，再向右轉下沉，（這是身法上的「欲右先左」、「欲下

先上」之法的運用，這樣作，一方面可使力量作用發揮出最
大的效果；另一方面，容易使敵人判斷錯誤，便於引、發制
勝敵人）。左腿先順後逆纏，右腿先逆後順纏，兩腳五趾抓
地。同時左手由腹前先略逆變順纏，向右膝前略上引進，使
敵雙手按勁落空，身前傾失勢。同時右拳變掌由口前先略順
纏向右前上略外開再逆纏裡轉，向敵胸、面等部擊去，使敵
胸、面等部被擊受傷。另一作用，則是用手掩護臉左側，以
防敵人擊我，同時為下一動作貼近敵身，用左肩靠擊胸部與
手加強合力擊敵作好準備。

　　動作二：接上動作，設敵人雙掌按勁被我左臂肘引進落
空身前傾失勢。敵胸部因失勢前傾而貼近我左肩。我即乘敵
人後坐未調整好重心平衡之機，身快速向左轉先略下沉再上
升，右腳跟提起，腳尖擦地向左腳旁虛步併步。貼近敵身用
左肩及右掌合力向敵胸部擊去。如距離稍遠，則用左肘尖向
敵腹部擊去。如距敵人再遠一些，則用左腕背向敵胸、面等
部點擊。

　　動作三：設我與敵人各出右步對面站立，敵人用雙手抓
住我雙腕或雙手，或我雙手抓住敵人雙腕或雙手，敵人欲將
我雙臂、腕、手絞住，使我轉動失靈而受制。我即乘勢身快
速先向左轉上升，再向右轉下沉，左腿先順纏，再變逆纏裡
轉向左前敵右腿後邁步套住敵右腿。同時右腿先逆纏（隨右
手上領）屈膝上提，向敵襠內或腹部擊出。如敵避開，我即
身右轉，腿收回跳下著地。同時我左手領勁，上翻裡合，將
敵右手絞於敵胸前略下貼住，使其右臂肘失去掤勁被壓匾，
身轉動不靈。同時我右手順纏上領絞敵左手向敵面部左側擊
去。敵如避開，乘勢領勁快速由中線下沉絞敵左臂手（將敵
右臂手壓住，左臂手絞住）再向我右側展開，牽敵左臂手，

使其雙臂手被絞住壓匾，同時我右手牽敵左手腕，使其身前傾失勢。配合下一動作四：左膝裡扣敵右腿彎和左手向左外下沉外翻之勢，將敵摔出。

第九式　煞腰壓肘拳

【動作說明】

動作一：身先向右略轉螺旋上升，再向左轉約60度螺旋下沉，重心先右變偏左。左腿先逆後順纏，膝裡扣，腳掌踏實，五趾抓地。右腿先順纏外轉，膝裡扣變逆纏裡轉，腳掌踏實。同時右掌在右肩右側略前方逆纏變拳虛握略上揚，略裡合（欲下先上之意），再變順纏經身右側前懸臂下沉裡合至兩膝中線前略下，腕後翻，拳心向左前上，虎口向右側上方。同時左勾手由左肩左側略前順纏變拳虛握，先向頭前略上中線合，再變逆纏下沉經胸、腹、左膝前外開，位於左膝左側略前方，拳心偏左後下方。眼先看右拳兼顧左拳，再看右側，耳聽身後。（圖436）

這動作練時速度較快，要求：動作運勁以腰為主宰，周身一定要練出「欲下先上」「欲左先右」「氣宜鼓蕩」之意。

動作二：身先快速略向右轉略上升，再向左轉約45度，略下沉，再向右轉約60度，先螺旋上升，再螺旋下沉。重心是左、右、左。左腿先逆纏裡轉變順纏外轉，膝裡扣，五趾抓地，再逆纏裡轉，腳蹬地

圖436

，身略向上騰空跳起，隨身略向右轉下沉，腳著地，腳掌踏實，五趾抓地。右腿先略順纏外轉，膝裡扣變逆纏裡轉，五趾抓地，再變順纏外轉，腳跟蹬地屈膝身略向上騰空跳起，隨身略向右轉下沉著地，腳掌踏實，五趾抓地。同時右拳由兩膝中線前先略逆纏裡轉，略上揚，再變順纏外轉下沉至兩

圖437

膝前下，再屈肘，裡勾腕變逆纏向上，經腹胸，鼻尖前變順纏向右側前右膝外下沉，臂伸展至七、八分，位在右膝外約15公分左右，略向裡上勾腕，拳心向左裡上，同時左拳由左膝左略前外，先略順纏，略上翻變逆纏裡轉向左大腿外側下沉，變順纏外轉，屈肘上翻裡合，略向裡上勾腕，變略逆纏，位在左耳左側外，臂裡側半圓，拳心偏裡下方，眼先看右，再看左，再看右拳，耳聽身後。（圖437）

　　這動作練時速度很快。要求：動作運勁時一定要練到「欲順先逆」、「欲逆先順」，做到蓄而後發，快速閃戰。

【技擊含義】

　　動作一：設敵人由我右前方進左步用雙掌向我胸部及右肋部施按勁擊來，我即乘勢身快速先略右再向左轉下沉，以避敵人雙掌擊來之勢。同時我右臂手由右肩右側前先快速略逆纏變拳略上揚再順纏下沉，經身右側前用採勁截絞敵右臂手，將敵右臂手截開或絞住，使其勁落空失勢。同時左勾手由左肩左側前先快速略順纏，略上翻，變逆纏裡轉，由敵右肘、腕上裡合、下沉，用採、挒勁截絞敵右腕、肘部，使敵

人被截絞受制，身前傾失勢落空。

動作二：設（接動作一）敵雙臂手被我雙臂腕、肘以採、捌勁截絞受制失勢身前傾落空。我即乘敵人未恢復身體平衡之機，身快速先略向右轉略上升，再向左轉下沉（蓄勁），再向右轉上升再下沉。雙腳跟蹬地身騰空，向右轉下沉著地發勁。同時我右拳由兩膝中線前快速以逆、順、逆、順旋轉一圈，向敵頭部或後心擊去。同時，我左拳在左膝左側快速以順、逆、順、逆纏，由身左側由左上翻與右拳形成對稱勁。如敵人失勢前傾，我左拳即向敵人左耳門擊去。

第十式　井纜直入

【動作說明】

動作一：身向左轉約45度螺旋下沉，重心偏左。左腿順纏外轉，膝裡扣，腳掌踏實，五趾抓地。右腿逆纏裡轉，腳掌踏實，五趾抓地。同時右拳由右膝外側略下，屈肘裡折腕，逆纏略向上翻經右膝上裡扣，向兩膝前中線下沉變順纏略向右外折腕，拳虛握，虎口略偏前上，拳心向左前。同時左拳由左耳左側裡扣逆纏下沉至左膝外側下，拳心略偏左側外。看身右側，聽身右後。（圖438）

這動作練時速度較快。要求：蓄勢神氣如捕鼠之貓，周身全合住勁，做到精神專注。

動作二：身向右轉約165度螺旋上升，重心變偏右。右腿先以腳跟為軸，腳尖外轉約

圖438

90度，腳掌踏實，五趾抓地。
同時左腿逆纏裡轉，腳掌踏
實，五趾抓地。同時右拳由兩
膝中線前下先順纏變掌向左劃
下弧略上起變逆纏裡轉上翻，
經左胸前向右，經眼前向右前
上展開，位在右眼右前略上
方，臂伸展至七、八分、坐
腕，掌心向右前上，指尖向左
上。同時左拳由左膝外側下，

圖439

順纏外翻變掌屈肘上翻逆纏，掌心向右前上，指尖位在左耳
下，眼看右手兼顧左，耳聽身左後。（圖439）

　　這動作練時速度較快。要求：以手領勁，腳隨身轉，手
到腳到。右手大指上掤勁領住不丟。

　　動作三：身向右轉約90度，先略螺旋上升再下沉，重
心在右後。右腿順纏外轉膝裡扣，腳掌踏實，五趾抓地。左
腿逆纏裡轉屈膝腳提起，向右腳前邁步，虛步，腳尖點地。
同時右手由右眼右前略上方順纏下沉裡合至左腋下大臂裡
側，屈肘，裡上折腕，掌心向裡上，指尖向左側上方。同時
左手逆纏屈肘，先向右上再向（身隨手轉）前下插，略屈
肘，略裡折腕，掌心向左前，指尖向前略偏左下，位在兩膝
前略偏左前下。眼先看右手，再看左手，耳聽身後。（圖
440－441）

　　這動作練時較快。要求：以手領勁、手到腳到。左手向
前下插時，右手上提，形成對稱，重心偏後，以求穩定。兩
膝要合住勁。

　　【技擊含義】

圖440　　　　　　　　　　圖441

動作一：設敵人由我身右前進右步用雙手抓住我右臂肘及右腕部，欲以旋按勁將我推出。我即乘勢身向左轉下沉，右臂拳先逆纏上翻，變順纏裡合下沉至兩膝前下，使敵人雙手按勁落空，身前傾失勢。同時左拳由左耳左側逆纏裡合向左膝外側下沉，以配合右臂肘引進，保持平衡，準備反攻敵人。

動作二：接上動作，我乘敵人雙手按勁落空失勢之機，即乘勢身向右轉，上升，我右拳由兩膝前下順纏向左略下沉，再上起變逆纏，經身左前向右上翻，將敵人右腕抓住，向外展開，使敵人身右側露出空間。同時我左拳由左膝外下順纏上翻逆纏變掌至左耳下，準備以肘或手擊敵右臂肘或身右側。

動作三：接上動作，我乘敵右腕被我牽住，身右側暴露出空間之機。我即乘勢身向右轉先略上升再下沉，左腿逆纏屈膝，腳提起向敵人右腿後套步或用腳向敵右膝踩擊，或向敵右胯踩擊。敵如退右步，我即右手順纏撑敵右腕與出左大臂交叉，使其處於背勢。同時我左肘（距敵近）向敵頭部右

側擊去，距敵遠，則用左手逆纏，向敵腹、襠內或右肋部下插擊去。

第十一式　風掃梅花

【動作說明】

動作一：身向右轉約90度螺旋下沉，重心略偏右。雙腿以腳尖為軸，腳跟提起向左前旋轉，以左逆右順纏著地發勁，兩腳掌踏實，五趾抓地。同時左手逆纏坐腕向左胯外下發勁，臂伸展至七、八分，掌心向左外下，指尖向右前下。同時右手由左腋大臂下逆纏向右上展開，臂半圓，位在右眼右前方，掌心向右前，指尖向左前，眼看左手兼顧右手。耳聽身後。（圖442）

這動作練時速度較快。要求：右手大指上掤勁領住，左手及雙腳旋轉，腳跟頓地發勁同時完成。兩腳間隔平行勿歪斜。

動作二：身向右轉約270度，先略螺旋下沉再略上升，重心是左、右、左。右腿腳跟提起，腳尖點地，向右後劃弧至左腳裡側右前方、虛步、腳尖點地。同時左腿（當右腳尖劃弧停住後）以腳跟為軸，腳尖略上翹，隨身向右後轉，腳尖斜向左前方，腳掌著地踏實，五趾抓地。同時右手由右眼右前方逆纏領勁向右外略上旋轉，再下沉至右肋右側外，臂伸展七、八分，掌心向右側下，指尖偏右前。同時左手由

圖442

左胯外下，順纏外翻先略下沉再屈肘上翻裡合至左眼左側前略上方。掌心向上略偏前，指尖向左略上。眼先看右手再看左手再看前，耳聽身後。（圖443）

圖443

這動作練時速度較快。要求：身隨手旋轉時，雙手是右上、左下，再左上、右下，斜線對稱，以穩定身體平衡。旋轉時，上身要中正，勿左歪右斜。

【技擊含義】

動作一：接上式，敵人右腕被牽，身向左轉，右側半身露出空間，這時我左手向敵人右肋部或腹部，襠內插去，當貼近敵身時，左手坐腕逆纏向敵身右側或下部發勁擊出，同時我右手牽敵右腕向我右外上逆纏掤出，使敵右臂肘不得落下救援身右側或下部被擊之勢。我身隨向右轉約90度下沉，重心偏右。同時雙腿以左逆右順纏，以腳尖為軸，隨身右轉腳跟向左前旋轉平行著地發勁，如距敵近則用左外胯向敵右胯撞擊，左手坐腕發勁擊敵和雙腳跟發勁要同時。勁整，加強擊敵的力量。

動作二：接上動作，如我左手向敵身右側或下部擊出，敵身略向右轉，左腳向左前跨一步，避我左手擊來之勢，準備變招取勝。我即乘勢身右轉約270度先略下沉再略上升，重心左、右、左。右腿以腳尖點地向右後順纏劃外弧（背步即插步，統稱拗步）停住。同時左腿以腳跟為軸，腳尖略上翹，隨身旋轉後腳掌踏實，五趾抓地。同時我右手牽敵右腕

繼續逆向右外掤出，同時我左手由逆變順纏向敵右胯按去或插入敵襠內，屈肘上翻裡合，將敵用肩、臂抗起離地，配合右手上牽敵人右腕之勁，將敵身抗起離地摔倒。

第十二式　金剛搗碓

【動作說明】

動作一：身略向右轉再略向左轉略螺旋下沉，重心在左。左腿先逆纏裡轉再順纏外轉，膝裡扣，腳掌踏實，五趾抓地。同時右腿先順纏外轉，膝裡扣變逆纏裡轉，虛步腳尖點地。同時右手由右肋右側前順纏裡合下沉，經腹前向前上掤出，臂伸展七、八分，位在胸前略上方，距離前約50公分左右，掌心向上略偏前，指尖向前偏下。同時左手由左眼左側前逆纏裡合，經眼前下沉至右肘彎上，掌心向下，指尖合於右肘彎上。眼左顧右盼。耳聽身後。（圖444）

這動作練時較快。要求：上下、左右相合，左肘掤勁不丟。

動作二：同第一路金剛搗碓動作六。（圖445－446）

【技擊含義】

動作一：設敵人由我正面進右步用右拳向我面部或胸部擊來，我即乘勢身先略向右轉。右腿虛步可向敵右膝或襠內踢去。同時我左手由左眼左側前逆纏裡合下沉截敵右臂時，使敵右拳擊我的直勁落空失勢。同時我右手由右肋右側前順纏裡合下沉，再向前擊敵

圖444

圖445　　　　　　　　　　　圖446

腹部。

　　動作二：技擊含義與一路金剛搗碓動作六技擊含義相同，故省略。

第十三式　庇身錘

　　這式練習方法及技擊含義與一路拳中庇身錘練習方法及技擊含義完全相同。（圖447－456）

圖447　　　　　　　　　　　圖448

圖449　　　　　圖450

圖451　　　　　圖452

圖453　　　　　圖454

圖455　　　　　　　　　　圖456

第十四式　撇身錘

【動作說明】

動作一：身先向左轉約45度螺旋略上升，再向右轉90度螺旋下沉，重心右、左、右。左腿先順纏外轉，膝裡扣，五趾抓地，再逆纏裡轉腳跟（與右腳同時）蹬地彈起騰空快速略收腿調襠下沉，五趾抓地。同時右腿先逆纏裡轉，五趾抓地，變順纏外轉，腳跟蹬地（與左腳同時）彈起騰空快速略收腿調襠下沉，腳掌踏實，五趾抓地。同時左拳由左肋下腰部逆纏向左前上旋（位在左胸前約45公分左右），拳心向下略偏左外，再變順纏先略向左側前劃弧，再下沉裡合至兩膝中線前下，拳心向上略偏前。同時右拳由頭部太陽穴右前上順纏向右前略下沉展開，位在右肩右前略上方，拳心向上略偏左，再變逆纏略劃上弧裡合，經鼻前合於左肩前，以虎口貼住肩前，拳心向左前下。眼先看右拳再看左側，耳聽身右後。（圖457）

這動作練時速度很快。要求：雙腳跟蹬地彈起騰空，略收腿，調襠下沉著地，與雙臂拳的開合同時完成。

　　動作二：身先快速略向左轉略螺旋上升，再略向右轉螺旋下沉，再向左轉90度螺旋上升，重心是右、左、右、左。左腿先順纏外轉，膝裡扣，變逆纏裡轉，五趾抓地，再變順纏外轉，腳跟蹬地（與右腳跟同時）身略向上騰空，向左側蹉步腳跟發勁。腳掌踏實，五趾抓地。同時右腿先逆纏裡轉變順纏外轉，膝裡扣，五趾抓地，再逆纏裡轉，腳跟蹬地（與左腳跟同時）身騰空彈起，腳隨左腳向左側蹉步，腳跟發勁，腳掌踏實，五趾抓地。同時左拳先向左前略上逆纏旋轉變順纏外轉，向兩膝中線前下沉，再變順纏向左側前經右肘裡下發勁，拳心向上，位在左肋前約50公分左右。同時右拳先順纏略右前外翻，再逆纏裡合至左肩前再繼續逆纏向右側前下劃弧發勁，拳心向右側下，位在右大腿右側上略前。眼看身左側，耳聽身後。（圖458）

圖457　　　　　　　　　圖458

　　這動作練時速度很快。要求：動作迅速，雙拳發勁，雙腳跟蹬地向左側蹉步，腳跟發勁，呼氣，同時完成。

　　這動作開始為了加快速度，加強身法的閃戰突變的作用和為了加強發勁的效果，所以開始先向左轉略上升再向右轉

下沉。如動作一、二連起來練習，則可減少動作二的停頓後開始的先向左再向右轉下沉的旋轉，而只要身向右轉下沉連接身向左轉90度上升發勁即可。

【技擊含義】

動作一：設敵人由我左側前進右步，用右拳向我左肋部擊來，或進左步提右腳向我左肋部或腹部踢來，我即乘勢身快速以腰爲主宰，以左臂手先逆後順下沉施採勁，化去敵人擊來之拳或踢來之腳，使敵擊我之勁被我採勁截擊失勢，或化去敵擊我之勢，使敵人擊來之勁落空失勢。同時我右臂手先順略開，後變逆纏裡合至左肩前，以保護我身左側；另外，準備擱敵右臂腕手。

動作二：接上動作，敵人擊我之勁被我採勁截擊落空失勢。我即乘敵人未恢復身體平衡之機，身快速以腰爲主宰先略開略上升，再下沉合，繼以快速的上升開，以右臂手順、逆擱纏掤敵右臂腕，同時我左臂手以逆、順纏向敵右肋部擊出，雙腳向左蹉步，腳跟發勁與雙拳分開擊敵之勁，同時完成。蹉步是爲了快速接近敵人，調整距離。腳跟發勁是爲了加強擊敵的威力。

第十五式　斬　手

【動作說明】

動作一：身快速以腰爲主宰先略向左轉略上升，再向右轉約90度螺旋下沉，重心先左再下沉移偏右，左腿先順纏外轉，膝裡扣，變逆纏裡轉腳掌踏實，五趾抓地。同時右腿先逆纏裡轉變順纏外轉，膝裡扣，腳掌踏實，五趾抓地。同時左拳由左膝前上先逆纏略上翻，拳心偏左外下，再順纏外轉略向左側前開下沉裡合至兩膝中線前下，拳心向前偏上。

同時右拳由右大腿右側前上先順纏外轉略上翻變逆纏裡轉下沉至右膝右側前下，拳心向右外下。眼看左拳兼顧右拳。耳聽身右後。（圖459）

這動作練時先快後略慢。要求：身法做到「欲右先左」「欲下先上」，練習「勁斷意不斷」的接勁。

動作二：身以腰爲主宰，先快速略向右轉略下沉，再向左轉約135度度螺旋上升，重心由右移偏左。右腿先略順纏外轉，膝裡扣，變逆纏裡轉，腳掌踏實，五趾抓地。左腿順纏外轉，以腳跟爲軸，腳尖略上翹外轉約90度，腳掌著地。膝裡扣，五趾抓地。同時左拳由兩膝中線前下變掌快速先略順纏向右略下沉變逆纏，屈肘、裡折腕向上提至胸前上變順纏領勁向上掤起，臂略屈伸展至七、八分，裡上折腕，掌心指尖向裡，位在眼前約50公分左右。同時右拳由右膝右側先快速逆纏略下沉，再向外開掤出略上提變順纏上翻經頭右側外上變逆纏，裡下折腕，拳心向下，虛握，位在左手右前上。眼看左側兼顧右，耳聽身右後。（圖460）

這動作練時速度很快。要求：身向左轉上升時，要做到

圖459

圖460

胸、腰運化折疊，由腰以上，勁向左上翻掤，腰以下勁要部分向右下沉至腳底，這是有左上即有右下的斜線對稱勁。

　　動作三：身快速先微右轉略上升再向左轉約15度螺旋下沉，重心全部放在左腳。左腿先逆纏裡轉變順纏外轉，膝裡扣，腳掌踏實，五趾抓地。同時右腿先腳跟蹬地借力（將重心全部移到左腿）順纏屈膝，腳提起。同時左手還是裡上折腕逆纏略向上掤領勁，變順纏外轉略向前下沉，掌心向裡上，位在胸前中線略上，距胸約50公分左右。同時右拳由右上裡下折腕，略順纏上提（將右膝、腳帶起）領勁變略逆纏用拳面向左掌心擊去合住勁，拳心向裡下。同時右腿逆纏裡轉，用右腳下沉震腳，平面著地發勁，位在左腳裡側旁。兩腳間距平行。眼看雙拳（掌），耳聽身後。（圖461－462）

圖461　　　　　　　　　　　圖462

　　這動作練時速度很快，要求：提右膝時，身要正，勿歪斜，右拳與左手合勁及右腳下沉震腳，呼氣，同時完成。

　　【技擊含義】

　　動作一：設我左手腕被敵人拿住，敵人欲使我左臂腕受

制而取勝。我即乘勢身快速先左後右旋，左臂拳先逆纏略上揚變順纏裡合下沉施採勁，以求解脫左臂腕被敵人擒拿之勁。同時我右臂拳配合左臂之採勁。

動作二：接上動作，設一：我左臂手先逆後順纏施採勁下沉裡合未能解脫被敵人擒拿的左臂腕；設二：由於我左臂腕先逆後順纏下沉裡合施採勁已解脫敵人擒拿我左臂腕之勢，並使敵人被我施採勁落空失勢。

設一：我即乘勢身快速旋轉，左臂腕快速以逆、順、逆纏先向左上再右下再向左前上翻，以求解脫被敵人擒拿的左臂腕。同時右臂拳以順、逆、順纏由右膝外旋轉先略上再下沉，再上翻，經頭右側上至左手右上，準備擊敵。

設二：我即乘勢身快速旋轉，左臂腕快速以用腕背向敵人面部擊去。同時我右拳由右膝外側下，先略上再下沉，再向上翻，經頭右側上至左手右上方，準備擊敵。

動作三：接上動作設一：如我左臂腕由我前下旋轉後再向左上提翻出，仍未解脫左腕被敵擒拿之勢。我即乘勢身快速旋轉，我左手先略逆纏略上揚，再順纏略向前下沉，使敵拿我左腕之手勁散。同時我右拳快速先順纏略上揚變略逆纏向敵人擒拿我左臂腕的手腕以採勁擊出，使敵拿我左腕的手被我採勁擊傷而失勢。同時我右腳乘機向敵人近我的腳面施採勁下沉跺去，將敵腳面跺傷。

接上動作設二，我左臂腕背部向敵人面部擊去，同時我右拳已翻至左手右上方準備擊敵。敵如身向右轉，退右步，避開我左腕背擊向面部的點擊，並欲變招制勝。我即乘勢身快速旋轉，左手先略逆纏略上揚，再略順纏向前略下沉，同時我右拳先略順纏上揚，變逆纏向敵頭左側太陽穴或耳門擊出。同時我右腳向敵左膝或腳面施採勁跺擊。這樣上下同時

向敵人進攻，務使敵人被我擊中受傷。

第十六式　翻花舞袖

【動作說明】

動作一：身快速向右旋轉約45度，螺旋略上升，重心偏左。左腿逆纏裡轉，腳掌踏實，五趾抓地。同時右腿順纏外轉，膝裡扣，腳掌踏實，五趾抓地。同時左掌及右拳由胸前上先雙逆略開，變雙順纏合。左臂手伸展至七、八分，左手心向裡上，位在頭前略上，右拳虛握合於左肘彎裡略上，拳心偏裡上，虎口偏右前上，眼看雙手，耳聽身左後。

這動作練時速度很快。要求：合時右肩放鬆勿聳起，左外胯向左側突出。

動作二：以腰為主宰結合丹田帶動，身快速向左下沉，再上升旋轉約180度，重心由偏左移偏右。雙腿以前腳掌為軸，腳跟提起，以左順右逆纏隨身向左旋轉。雙腳跟提起胸偏向東南。同時雙手變掌，以雙逆纏下沉至腹前，右手由左手背上錯開向右下沉，掌心向右側外下，位在右膝前，臂半圓，坐腕後翻，掌心向左外下，左手位在胸前偏左側，掌心向左前。眼左顧右盼，耳聽身後。（圖463）

這動作練時速度很快。要求：腳隨身轉，上下相合。以手領勁，身隨手轉。

動作三：身快速向左旋轉約180度，先上升再下沉，重心先偏右，移偏左後。左腿腳

圖463

尖蹬地順纏外轉騰空躍起先離地。右腿腳尖蹬地逆纏裡轉緊
接著騰空躍起。雙腿隨身躍起。旋轉共約360度，以右前左
後，雙腳同時或左先右後下沉震腳。同時雙臂手以左逆右順
纏領勁向左側上翻起變左順右逆纏以右前左後下沉劈下。右
手掌心向前下，指尖向前上，位在右膝裡前上。左手位在左
膝裡上，掌心向前下，指尖向前上。眼看雙手，耳聽身左
後。（圖464－466）

圖464

圖465

　　這動作練時速度很快。要
求：雙手領勁，保持一小臂寬
的距離，身隨手轉，腳隨身
轉，下沉時雙手劈下與雙腳震
地及呼氣同時完成，以求勁
整。
　　上述三個分解動作，是爲
了初練時動作分解清楚。熟練
後則需一吸一呼快速連續完
成，做到起速旋轉快，下沉勁

圖466

整。

【技擊含義】

動作一：設上式斬手仍未解脫被敵人擒住的左手腕，我身即快速向右轉約45度，重心移偏左。運用抖勁，左臂先逆後順纏放鬆，右拳以逆、順纏合於左肘彎裡略上。周身動作如動作一。這是為了解脫被擒之左腕，運用的「欲左先右」「欲開先合」之法。

動作二：接上動作，身快速向左轉約180度，重心移偏右，雙手以雙逆纏運用左上提，右下斬，我右手可向敵人擒我左腕之手腕，肘部或其它胸、腹等部斬出，以求解脫被擒的左腕。

動作三：接上動作，如在上提下斬時還不能解脫被擒住的左腕，這時就需要繼續向左旋轉，以身軀翻轉騰空躍起約180度，作進一步的解脫。雙手領勁先以左逆右順纏將身帶起翻轉變左順右逆由上至前上，向敵人頭部或胸部劈下，使敵人被擊倒地。

第十七式　掩手肱拳

【動作說明】

動作一：身快速先略左轉下沉，再向右轉約60度，先螺旋上升再下沉，重心偏右後。雙腳接上式下沉震腳，雙腿彎曲，腳跟蹬地以左順右逆隨身騰空，變左逆右順纏以左前右後，右腳下沉震腳，同時左腳尖上翹裡合以腳跟裡側著地，同時雙手變雙順纏（右手變拳）分向右前左外開展過頭前上變雙逆纏下沉，以左外上，右裡下交叉合於胸前略上。

這動作速度很快。要求：接上式翻花舞袖，雙腳下沉震腳，借此勁身體立即騰空，再下沉，動作完整一氣，勿間斷。

其餘動作與一路掩手肱拳動作二、三、四、五練習方法及技擊含義同。（圖467）

【技擊含義】

動作一：設如上式未將敵人劈倒，借機雙腳蹬地身騰空先略向左轉再向右轉，先上升後下沉。同時雙手以雙順纏先向右前左外開再向前上敵人頭部雙耳門合擊，如敵人低頭避過，隨即下沉變雙逆纏以雙採勁向敵人前額、後腦採擊。

圖467

第十八式　飛步拗鸞肘

【動作說明】

動作一：身向右轉約45度螺旋上升，重心全部放在右腿。右腿順纏外轉，膝裡扣，腳掌踏實，五趾抓地。同時左腿屈膝上提逆纏裡轉腳提起。同時右拳由右肩前方順纏外轉屈肘收回至右肋部，拳心偏右外上，同時左手半握拳貼左肋略逆纏裡轉，眼看前方，耳聽身後。（圖468）

這動作練時稍快。要求：動作要穩定，身勿左歪右斜，做到蓄勢如開弓。

動作二：身向左轉約315度先螺旋上升，後螺旋下沉，重心是右、左、移偏右。左腿

圖468

順纏外轉向前邁大步以腳跟著地，蹬地彈起身騰空向前旋轉。緊接著右腿逆纏裡轉腳跟蹬地彈起向前隨身旋轉，右腳尖先著地略轉再腳跟著地，腳掌踏實，五趾抓地。緊接著左腳尖著地，再腳跟著地，腳掌踏實，五趾抓地。兩腳方位是：左前右後，屈膝合襠下沉扣穩。同時右拳由右肋部（當左腳向前邁大步蹬地身騰空時）逆纏向前擊出。當身騰空旋轉後下沉時，順纏屈肘，拳貼於右肋旁，裡折腕，拳心偏右後，左拳當右拳向前擊出後（身騰空旋轉未下沉時）隨即由左肋旁變掌逆纏經胸前向左肩略上快速外開抖出。當身下沉雙腳落地時，同時變略順纏略沉，位在左肩略偏左前方，臂伸展至七、八分，指尖向上略偏裡上，掌心略偏左前。眼先看右拳再看左手再看前，耳聽身後。（圖469－470）

圖469　　　　　　　　　　圖470

　　這動作練時速度很快。要求：身隨拳走，要在身騰空時右拳擊出，左掌向左外抖出，身下沉雙腳著地，上下相合。

　　動作三：身先略向右轉約15度，螺旋下沉，再向左轉約20度，螺旋略上升，重心移偏左前。左腿先逆纏裡轉變順纏外轉，膝裡扣，腳掌踏實，五趾抓地。同時右腿先順纏

外轉，膝裡扣，變逆纏裡轉，
五趾抓地。同時右拳貼在右肋
先略順纏旋轉，再貼左肋至心
口前變逆纏以右肘向前發勁，
裡折腕，拳心向右後，拳不離
心口。同時左掌由左肩左前方
先逆纏略上揚變順纏屈肘裡
合，再變逆纏以掌心合擊右肘
前。眼左顧右盼再看前。耳聽
身後。（圖471）

圖471

　這動作練時速度快。要求：發勁要整，左手與右肘相合
及呼氣同時完成。身勿前俯。

【技擊含義】

　動作一：蓄勢，如我被三人包圍，我欲擊前方敵人，解
脫包圍，欲前先後，先退後蓄勢，這是攻擊敵人前的準備。

　動作二：接上動作，我左腳向前邁大步蹬地身騰空，右
拳向前方敵人面部擊去，在身隨拳騰空旋轉未下沉時，左手
臂逆纏由左肋經胸前向左外敵人耳門劈去，然後身下沉雙腳
著地上下相合。這是衝出重圍，聲東擊西，指南打北之法。

　動作三：接上動作，我身騰空旋轉以右拳及左掌將前方
及左側敵人擊退之後，雙腳著地以右肘向我原來右側敵人
胸、腹等部擊出，並以左掌合擊之。

第十九式　運手（前三）

【動作說明】

　動作一：身向左轉約45度，略螺旋上升，重心在左。
左腿順纏外轉，膝裡扣，腳掌踏實，五趾抓地，右腿逆纏裡

轉提腳向左腳裡側旁併步，腳尖點地。同時左手由右肘尖處
逆纏向左前上展出，位在左眼左前方。掌心向左前方，指尖
向裡右上，同時右拳由胸前順纏變掌略下沉向前領勁，掌心
向左略偏前，指尖向右前，位在腹前。眼看左手兼顧右，耳
聽身後。（圖472）

圖472　　　　　　　　圖473

這動作練時速度很快。要求：上式拗鸞肘左手合擊肘
後，勁不斷緊接著快速接練此動作。右腳向左腳裡側旁併步
時，左手上掤勁不丟。

動作二：身向左轉約20度螺旋下沉，重心在左。左腿
順纏外轉，膝裡扣，腳掌踏實，五趾抓地。右腿逆纏屈膝，
腳提起裡轉（先上下相合、兩膝相合）向右側邁步，以腳跟
裡側著地，腳尖上翹裡合。同時左手逆纏以大指向左前略上
領勁，位在左眼左側前方，掌心向左前略上方，指尖向右裡
上，同時右手在腹前繼續順纏領勁，腕外折，掌心向左偏
前，指尖向右前方，眼看身右側，耳聽身後。（圖473）

這動作練時較快。要求：左手上掤領勁不失，右手與右
腳要「上引下進」，右腳向右邁步，要輕靈。

動作三：身先向左轉約 15 度略下沉，再向右轉約 45 度，先下沉再螺旋上升。重心先左再變右。左腿先順纏外轉，膝裡扣，腳掌踏實，五趾抓地（重心由左移右後）再逆纏裡轉，屈膝腳提起，向右腳右後方邁步，腳尖點地。同時右腿先逆纏，以腳跟裡側著地爲軸，腳尖上翹，隨身略向裡轉再變順纏外轉，以腳跟爲軸，腳尖上翹略向外轉後著地，腳掌踏實，五趾抓地。同時右手由腹前逆纏向左上經左胸前向上，再向右上經眼前向右前外展開，位在右眼右前方，掌心向右前，指尖向裡左上方，同時左手由左眼左前方順纏先略向左側前外下沉劃弧至腹前，腕後翻，掌心向右前，指尖偏左前。眼先看右再看左再看右，耳聽身後。（圖474）

圖 474　　　　　　　　圖 475

這動作練時較快。要求：邁步要輕靈，手到腳到。後插步兩腿屈，大腿之間要留空隙。

動作四：身向左轉約 45 度，略螺旋下沉，重心在左。左腿順纏外轉，腳跟落地，腳掌踏實，五趾抓地。同時右腿逆纏屈膝腳提裡轉（先上下相合）向右側邁步以腳跟裡側著地，腳尖上翹裡合，腿略屈。同時左手由腹前逆纏向右上經

右胸前向左上經眼前向左側前外開展，位在左眼左側前方，掌心向左偏前，指尖向右裡上，同時右手由右眼右側前順纏先向右外開再下沉劃弧至腹前，腕後翻，掌心偏左前，指尖偏右前，眼先看兩手再看右側，耳聽身後。（圖475）

這動作練時速度較快。要求：左手上掤領勁，先合後開，邁步要輕靈，右臂、右腿要「上引下進」。

【技擊含義】

動作一：接上式拗鸞肘動作三，我以右肘向敵人胸、肋等部擊去，敵人退右步身右轉，含胸坐腰避我肘擊之勢。並欲變招勝我，我即乘勢身快速向左轉約45度略上升，左手臂上掤，向敵面部擊出，同時右手順纏向敵人胸腹等部擊去，使敵被擊倒地。

動作二：設我剛剛將敵人擊倒，另一敵人從我身右側進左步用雙掌向我右胸部施按勁擊來，欲將我擊倒。我即乘勢身略向左下沉，左手繼續逆纏上掤領勁，同時右手繼續順纏領勁引進，使敵人雙手按勁落空。同時我右腿逆纏屈膝，腳提起向右側敵人左腿襠內或腿後邁步，運用上引下進之法，準備將敵摔倒。

動作三：接上動作。設我右腿插向敵人襠內或腿後，視距離遠近，運用肩靠、肘擊或右手向敵胸、面、肋等部擊出。如敵退左步，身向左轉，避我進攻之勢，我即乘勢左腳向右腳後插步，準備用右腳橫向敵人右腿膝下脛腓骨踩割擊去。

動作四：接上動作。設我用右臂、肘、手及左手向敵面、胸、腹、肋等部擊出，敵人退左步，身向左轉，避開我右手進攻之勢，同時乘機用右手拎我右腕，並用左手管我右肘，乘機用雙手施按勁向我右胸肋推來，欲將我推倒。我即

乘勢身向左轉約90度，重心移左，同時左手逆纏上掤向左前
上領勁，右手臂肘懸臂下沉引進，使敵人雙按勁落空，身前
傾失勢，同時我右腳向敵人膝下踩擊。

第二十式　高探馬

【動作說明】

　　動作一：身先向左轉約45度略下沉，再向右轉約135
度，先略下沉再上升，再略下沉，重心左、右、左。左腿先
順纏外轉，膝裡扣，五趾抓地。變逆纏裡轉（當重心移右腿
後）以腳跟為軸，腳尖隨身裡轉後著地，右腿先逆纏裡轉再
順纏外轉，以腳跟為軸，腳尖上翹，略外轉後落地，五趾抓
地，膝裡扣。同時右手由腹前變逆纏裡轉，向左上翻，經左
胸前再向右上經眼前向右側前展開變順纏裡合，下沉至腹
前，掌心向左側上，指尖向左側下，同時左手先略順纏外翻
向左側外略下沉，再上翻裡合經左眼左側向前領勁，位在眼
前中線，腕後外翻，掌心向右前上，指尖向前偏上，眼先看
右手再看左手，耳聽身後。（圖476）

　　這動作練時速度較快。要
求：以手領勁，身手合一，勿
上晃或前俯後仰。

　　動作二：身向左轉約45
度，略螺旋下沉，重心移偏右
前。左腿順纏外轉，膝裡扣，
腳掌踏實。右腿逆纏裡轉，腳
掌踏實，五趾抓地。同時右手
由腹前逆纏裡轉上翻經胸前向
前上展出，臂半圓，位在眼前

圖476

，坐腕，掌心偏右前，指尖偏
左後。同時左手由眼前中線略
順纏裡合至胸前約10公分，掌
心向右側前，指尖偏左前。

　　這動作練時要快。要求：
兩臂手上下、前後相錯，勁要
圓，勿出現棱角。（圖477）

　　動作三：身向右轉約135
度，螺旋上升，重心全部放在
左腿。左腿逆纏裡轉，以前腳

圖477

掌爲軸隨身略向右裡轉後，腳掌踏實。同時右腿順纏外轉屈
膝裡合、腳提起。同時左手由胸前逆纏上翻向前上展開、臂
半圓、坐腕，位在兩眼中線前、掌心向前偏上，指尖向右裡
上。同時右手由兩眼前中線順纏下沉裡合至腹前上，掌心偏
左側上，指尖偏左側下。眼看左手前，耳聽身後。（圖478
－479）

　　這動作練時很快。要求：兩臂手前後、上下相錯，勁要

圖478

圖479

圓，勿出現棱角，切勿上晃，要上下相合，左肘與右膝相合。

【技擊含義】

動作一：設敵人由我身右側進右步用右拳向我右耳門擊來，我即乘勢身先向左轉，避開擊來之拳，同時我右手由腹前逆纏上翻，由敵右臂外側捋敵右肘腕部，借其來勢向我身下採，使敵身傾失勢。同時我左手變順纏外翻，經頭左側向敵人右耳門或頸部用掌外緣橫擊。

動作二：接上動作，我左手向敵人頭右側耳門及頸部擊去，如敵人低頭或閃身避開，並欲變招勝我。我應即乘勢快速身略向左轉，左手快速逆纏下沉裡合，採截敵人右臂，使其右臂不得收回變招，同時我右手由胸前捋敵右腕快速逆纏上翻向敵人面部或胸部擊出，將敵面、胸等部擊傷。

動作三：接上動作。我右手向敵人胸部等部擊出時，如敵人用左臂手截我右手擊去之勢，並欲變招勝我。我即乘勢快速身向右轉約135度略上升，重心全部移到左腿，同時我左手由胸前逆纏上翻向敵人面部及胸部擊出，同時我右膝、腳提起可向敵襠內腹前撞擊或踢去，使敵上下被擊。

第二十一式　運手（後三）

【動作說明】

動作一：身快速向右旋轉約90度螺旋下沉，重心由左變偏右。右腿順纏外轉下沉震腳變實，五趾抓地。同時左腿逆纏裡轉向左側下沉邁步，以腳跟裡側著地，腳尖上翹裡合。同時右手由胸前逆纏上翻經鼻前向右側前略上展開，位在右眼右側前，以大指領勁，臂半圓，掌心向右前略偏上，同時左手由兩眼中線前方順纏下沉至腹前，掌心偏右前，腕後

翻，指尖偏左前。眼先看右手再看身左側。耳聽身後。

　　這動作練習時速度很快。要求：右手向右上掤開，左手順纏下沉至腹前，右腳下沉震腳及左腳向左側邁步，快速同時完成，做到動作一致，下沉勁整。

　　動作二：身先向右轉約45度，螺旋略上升再向左旋轉約90度，先下沉再略上升。重心先右後下沉再移至左腳。左腿先逆纏裡轉以腳跟為軸，腳尖上翹略向裡轉再變順纏，以腳跟為軸，腳尖向左外轉落地漸變實。同時右腿先順纏外轉，膝裡扣，再逆纏裡轉（當重心變左後）腳跟先離地腳尖提起向左腳左後方邁步，腳尖虛步點地。同時左手由腹前先略向右上順纏變逆纏坐腕上翻，經右胸前、鼻前向左側略上展開，臂半圓，掌心向左前略偏上，指尖向右裡上，位在左眼左側前。同時右手由右眼右側前先逆纏裡轉略向左裡上翻，再向右側前外變順纏展開下沉裡合至腹前，懸臂，腕後翻，掌心偏左前，指尖偏右前，眼左顧右盼，耳聽身後。（參考前運手動作圖）

　　動作三：身向右轉約90度螺旋下沉，重心移右。右腿順纏外轉，腳跟落地，膝裡扣，腳掌踏實。同時左腿逆纏向左側邁步，以腳跟裡側著地，腳尖上翹裡合。同時右手由腹前逆纏坐腕上翻，經左胸前、鼻前向右側前略上展開，掌心向右前略偏上，位在右眼右側前。同時左手由左眼左側前，先略逆纏向左側前展開，變順纏下沉裡合至腹前，腕後翻，懸臂掌心偏右前，指尖偏左前，眼先看右再看身左側，耳聽身後。（圖480－482）

　　這動作練時速度較快。要求：右手上掤、左手右引，左腳下進同時完成，邁步落腳要輕靈。

圖480

圖481

【技擊含義】

動作一：設敵人由我右前方進左步，用雙掌向我面部右側或右肩或右胸等部擊來，同時提右腿擊我下部。我即乘勢身快速右轉下沉，右腿震腳，左腿逆纏向敵右腿後套去。同時，右手上翻由敵右臂肘外側上方，將敵腕抓住或掤出；同時我左手順纏下沉裡合由敵右

圖482

腿外側截擊使敵被掤住，身左轉後傾失勢。

動作二：接上動作。設敵人被我右手上掤及左手將其右腿截擊，身向左轉後傾失勢，如我還不想放過，即乘敵人未變招之機，身快速先向右再向左轉，重心由右變偏左。視距敵遠近酌情用左肩、肘、手向敵人右肋部、右肩、腹部側擊。同時右手先逆後順纏外開下沉裡合至腹前，配合左手，以備左右交替使用。

這動作的右腳向左腳後插步腳尖點地，又可叫做偷步，是以進腿變化虛實，準備運用步法、腿法攻擊敵人以制勝之法。

動作三：設敵人由我身左前方進右步，用雙掌施採勁向我左肋擊來，欲將我擊倒。我即乘勢身向右轉，重心變右，左腿逆纏裡轉，屈膝上提，用腳向敵人右膝或右肋部踢去。同時右手由腹前逆纏上翻，將敵右臂、肘、腕向我右側前上掤出，或我用左臂手下沉裡合以採、挒勁截擊敵人右臂腕，使其雙手勁落空身前傾失勢，這運用右上掤、左下擊，或左臂手截化，出腿擊敵，使敵人上下難於兼顧，被擊受傷倒地。

第二十二式　高探馬

【動作說明】

動作一至動作三與一路太極拳高探馬前動作一、二、三練習方法及技擊含義完全相同。（圖483）

第二十三式　連環炮（一）

【動作說明】

分三段。身向右轉約45度，螺旋下沉，重心略偏左。左腿逆纏裡轉，腳掌踏實，五趾抓地。右腿順纏外轉，膝裡扣，腳掌踏實，五趾抓地。同時左手由左肩左側前順纏下沉裡合至兩膝中線前，懸臂、後翻腕，掌心偏右前，指尖偏左

圖483

前。同時右手由右肩右側前逆纏下沉至右膝外側，坐腕，指尖略偏右前上。眼先看左手再看右手，再看左側外，耳聽身右後。

　　身向左轉約140度，先螺旋上升，再螺旋下沉，再螺旋上升，重心由略偏左移至右再移至偏左。左腿屈膝、順纏外轉，腳跟提起離地隨身左外旋轉，再向左側後撤大步下沉，漸變實，腳掌踏實，五趾抓地。同時右腿逆纏裡轉，腳跟提起離地，以腳尖為軸，隨身旋轉（當左腳撤步停止後），腳跟再落地再變腳跟提起，以腳尖擦地略劃裡弧收回至左腳裡側，兩腳尖在橫向一條線上，間隔約45公分，右腿屈膝，虛步腳尖點地。同時左手由兩膝前逆纏裡轉裡勾腕上翻，經腹部胸前變順纏上翻至眼前下沉，經兩膝前下近地面採攦（故此式又稱「貼地攦」），再上升變逆纏提起至頭臉左側。高與眼同，裡下勾婉，掌心向裡下，指尖向裡下。同時右手由右膝外側先略順外開略上翻變逆纏上翻右眼右側前上，再變順纏（與左手同時，間距不超過肩寬），下沉裡合至近地面再上翻，屈肘，後翻腕，以小指領勁，位在右眼右前方，掌心向上，指尖向右前，眼看右前兼顧左。耳聽身左後。（圖484－487）

　　身先略向左轉略螺旋上升，再略向右轉螺旋略下沉，重心先左後右再移略偏右前。右腿先逆纏裡轉屈膝，腳提起變順纏向右側前上步，以腳跟著地發勁，再腳尖落地，腳裡扣，腳掌踏實，五趾抓地。同時左腿先順纏外轉，膝裡扣，五趾抓地。（當右腳變實後）變腳跟提起逆纏裡轉，以腳尖擦地跟步至右腳裡側偏左後，以腳跟頓地發勁，腳掌踏實，五趾抓地。右腳尖向右前方，左腳尖微向裡右前，形成不丁不八字步型。同時右手先順纏上翻屈肘裡合，指尖至右耳下

圖484　　　　　　　　　　　圖485

圖486　　　　　　　　　　　圖487

旋轉向前，變逆纏略下沉經右胸前再向右側前上翻掤出發
勁，臂半圓、坐腕、後翻手、掌心偏右前，指尖偏左後，高
與鼻尖同。同時左手由臉左側逆纏向左側後略上（裡勾腕變
後翻坐腕）旋轉屈肘裡合，手指經左耳下沉，經左胸向右前
微上變略順纏與右手同時發勁，位在胸前，指尖向上，掌心
向右側前，與右手形成斜向相合。眼先看左再看右前。耳聽
身左後。（圖488－489）

　　這動作練時速度較快。要求：二段，雙手上翻時腰、胸

圖488　　　　　　　　　圖489

要折疊開合對拉拔長，否則易有上浮之病。雙手下沉採攦時，周身要全部鬆沉，要做到上下相隨，雙手上攦時，要掤勁不丟，身手要上下相合。三段，上右步跟左步發勁時，要做到左腳跟蹉步發勁與雙手發勁及呼氣同時完成，以求達到呼氣、發勁，內外相合，發勁要整。

【技擊含義】

設敵人由我左側以左手抓住左腕部，以右手管住左肘關節，雙手用按勁，採勁，向我左胸部推來。我即乘勢身右轉下沉，重心略偏左。同時左臂手懸臂順纏引進，右臂手配合逆纏向右膝外下沉，使敵人雙手勁落空失勢。

如我不欲放過敵人，身快速向左轉約140度，先上升再下沉，再上升，重心由左移右變偏左。同時右腿逆纏以腳尖為軸，再腳跟落地（當左腿退步變實後）再腳跟離地，以腳尖擦地撤步收回至左腳右側前虛步腳尖點地。同時左腿先順纏腳提起向左側後撤一大步，再腳跟落地變實。同時我左手乘敵人失勢勁斷，逆纏裡勾腕，上提變順纏至眼前，順勢下沉變攦至襠前變逆纏上攦抓住敵左腕。同時右手以順、逆、

順纏上翻至敵左肘外側與左手同時向左側外擺敵左肘腕，使敵人左肘腕被我雙手採擺，身右轉向左前傾失勢。

如我還不欲放過敵人，身先略向左再向右轉，先上升再略下沉，重心先左後移偏右前。同時右腿先逆纏屈膝提腳，再變順纏向右側前敵人左腿後上發勁變實。同時左腿先順纏，五趾抓地，（當右腳變實後）腳跟離地，腳尖擦地隨右腳向右側前逆纏上步以腳跟頓地發勁。同時我左手向我左外擺敵左臂時，使敵身體被掤擺上仰，左胸、肋等部露出空間，我雙手即乘機以右肘尖或雙掌向敵左胸肋等部擊出。

第二十四式　連環炮（二）

【動作說明】

分二段：以腰為主宰結合丹田帶動，身快速向右旋轉螺旋略上升，再向左轉約60度，先螺旋下沉，再螺旋上升，重心先移右前，再下沉移偏左變左後。左腿逆纏裡轉腳跟提起離地，以腳尖擦地向左側後撤一大步，再腳跟落地變實順纏外轉，膝裡扣，腳掌踏實，五趾抓地。同時右腿先順纏外轉，膝裡扣，五趾抓地。（當左腳變實後）變逆纏，腳跟再提起離地以腳尖擦地略劃裡弧撤步至左腳裡側前，兩腳在橫向一條線上，腳尖虛步點地。同時雙手以右逆纏及左手裡勾腕順纏先略向裡上後，再向右側前上掤，（高與眼同，右手臂在外，左裡勾腕在右肘彎裡合住勁，與「六封四閉」動作三相同，但雙手臂較高）再變左雙順纏下沉至近地面，（左手在襠前，右手在右膝裡側）左手變逆纏，右手繼續順纏上擺，左手腕向裡下勾，掌心向下，指尖向裡下，位在左臉左側外，高與耳同。右手掌心向上，指尖向右側前，位在右肩前方。兩手間距與肩寬同。眼先看右前上再看右前下兼顧

左，再看身右側。耳聽身後。

　　身先略向左轉略螺旋上升，再略向右轉螺旋略下沉，重心先左後右再移略偏右前。右腿先逆纏裡轉屈膝，腳提起變順纏向右側前上步，以腳跟著地發勁，再腳尖落地，膝裡扣，腳掌踏實，五趾抓地。（當右腳變實後）再左腳提起逆纏裡轉以腳尖擦地跟步至右腳裡側左後以腳跟頓地發勁，腳掌踏實，五趾抓地。右腳尖向右前方，左腳尖微向裡右前、間距約30公分。同時右手先順纏上翻屈肘裡合旋轉，指尖經右耳下向前下沉變逆纏經右胸前，再向右前上翻掤出發勁，臂屈半圓，坐腕後翻手，掌心偏右前，指尖偏左後，高與鼻同。同時左手由臉左側逆纏向左側外略上（裡勾腕變後翻坐腕）翻旋轉，經左耳下沉至左胸前向右前微上略變順纏與右手同時發勁，位在胸前，右手下方，掌心向右側前，指尖向上。雙手不要左右錯開，雙手虎口斜相合。眼左顧右盼。耳聽身後。

　　這動作練時較快。要求：雙手合勁向右前上推出時要以腰結合丹田為主，形成腰、胸、腹、胯、臀、膝的運化折疊開合，同時左腳向左側後撤一大步，要形成右上左下，旋轉對拉拔長的對稱勁，以求勁能練到「支撐八面」的要求。發勁時要上下相合，內外相合，做到發勁要整，不散亂。

【技擊含義】

　　1.設敵人由正面以右手或左手摟住我頸項部，或敵人用雙手由我雙臂肘裡側用雙手將我摟住，欲將我抓住或抱起摔倒。

　　我即趁勢身向右轉約45度，重心移右。同時右腿順纏外轉，五趾抓地。左腿快速逆纏，向左側後撤步。同時我雙手臂肘合住勁向敵人下頦或面部擊去。

2.設我用雙手抓住敵人左腕肘部，向左外下變採攦時，敵人後仰頂住，這時我即雙手運用身法「欲後先前」、「欲下先上」，使敵人判斷錯誤失去重心，順勢下沉，將敵人推出。

第二十五式　連環炮（三）

練習方法及技擊含義與第二十四式完全相同，故省略。

第二十六式　倒騎麟

【動作說明】

動作一：以腰爲主宰結合丹田帶動，身快速先向左轉約45度，略螺旋上升，再向右轉約90度，略螺旋下沉，重心是左、右、左。左腿先順纏外轉，膝裡扣，變逆纏裡轉，腳掌踏實，五趾抓地。同時右腿先逆纏裡轉，再順纏外轉，膝裡扣，腳掌踏實，五趾抓地。同時右手由鼻前方中線先逆纏，略向裡合再向右前略上開展，變順纏略下沉繞小圈，再向右前上交叉合於左腕下，掌心向上，指尖向前，在鼻尖前約35公分左右。同時左手先順纏略向右前合，再逆纏裡勾腕，再向左後略開再變逆纏上翻經胸前交叉合於右腕上，雙腕交叉點高在胸前略上，外下勾腕，掌心向前下，指尖向前略偏下。眼左顧右盼。耳聽身後。（圖490）

這動作練時速度很快。要求：以腰爲主宰，結合丹田帶

圖490

動，身法運用及運勁上，要緊
湊與開展結合練習，達到「圈
小緊湊而不拘謹，圈大開展而
不散亂」的妙用。

圖491

　動作二：身向右轉約90
度略螺旋下沉，重心由左移至
右腳。右腿以腳跟為軸，腳尖
上翹，隨身順纏外轉，腳尖再
著地，腳掌踏實，膝裡扣，五
趾抓地。同時左腿逆纏裡轉
（當右腳外轉、腳掌外側著地後）腳跟再提起，以腳尖為軸
隨身裡轉。同時雙手逆纏坐腕略向前外上掤，領勁向右旋
轉，雙腕交叉點位在臉右側，高與眼同。眼先看雙手再看左
肘外側。耳聽身右後。（圖491）

　這動作練時較慢。要求：重心先向後坐，當雙手逆纏坐
腕、沉肩、略墜肘、上下相合，雙手大指領勁，再逆纏向右
轉，重心漸移右腳。雙腿拗步。兩大腿之間要虛，留有空
間。

　動作三：身向右轉約90度螺旋略上升，重心全部放在
右腳。右腿以腳跟為軸，腳尖略上翹翻身順纏右轉後，腳尖
著地，腳掌踏實，五趾抓地。左腿逆纏先向左側後蹬，再上
提腳裡合，旋轉約180度，屈膝上提，腳自然下垂。同時左
手由臉右側逆纏向左側橫展，再變順纏外轉裡合經頭左側外
上向前略下沉，位在兩眼中線前方，掌心向前下，指尖向前
上。同時右手由臉右側逆纏向右側橫向展開，變順纏向右外
開下沉裡合至腹前，指尖向左側，掌心向上。眼先看左手、
左腳，再看右手，再看前。耳聽身後。（圖492－493）

圖492　　　　　　　　圖493

　　這動作練時速度較快。要求：手到腳到，以手領勁，腿隨手轉，定勢時左前上手及右後下手要合在前後上下中線上。

【技擊含義】

　　動作一：設敵人由我右側前方進右步用右拳向我右胸擊來。我即趁勢，身先向左轉再右轉。我右手上翻由敵右臂外側抓住敵右腕。我左手也配合由順變逆纏，管住敵人右肘關節，上翻裡合，與右手合成一圈，使敵右臂肘腕裡翻，身向左旋轉傾斜，處於背勢。

　　動作二：接上動作，敵人右臂肘腕被我纏住，身左轉傾斜，處於背勢。如我還不想放過敵人，即乘勢身右轉90度，兩腳拗步變成右實左虛，同時雙手變逆纏向我身右側外掤，並以左手粘連敵人右肘關節旋轉不放，略向其腕部移動，繼以左肘施捋勁橫擊敵右肘關節，使敵右肘被擊身左傾失勢。

　　動作三：接上動作，敵人右肘關節被掤擊身左傾失勢，如我還不想放過敵人，即繼續向右轉，同時我右手向右牽敵右腕，使其右臂被我掤勁牽住不能收回變招。同時我左手及

左腳提起向敵人面部及右肋或右胯出擊，或左腿用裡合腿用腳向敵人後心踢去。同時左腿屈膝裡合上提，是爲了對付前後左右之敵人，轉身是爲了對付另外的敵人。

第二十七式　白蛇吐信（一）

【動作說明】

　　身略向右轉螺旋下沉。重心是右、左、略偏右後。左腿略順纏向前上大步，以腳跟著地發勁，腳尖再著地，腳掌踏實，五趾抓地。右腿逆纏裡轉（當左腳尖著地後）右腳提起跟步，以腳尖先著地再腳跟頓地發勁，腳尖斜向右外 45 度，距左前腳約 30 公分左右，同時左手由兩眼前逆纏經胸前偏右下沉至左大腿外側約 20 公分左右，掌心偏後下，指尖向前下。同時右手由腹前順纏經胸前偏左向前上穿出，肘沉，指尖向前偏上，位在鼻前中線約 30 公分處，眼先看左手再看右手。耳聽身後。（圖494）

　　這動作練時速度較快。要求：手到腳跟進，雙手發勁，腳上步跟步發勁，呼氣，同時完成。發勁要富於彈性。

【技擊含義】

　　設敵人由我面前進右步用右拳向我胸部擊來。欲將我胸部擊傷倒地。

　　我乘勢身快速略向右轉下沉，重心右、左、略偏右後。左腿略順纏向前上一大步後，五趾抓地。同時右腿逆纏向前跟一步發勁，五趾抓地。同時左手由眼前逆纏以採、捌勁下

圖494

沉，將敵右臂拳截化、採、挒至我身左側外，使敵人右拳直
勁被採挒截化，身略向前傾斜，同時我右掌由腹前順纏向前
上敵人咽喉穿擊。

第二十八式 白蛇吐信（二）

【動作說明】

動作一：身快速向右旋轉約在45度以內，先略上升再下
沉，重心全部放在右腳。提左膝、屈右膝，收臀。同時左腿
逆纏屈膝上提腳，腳尖向前裡下。同時右腿順纏外轉，膝裡
扣，腳掌踏實，五趾抓地。同時右手由鼻前中線逆纏裡轉外
翻先略向左，再向右外略上展開變順纏下沉裡合至腹前，略
裡上勾腕，掌心向上，指尖向左。同時左手由左大腿外側先
逆纏外開略向左側上變順纏，經頭左側上向前變逆纏下沉至
兩眼中線前，掌心向前偏下指尖偏前上，眼左顧右盼，瞻前
顧後，耳聽身後。（圖495－496）

這動作練時速度較快。要求：身法要上下結合，左前上
手與右後下手都要合在中線上。動作以腰為主宰，結合丹田

圖495　　　　　　　　　圖496

帶動，雙手要快速旋轉開合。

動作二：與第二十七式「白蛇吐信（一）」的練習方法相同，故省略。

【技擊含義】

動作一：設敵人由我前方以雙拳用雙峰貫耳的招法向我兩耳門擊來。

我即乘勢身快速向右轉略上升，再略下沉，重心變右。左腿逆纏屈膝上提。同時我右手由眼前以逆、順纏將敵左臂拳向右側掤開或圈繞纏住，合於我腹前，使敵左臂被掤開或被圈纏住肘關節挺直、肩架起，不得逃脫而失勢。同時我左手由左大腿外側以逆、順、逆纏，由左側外向前上截，採敵右臂拳，使其被截採而失勢。

動作二：技擊含義與「白蛇吐信(一)(二)」同。略。

第二十九式　白蛇吐信㈢

練習方法與第二十八式「白蛇吐信（二）」的動作一、二的練習方法與技擊含義均完全相同。略。

第三十式　轉身海底翻花

【動作說明】

以腰爲主宰，結合丹田快速帶動，身先向左轉約40度，螺旋略上升，再向右後轉約180度，螺旋略下沉，重心先右後移左腳。左腿先順後逆纏，（當重心移右後時）以腳跟爲軸，腳尖快速隨身裡轉約100度，腳掌踏實，五趾抓地。右腿先逆纏裡轉，五趾抓地，後變順纏外轉，膝裡扣，腳掌踏實，五趾抓地，（當重心移左腳後）屈膝裡合右腳提起。同時右手在鼻尖前方先快速逆纏裡轉變拳虛握，先向右前略上

劃弧展開，變順纏裡合下沉，經腹前略向左再向上經左胸前逆纏，裡下勾腕至鼻尖前變順纏向右膝外側，以拳背擊下（與右膝上提形成上下相合）臂伸展七、八分，拳心向上略偏左。同時左手在左大腿外側先順纏變拳略向前，再變逆纏經左胯外側向後再向左側外旋轉變順纏屈肘略下沉裡合外轉，上翻拳，再變略逆纏，位在左耳左側外，拳心向裡後微偏下。先看左後再看前。耳聽身後。（圖497－498）

圖497

圖498

這動作練時速度很快。要求：動作運勁以腰為主宰，結合丹田帶動，動作要靈活、瀟灑、纏綿、緊湊，上下相合，兩臂要相吸相繫，周身一家。

【技擊含義】

接上式，我向前以右手指尖向敵人咽喉插去，敵人受傷失勢，而這時另外一個敵人由我後面進步用雙手施按勁向我雙肩或後心擊來，我即趁勢快速先向左再向右後轉，重心先右後左。左腿先順後逆纏，以腳跟為軸，腳尖裡轉後，五趾抓地。右腿先逆後順纏屈膝上提腳。同時右手變拳以逆、順纏領勁以挒、採勁向敵人右臂、肘、頭右側擊出，再下沉，

同時右膝上提向敵腹部撞擊。
同時我左手變拳以逆、順、逆
纏從左胯外側向左側開，上翻
裡合，以維持身體平衡，或向
敵右耳門擊出。

第三十一式　掩手肱錘

　　動作及技擊含義與第一路
第四十三式之掩手肱錘完全相
同，故省略。（圖499）

圖499

第三十二式　轉身六合

【動作說明】

　　動作一：身先略向左轉螺旋略上升，再向右轉約50度螺
旋下沉，重心先右後偏左。左腿先順纏外轉，膝裡扣，腳掌
踏實，五趾抓地，再逆纏裡轉；右腿先逆纏裡轉再順纏外
轉，膝裡扣，腳掌踏實，五趾抓地，同時右拳由右肩前方逆
纏先向右外略開劃下弧再向上
旋裡合，經眼前向左肩前下
沉，以食指背根節輕貼於左肩
前，拳心偏左前方。同時左拳
心在左肋粘連，先逆纏略向左
後外開，再粘連旋轉略上提旋
轉至左胸，順中線下沉至兩膝
中線前，臂略屈，肘外掤，裡
後翻腕，拳心向左偏前。眼先
左顧右盼再看前，耳聽身後。

圖500

（圖500）

這動作練時速度較快。要求：動作以腰爲主宰，結合丹田帶動，做到胸、腰、運化折疊開合。在開時要充分運用胸腰運化，肩勿抗起，要放鬆。要求做到氣貼脊背，合時順氣下沉。

動作二：身微向右轉螺旋下沉，重心偏左。左腿逆纏裡轉，腳掌踏實，五趾抓地。右腿順纏外轉，膝裡扣，腳掌踏實，五趾抓地。同時左拳由兩膝中線前逆纏外開變略順纏至左膝外側約25公分，拳虛握拳心向後。同時右拳由左肩前逆纏向右下沉外開變略順纏至右膝外側約25公分左右，拳心向後，虛握。眼左顧右盼，耳聽身後。（圖501－502）

圖501　　　　　　　　圖502

這動作練時速度較緩慢。要求：周身放鬆，掤勁不丟，先上下相合，再分向左右外開。

動作三：身先略向左轉略螺旋上升，再向右轉約270度，先略螺旋下沉，再螺旋上升，重心先偏右，後全部移到左腳。左腿先順纏外開，膝裡扣，變逆纏裡轉（當右腳蹬地屈膝上提腳時）以前腳掌及腳跟前後交替運用，隨身旋轉約

270度，腳掌踏實，五趾抓地。右腿先逆纏裡轉變順纏外轉，膝裡扣，腳掌踏實，五趾抓地。然後右腳跟蹬地屈膝裡合，上提，腳隨身旋轉。同時雙拳由兩膝外側先略上揚雙逆纏再變雙順纏略外開略下沉，再向前略上，以左前外右裡後雙臂腕交叉合。雙腕略向裡下勾，雙拳心交互向右後及左

圖503

後，位在兩膝中線前略上，雙臂略屈勿直。眼先左顧右盼，再看左前下，耳聽身後。（圖503）

　　這動作練時速度先較慢後轉快。旋轉時要上下、左右相合。

【技擊含義】

　　動作一：設敵人在我正面，左腳在前，以雙手抓住我雙腕，右手將我左手腕扣於我左肋旁，左手將我右腕抓住向我右前方引，欲變招勝我。我即乘勢先略向左轉再向右轉下沉，重心先右後偏左。同時雙拳先逆纏略外開引化敵人雙手抓我雙腕之勁，使其雙手勁減弱或處於背勁。

　　然後我雙拳繼續雙逆纏裡合，以左臂肘逆纏截敵右腕，並乘機以肘向敵人胸部擊去，如距離稍遠，則用下採勁以左拳向敵襠內採擊。同時我右拳上翻裡合向敵左耳門合擊，如距敵稍遠，則用右拳裡合上絞敵人左臂，使其抓我右腕之手被絞截而處於背勢。這樣我運用右上絞左採擊，使敵被擊傷或處於背勢。

　　動作二：接上動作，敵雙臂腕手被我絞擊而處於背勢，

如我還不想放過敵人，我即趁勢身微右轉，重心偏右再移左。同時雙拳先下沉施採勁（上下相合），再向左右分開敵雙臂，使敵胸腹部暴露而處於背勢。

　　動作三：身先向左略轉再右後轉，重心由右移左。左腿先順纏外轉，再逆纏裡轉。右腿先逆纏裡轉再順纏外轉（右腳蹬地，重心移左）屈膝裡合上提，向敵襠撞擊。同時我雙拳由兩側先略上揚雙逆纏變雙順纏略外開，略下沉（這是為了加大合擊敵人之力量），再略上升裡合，向敵兩肋、腰兩側合擊。

第三十三式　左裹鞭炮（一）

【動作說明】

　　動作一：身先微向右轉再略向左轉螺旋下沉，重心先右後移略偏左。右腿先順纏微向外轉下沉震腳變實再逆纏裡轉，腳掌踏實，五趾抓地。左腿逆纏裡轉屈膝上提腳離地，再向左側橫向邁步，腳跟裡側先著地再變略順纏，以腳跟為軸，腳尖略外轉著地，膝裡扣，腳掌踏實，五趾抓地。同時雙臂左前外，右裡後，雙腕交叉逆纏略裡轉，雙拳向前下沉，繼續領勁（當左腳向左側邁步變實後），位在兩膝中線前，雙臂半圓，雙拳心向左後及右後方，眼看前下兼顧左側，耳聽身後。（圖504）

　　這動作練時速度較快。要求：雙臂腕左前右後交叉向前下採發勁，右腳下沉震腳，左

圖504

腿屈膝上提腳，呼氣同時完成。在腳向左側橫向邁步時，重心在右，邁步後，重心先向右下沉再移略偏左，變換重心虛實時襠走下弧身要正，勿左歪右斜。

動作二：以腰為主宰，結合丹田帶動身快速先微向左轉，再微向右轉，再向左轉約45度，先略上升再下沉再向左轉螺旋上升，重心先略偏左再向右下沉再移偏左，左腿先略順纏外轉膝裡扣變逆纏裡轉，五趾抓地，再變順纏外轉向左側蹉步，腳跟發勁，膝裡扣，腳掌踏實，五趾抓地。右腿先略逆纏裡轉，變順纏外轉，膝裡扣，五趾抓地，再逆纏裡轉與左腳同時向左側蹉步腳跟發勁，腳掌踏實，五趾抓地。同時雙臂腕交叉，雙拳虛握，運用抖勁，雙腕折疊先雙順纏略向前，再向後雙逆纏裡扣下沉，變雙順纏分向左右兩側屈沉肘發勁。位在兩膝上，高與肋同，雙拳心向上，眼看左側兼顧右，耳聽身後。（圖505）

這動作練時速度很快。要求：以腰為主宰，結合丹田帶動，蓄而後發，發勁時雙拳發勁、雙腳向左側蹉步、腳跟發勁、呼氣、同時完成。

【技擊含義】

動作一、二連起來：動作一是蓄勢，是「裹」勁，要合、要緊；動作二是「發」勁，發勁要鬆活彈抖，是開。像捲爆竹一樣，捲得愈緊，放得愈脆。

這是一種以少勝多，一人對付多人的群戰式的步法身法，及雙拳臂同時左右開弓的

圖505

擊敵之法。

當腿與臂交叉時為裏，是雙拳與腿的蓄勁，當雙拳向左右分開、雙腿分開時為「鞭」，是周身的放勁。在敵群中要先緊緊裏一下，使氣更下沉，蓄足勁，然後才能很脆地向左右之敵發出捌擊勁。

第三十四式　左裹鞭炮（二）

【動作說明】

動作一：身先略向右轉螺旋下沉，再向左轉先上升後螺旋下沉，重心由左移偏右。左腿先逆纏裡轉變順纏外轉，膝裡扣，腳掌踏實，五趾抓地，（當右腳向左腳左側前交叉下沉震腳後）然後腳跟提起，腳尖點地為軸隨身旋轉。右腿先順纏外轉，膝裡扣，腳掌踏實，五趾抓地，腳跟蹬地，屈膝上提腳向左腳左側前交叉蓋步，以腳跟外側先著地發勁變實，五趾抓地。

同時雙拳由兩膝上分向左右先順纏下沉，再變雙逆纏由兩側前上雙腕交叉（比眼略高），左手在前外，右手在裡後，向前下施採勁，位在腹前，雙臂半圓，雙拳心向左後及右後，眼左顧右盼，耳聽身後。（圖506）

這動作練時速度較快，兩腳落地要沉穩。要求：身法上要做到欲合先開，欲左先右，雙臂拳交叉，右腳向左腳前蓋步交叉，發勁及呼氣同時完成。

圖506

圖507

圖508

動作二：與三十三式動作一相同。（圖507）

動作三：練習方法與第三十三式動作二完全相同。（圖508）

【技擊含義】

動作一、二、三連起來，接上式動作二，雙拳與雙腿向左右兩側放勁，發勁要表現出具有堅強的彈性，這樣接下式的動作一、二、三連續連發兩次，雙拳由雙順纏下沉的「開」變為雙手向前上交叉雙逆纏下沉，同時將右足提起下落在左足的左側前邊震腳，使雙拳雙腳交叉的裏起來。這又是一「裏」。此時雙臂裡裹，具有下沉勁，脊背亦須繃勁，作到氣貼背，使周身具有十足的蓄勁之勢。接著快速以腰為主宰結合丹田帶動，雙拳虛握快速先雙順纏向前放鬆，再雙逆纏向後略偏右下沉，結合腰、胸腰折疊開合旋轉，再向左右兩外側並微向後發出捌勁，同時雙腳向左側蹉步發勁，這又是一「鞭」。

這是一個既是「走」，又是「攻」的以一人對付多人的群戰拳式的技擊方法，在敵群中，可快速連續發勁，尋隙向

左右之敵進攻。

第三十五式　右裹鞭炮（一）

【動作說明】

動作一：身先向右轉約45度螺旋略上升，再向左後轉約225度螺旋下沉，重心左、右再略偏左。右腿先順纏外轉，膝裡扣，變逆纏裡轉，以腳跟為軸，腳尖擦地隨身旋轉後，腳掌踏實，五趾抓地。

左腿先逆纏裡轉，五趾抓地，變順纏外轉，腳跟略提起離地，以腳前掌擦地向左後外掃，停於右腳橫向左側一大步外，腳跟落地，腳掌踏實，五趾抓地。同時右拳由右膝上先順纏向右後外開，再逆纏裡轉由外向裡劃大圈交叉於左臂腕裡側兩膝中線前。

同時左拳由左膝上先逆纏裡轉略向裡上合，再順纏向左後外開變逆纏裡合，交叉於右臂腕上，雙臂半圓，雙腕略向裡後勾，雙拳心向左後及右後，位在兩膝中線前。眼先看右再看左，耳聽身後。（圖509－510）

圖509

圖510

這動作時速度較快。要求：身向左後轉時重心要下沉，腰上要合住勁，身勿後仰。雙拳交叉及左腳後掃同時完成。

　　動作二：練習方法與第三十三式的動作二完全相同。（圖511）

圖511

【**技擊含義**】

　　動作一、二：它是以右腳作為旋轉中軸，用蓄勁的「裏」勢來挪轉身體，左腳隨轉體橫掃半圈，向左側之敵腿橫掃，在掃時要保持身體平衡。

第三十六式　右裏鞭炮（二）

　　這個拳式與三十四式左裏鞭炮動作和技擊含義完全相同，唯方位相反，故省略。（圖512－513）

圖512

圖513

第三十七式 獸頭式

【動作說明】

動作一：以腰爲主宰，結合丹田帶動，身快速向左轉約45度螺旋略上升，再向右轉約50度。螺旋下沉。重心是先右後偏左。左腿先順纏外轉，膝裡扣，五趾抓地，再以腳跟爲軸，腳尖略上翹逆纏，隨腿裡轉約90度後，腳掌踏實，五趾抓地。右腿先逆纏裡轉，腳掌踏實，五趾抓地。再變順纏外轉，腳跟提起，腳尖擦地向後退一大步，以腳跟踏地發勁，腳掌踏實，五趾抓地。

同時右拳由右膝上方向右側前上逆纏裡轉折腕變順纏外轉，向前上展出旋轉（位在兩眼中線前，虎口向上，臂略屈伸展至七、八分），當左拳向前上掤擊發勁時，右拳順纏收回至腹前，虎口向前，拳心向上。同時左拳先逆纏裡轉、沉肩、屈肘至左肋略後，裡折腕，變順纏以拳背近虎口處貼腰肋至腹前（當右拳由前上順纏收回的同時），由右拳臂上順纏向前上發勁，位在兩眼中線前，臂伸展至七、八分，裡折腕，拳心向裡，虎口向上略偏左，眼左顧右盼，瞻前顧後。耳聽身後。（圖514）

這動作練時速度很快。要求：動作運勁以腰爲主宰，要纏綿曲折，螺旋進（拳）退（腳），如龍似蛇，柔中寓剛，發勁要有彈抖勁。左拳與右腳跟發勁要對稱，同時完成。

圖514

動作二：以腰爲主宰，結合丹田帶動，身快速先略向右轉約30度略螺旋上升，再向左轉約75度螺旋略下沉，重心先偏左後偏右。右腿先順纏外轉，膝裡扣，變逆纏裡轉，腳掌踏實，五趾抓地。同時左腿先逆纏裡轉，腳掌踏實，五趾抓地，湧泉穴要虛，變順纏外轉，腳跟提起離地，腳尖擦地向左後退一小步，虛步腳尖點地。同時左拳先逆纏裡折腕，向前上在兩眼中線前纏一小圈變順纏，由右拳臂下收回至腹前，拳心向上微偏裡，虎口向前。同時，右拳向前上發勁，臂伸展至七、八分，拳心向裡，虎口向上。眼瞻前顧後，耳聽身後。（圖515－516）

圖515

圖516

這動作練時向右轉兩拳領勁，纏小圈時速度很快，身向左轉挪右拳收左拳，退步時較慢。要求：雙拳領勁由逆變順纏繞小圈時要快速，胸、腰、腹、胯、臀折疊、旋轉，運化纏綿曲折，如游龍翻滾，運勁要柔中寓剛。

【技擊含義】

動作一：設敵人以雙手抓住我雙手腕，而且距離很近，這時我即乘勢身快速先向左再向右轉，重心先右後左。雙手

先雙逆纏分化敵人雙手臂，再變雙順纏，以右拳自敵左腕外側纏繞其腕部，使其左手背被我纏截處於背勢。同時我左拳由肋部屈肘順纏至腹前，使敵右手背被我纏截失勢。這時我右手臂順纏下沉收回，使敵身前傾失勢，同時我左臂肘拳由我右臂上向敵人面部、胸部擊去。同時我右腳順纏退後一大步腳跟發勁。這是以退為進，以守為攻的擊敵之法。凡是與敵距離過近，均可退一步，同時以一拳或雙掌向敵人胸部、面部擊出。

動作二：設我退右步以左拳向敵人胸部、面部擊去，被敵人施採勁截斷，敵人欲變招勝我。我即乘勢，身快速先向右再向左轉，重心由左變右，我左拳先逆後順收回至腹前，右拳同時由左臂拳上向敵人胸、面部擊出使敵被擊受傷倒地。同時我左腳向左後退一步，這還是調整距離。以退為進的擊敵之法。

第三十八式　劈架子

【動作說明】

動作一：身先略向左轉約15度螺旋上升，再向右轉約45度螺旋下沉，重心先右後偏左。左腿以腳尖點地為軸，先順纏外轉開襠，再逆纏裡轉合襠。右腿先逆纏裡轉變順纏外轉，膝裡扣，腳掌踏實，五趾抓地。

同時右拳由兩眼前順纏變掌略向右上展，再逆纏裡轉由左手外下沉至右膝外側上，掌心偏右下，指尖向前。同時左拳由腹前順纏變掌先略下沉，再逆纏裡下折腕，由右手裡側向前上掤，位在兩眼中線前略上。眼左顧右盼，耳聽身後。（圖517-518）

這動作練時速度先快後略慢。要求：做到「欲合先開」

圖517

圖518

左手上翻掤，身下沉重心在左；右手下沉，右腳要虛。即右重則右虛。

　　動作二：身快速向右轉約90度螺旋下沉，重心爲左、右、左。左腳尖蹬地彈起向前方逆纏裡轉，跳一大步下沉，腳五趾抓地。右腿順纏外轉，膝裡扣，先蹬地跳起向右前方落下，腳掌踏實，五趾抓地。同時右手由右膝外側上逆纏裡轉上翻到左肩前，以大指尖貼肩前，指尖向上偏左。同時左手由兩眼中線前略上方順纏下沉裡合至兩膝中線前，臂伸展至七、八分，腕外折，掌心向右略偏上，指尖向左前略偏下。眼看左側前。耳聽身後。（圖519）

圖519

　　這動作練時很快。要求：勁起腳跟，利用蹬地的反作用力，將身騰空彈起。雙臂交叉，兩腳下沉落地，同時完成。

動作三：身快速向左略轉略螺旋上升，再向右轉約45度螺旋下沉，再向左轉約50度螺旋上升，重心左、右、左。同時雙腿先左順右逆纏變左逆右順纏，再變左順右逆纏，兩腳跟蹬地提起，以兩腳尖擦地向前方蹉步，以兩腳跟震地發勁，兩腳五趾抓地。同時右手由左肩前先略順纏向右側外繞一圈，再逆纏合至左肩前，再向右側外下展開發勁，位在右大腿外上側，掌心偏右側外下，指尖向右前。同時左手由兩膝中線前先逆纏向左前上，繞一圈下沉至原位，變順纏屈肘由右臂肘下向左前上掤出發勁，掌心向上，指尖向左前上，位在左眼前。眼看左手兼顧右。耳聽身右後。（圖520）

這動作練時速度很快。要求：雙手斜分，雙腳蹉步發勁，勁要整，要對稱，要富有彈性。

【技擊含義】

動作一：設敵人由我前方進右步，用雙掌向我胸部施按勁擊來。

我即乘勢身快速先略向左再右轉下沉，重心移偏左。同時雙拳變掌先雙順纏略上下開試探對方的勁路，再變雙逆纏，左手上掤敵右臂，右手下沉截分敵左臂，使其胸前中線露出，我再乘勢變招取勝。

動作二：接上動作，設敵右臂被我左臂手掤起，如敵右手按我左臂欲將我推出取勝，我即乘勢身快速向右轉90度下沉，重心左、右、左。我左手順纏裡合下沉至兩膝前，使敵左手按我之勁落空身前傾失

圖520

勢，我右手逆纏上翻裡合至左肩前，一是保護我頭部左側，同時可用撲面掌向敵面部出擊。同時我雙腳右先左後蹬地跳起，右轉下沉，以左腿插襠或套敵右腿外側，視情況準備乘機取勝。

　　動作三：接上動作，設我已接近敵人，距離近則用左肩及左背向敵胸腹等部靠擊。如左腿在外套住敵右腿，距離稍遠，則用左膝裡扣，左肘外翻向敵胸腹等部擊出，用裡扣外翻之法，將敵人摔倒。距離再遠，則用左手向敵下頦擊去。低勢可以以左手挑敵襠部。

第三十九式　翻花舞袖

【動作說明】

　　身先略向左轉略螺旋上升，再向右轉約100度，先螺旋下沉再上升，再向左轉上升，然後螺旋下沉。重心左、右、左。左腿先順纏外轉，膝裡扣，變逆纏裡轉，腳五趾抓地，再變順纏外轉，腳跟蹬地、屈膝、身騰空先跳起身左轉向左後換步下沉震腳，五趾抓地。

　　右腿先逆纏裡轉變順纏外轉，膝裡扣，五趾抓地（當左腳跳起後）變逆纏，腳跟蹬地彈起，換步向右前方下沉（左先右後或同時）震腳，五趾抓地。同時雙手由左前上、右後下，先略左逆右順纏領勁變左順右逆纏向右下沉（兩手間距與肩寬同，身跳起上翻下沉砍時間距不變），再變左逆右順纏，經身右側外及頭右側上領勁上翻變左順右逆纏下砍，右手在前，掌心向前偏下，指尖向前偏上，位在右膝偏裡前。左手在後，位在兩膝中線略上方，掌心向前偏下，指尖偏前上，眼瞻前顧後，再看右前，耳聽身左後。（圖521－522）

　　這式子練時速度很快。要求：以腰帶動，以手領勁旋轉

圖521　　　　　　　　　圖522

上翻下劈砍發勁與雙腳下沉震腳同時完成。上翻時，兩臂要輪圓，神氣鼓蕩，氣勢渾圓。上升時兩手仍保持一小臂寬。

【技擊含義】

　　設敵人在我左前方，左腳在前，以雙手抓住我左臂肘，施按勁欲將我推出。我即乘勢身快速先略向左轉上升再向右下沉，再向左上升再下沉。重心是左、右、左。我左手先略逆纏上掤，使敵判斷失誤（欲下先上之意），再順纏裡合下沉，使其按動落空，我即乘勢雙腳蹬地，身騰空跳起，雙臂手左逆右順纏，經身右側外及頭右側上領勁上翻變左順右逆纏，向敵頭部及肩背等部下沉劈砍。

第四十式　掩手肱錘

　　與第十七式掩手肱錘同。
（圖523）

圖523

第四十一式　伏　虎

【動作說明】

動作一：以腰爲主宰，結合丹田帶動身快速向左轉約45度，螺旋略上升，重心在左。左腿順纏外轉，膝裡扣，腳掌踏實，五趾抓地。右腿以腳跟裡側爲軸，腳尖裡轉逆纏貼地向右後方蹬出，五趾抓地。同

圖524

時右拳由右肩前方逆纏略裡折腕向右前上方旋轉，再變順纏外轉略向裡上合，腕略向外翻，位在兩眼中線前略上方，拳心偏左上。同時左拳由左肋先逆纏略下沉外開，再向左前上變順纏外轉略向裡合，位在左眼左前上方，拳心偏右前上方，眼看身右側，耳聽身左後。（如護心拳動作二）

這動作練時速度很快。要求：以腰爲主宰，運勁要做到上引下進，有上即有下，要對稱，以保持身體平衡。

動作二：身先右轉約135度，再向左轉約135度螺旋下沉，重心先左後下沉移偏右後。左腿先逆纏裡轉，再順纏外轉，膝裡扣，腳尖裡勾，五趾抓地。右腿先順纏外轉，膝裡扣，變逆纏裡轉，屈膝下沉，五趾抓地。同時右拳由兩眼中線前略上逆纏略裡折腕下沉到腹前略上，向右側掤出略變順纏外轉上掤，再變逆纏向上到右耳右側上方，略裡折腕，拳心向左前偏下。同時左拳由左眼左前略上方順纏裡合，到眼前中線下沉至腹前下變略逆纏略裡上折腕，拳心向上。眼先看身右側，再看左前方，耳聽身右後。（圖524）

這動作練時速度略慢。要求：身向右轉下沉、右拳裡合

下沉外掤時，重心在左，右拳向上掤時，重心移偏右。

【技擊含義】

動作一：設敵人在我身右側，以右手抓住我右腕，並以左手抓住肘關節，雙手施按勁，欲將我向左方推出摔倒。

我即乘勢身向左轉略上升，重心移左。左腿屈膝順纏，五趾抓地。右腿以腳跟為軸，腳尖裡勾貼地向右後方蹬出。同時我右拳先逆後順纏向右前上，再裡合到兩眼中線前上方引進，使敵人雙手按勁落空失勢。同時我左拳由左肋部先逆後順纏，先略外開略下沉再向左前上與右拳相合，以維持身體平衡。這是上引下進之法。

動作二：接上動作，設敵人雙手按勁被我上引下進之法使之落空，身前傾失勢，這時我應乘機以右臂、肘、拳逆纏下沉外掤，以右肘尖向敵胸、腹等部橫擊。如敵人身左轉、含胸、塌腰避開我右肘擊出之勁，我即乘機以左臂、肘、拳裡合向敵面部右側右後肩及後心擊出。

下沉重心後移時是蓄勢。也可以右臂、拳由敵左腋下穿出上掤裡合敵人左肩，乘機將身貼近敵身，同時我左臂拳裡合下沉旋採勁截敵人右臂手。運用右臂拳上掤裡合敵人左肩，及裡合下採截敵人右臂肘之勁，同時運用腰胯之勁將敵人向我左前下方摔出。

第四十二式　抹眉紅

【動作說明】

動作一：身略向右轉螺旋下沉，重心在右。右腿順纏外轉，膝裡扣，腳掌踏實，五趾抓地，左腿逆纏裡轉，五趾抓地。同時，右拳變掌屈肘外折翻腕逆纏下沉至右耳下，指尖向後，掌心向右前方。同時左拳在腹前下略順纏下沉，拳心

向上略偏裡。眼看左前方。耳
聽身右後。（圖525）

圖525

這動作練時速度較慢。要
求：上下左右、斜線、內外相
合、蓄足勁。

動作二：身向左轉約330
度螺旋上升再下沉，重心右、
左、右，再偏左後。左腿以腳
跟爲軸（或左腿先提起，向前
方蹬出），腳尖順纏外轉變實
（當右腳跟蹬地騰空時），隨後腳蹬地身騰空旋轉（右腳尖
先著地、再腳跟著地），腳尖先著地腳跟再著地，腳掌踏
實，五趾抓地，右腿逆纏裡轉，腳跟蹬地後隨身騰空旋轉下
沉，腳尖先著地，再腳跟著地，腳掌踏實，五趾抓地。同時
右掌逆纏裡轉坐腕向左前上方（高與眼同），推出領勁旋轉
360度後略順纏下沉，比右肩略高，臂半圓，指尖偏左上，
掌心向右前方。同時左拳由襠前下逆纏屈肘裡合至左腰部，
變掌或拳叉腰。眼看右掌兼顧左，耳聽身右後。（圖526－
527）

這動作練時速度很快。要求：雙腳蹬地跳起身騰空旋轉
時要身隨掌出，落地下沉時要上下、左右相合。

【技擊含義】

動作一：這是一個人對付多數敵人，準備突圍之前的蓄
勢。

動作二：設我欲突圍，採取的方法是在進攻中求解脫，
而不是被動的跑。這時我要乘機選擇較弱的敵人，以右掌逆
纏坐腕（視距離遠近），以肘或掌向敵人頭部擊去，同時以

圖526　　　　　　　　　圖527

身騰空向敵人衝去，在衝擊騰躍時，要以肩、背、胯的靠擊勁，肘、膝的撞擊勁，腿腳的踢蹬勁，以及右掌的推擊勁在旋體中一齊發出，以凶猛之勢衝出重圍，以利再戰。

第四十三式　右黃龍三攪水

【動作說明】

動作一：（分爲四段）

⑴、身先右轉約45度螺旋略上升，再向左轉約100度螺旋下沉再上升，重心是左、右、左。左腿先逆纏裡轉，五趾抓地。（當重心移右腿時）腳提起向左後退一步變順纏外轉，膝裡扣，腳掌踏實，五趾抓地，右腿先順纏外轉，膝裡扣，變逆纏裡轉，腳掌踏實，五趾抓地，（當重心移到左腿時）腳提起劃裡弧，虛步腳尖點地併於左腳裡側旁，腳尖偏右前方。同時右手由右肩右前方先逆纏裡合略沉向右前上旋轉繞一小圈開，再順纏向右側前開下沉裡合至腹前中線約50至60公分，腕外折後翻，掌心偏左前方，指尖偏右前方。同時左手叉腰（或以左拳面抵腰），眼以身右側爲主兼顧

左，耳聽身左後。（圖528）

　(2)、身向左轉約45度螺旋下沉，重心全部放在左腿。左腿順纏外轉，膝裡扣，腳掌踏實，五趾抓地。右腿屈膝腳提起逆纏裡轉向右側前邁步，以腳跟裡側著地，腳尖上翹裡合。同時右手由腹前中線順纏裡合上引，位在兩眼中線前方，掌心向上，腕外折後翻，指尖偏右前方。眼看身右側，耳聽身左後。（圖529）

圖528　　　　　　　　　　圖529

　(3)、身向右轉約180度，先螺旋下沉再上升，重心由左移右，右腿順纏外轉，膝裡扣，以腳跟為軸，腳尖外轉約180度後腳掌踏實，五趾抓地。左腿逆纏裡轉（當重心移右腳後）腳提起虛步併於右腳裡側旁，腳尖向左前方。同時右手由兩眼中線前逆纏領勁（隨身下沉，手仍保持與眼同高），向右側前展開，臂伸展到七、八分，坐腕，掌心向右側前方，指尖偏左裡前上方。眼先看身右側，再看右手，耳聽身後。（圖530）

　(4)、身向左轉約180度，先螺旋下沉再上升，重心由右移左。左腿屈膝提腳向左後方劃外弧，順纏外轉退一大步近

180度腳著地，五趾抓地。右
腿逆纏裡轉，腳掌踏實，五趾
抓地。（當重心移左腳後）腳
屈膝提起劃裡後弧併於左腳裡
側旁，腳尖向右前方。同時右
手由右眼右側前方先略逆纏開
展變順纏裡合下沉至右膝外
側，再經襠前向上引至兩眼中
線前方，掌心向上，指尖向右
前方。臂伸展至七、八分。眼

圖530

先看右手再看身右側，耳聽身左後方。（如圖528）

　　這動作練時(1)、(2)速度較快，(3)先慢後快，(4)較快。要
求：動作運勁要快慢相間，向右旋轉重心移到右腳後，跟左
步時，要右手向右外上掤與左肩沉肘墜、右上左下斜線對
稱，以保持身體平衡；退左腳併右步時，右手與左肘要先開
後合。

　　動作二：練習方法與動作一的(2)、(3)、(4)段相同，故
略。

　　動作三：練習方法開始(1)、(2)段與動作一的(2)、(3)段相
同。(3)段：身向左轉約90度螺旋下沉，重心由右移偏左。
右腿逆纏裡轉，五趾抓地，（當重心移到左腿後）以腳跟為
軸，腳尖略上翹裡合。左腿順纏外轉劃外弧向左後退約近18
0度著地，腳掌踏實，五趾抓地。同時右手由右眼右側前由
逆纏變順纏外開下沉裡合到右膝前略上方，掌心向左，指尖
偏右前方。眼先看右手再著右肘外側，耳聽身左後。（實際
上這個(3)段比動作一(4)段少一個螺旋上升及併右腳。右手順
纏下沉裡合至右膝前方，僅差裡合至兩眼前中線。其餘則完

全相同）。（圖531）

動作四：這動作是由右黃龍三攬水連接左黃龍三攬水的動作，現暫定爲動作四。身先左轉約爲90度先螺旋下沉再上升，再向右轉約180度螺旋下沉，重心由左後移偏右後。右腿由右前方腳跟蹬地，身騰空逆纏屈膝裡轉上提，腳裡合變順纏外轉向右後方下沉震

圖531

腳，五趾抓地。左腿先順纏外轉，膝裡扣，腳掌踏實，五趾抓地，（當右腳蹬地屈膝提起後）腳跟蹬地身騰空旋轉向左前方下沉震腳，五趾抓地，湧泉穴要虛。同時右手由右膝前略上方順纏裡合變逆纏，經身前及左側上翻，經頭上左側變順纏下沉劈至兩膝前，臂伸展七、八分，坐腕，掌心向左前下，指尖偏左前上。同時左手由左腰逆纏外開下沉變順纏，經身左側上翻，經頭左側上變逆纏向左前下沉劈，位在左膝前上方，眼先看右前再看左前方。耳聽身右後。（圖532－533）

這動作練時速度很快。要求：身騰空旋轉，雙腳跳起下沉震腳與雙手下沉劈下，呼氣同時完成。勁要整，身要中正。

【技擊含義】

動作一：

⑴段：設敵人由我右側前進右步，提左腳向我右胯、右肋部踢來。我即乘勢身快速先向右略轉再向左轉約90度，先螺旋略上升，再下沉，再略上升，重心左、右、左。右腿先

圖532　　　　　　　　圖533

順（當重心移左腳後），後逆退步，併於左腳旁虛步，腳尖點地。左腿先逆後順纏退一大步，變實，五趾抓地，同時右手由右眼右側前先略逆變順纏裡合下沉，以採勁截敵人左腳踢來之勢。將敵左腿腓骨擊傷。

(2)段：設敵從我身右側以雙手抓住我右臂肘，使按勁欲將我向身左側推出。我即乘勢身向左轉約45度螺旋下沉，重心在左。左腿順纏，五趾抓地，右腿逆纏向右前邁步以腳跟裡側著地，腳尖上翹裡合。同時右手順纏裡合懸臂引進，使敵人雙手按勁落空身前傾失勢。

(3)段：接上段，設敵人雙手按勁落空，身前傾失勢。我即乘勢向右轉約180度，先下沉後上升，重心由左移右，右腿順纏，五趾抓地，以腳跟為軸，腳尖外轉約180度著地踏實，五趾抓地。左腿逆纏，五趾抓地，（重心右移後）腳提起裡轉併步於右腳旁。同時右手臂、肘、手視距離敵人遠近，乘敵人身後坐調整重心之機，距敵較近，則用右肘尖向敵人胸部擊去；距敵較遠，則用右手向敵面部擊去，將敵胸、面等部擊傷而制勝。

(4)段：設敵人在我面前，以左臂、肘、手插入我右臂裡側肋部，乘機欲進左步身右轉運用左臂及腰胯之力，將我向左前方摔出。我即乘敵人未變招之前，身向左轉約180度下沉，重心由右移左。右腿逆纏裡轉，腳跟爲軸，腳尖裡勾虛步，併於左腳旁。左腿順纏向左後退一步，腳落地變實，五

圖534

趾抓地。同時右手先略逆纏略外開變順纏下沉裡合將敵左臂、肘夾我右肋部，使敵左肘被我截絞上托疼痛而失勢。

　　動作二、動作三：其技擊含義與動作一(2)、(3)、(4)段相同，略。

　　動作四：設敵人雙手抓住我右臂肘，施按勁欲將我向左側後推出跌倒。我即乘勢身先向左轉180度下沉，再上升向右轉約180度再下沉，重心由左後移偏右後。右腿逆纏腳先蹬地彈起，再下沉震腳，五趾抓地。左腿先順纏，五趾抓地，變逆纏腳跟蹬地身騰空跳起與右腳同時或右先左後下沉震腳發勁。同時我右臂手以順、逆、順纏先向左後旋轉再上翻，經頭左側上向前下敵人面部施採勁劈去。同時我左掌以逆、順、逆纏向左側略下沉外開上翻，經頭上左側向敵人頭部擊去，敵人頭部被我雙手下沉採勁劈傷。

第四十四式　左黃龍三攪水

　　練習方法與技擊含義與右黃龍三攪水相同，只是左右調換。故省略。（圖534－538）

圖535　　　　　　　　　　圖536

圖537　　　　　　　　　　圖538

第四十五式　左蹬腳

【動作說明】

動作一：身向左轉約20度再向右轉45度螺旋略下沉，重心左、右、左。左腿順纏外轉，膝裡扣，腳跟提起併於右腳左側，腳掌踏實，五趾抓地。右腿逆纏裡轉，腳尖上翹裡合，以腳跟裡側貼地，向右鏟出。同時雙手由兩膝前順纏，雙腕交叉變雙逆纏交叉，向胸前上掤起至兩眼前中線，再向

圖539

圖540

兩眼兩側前開展，雙臂展開七、八分，雙掌心分向左右兩側前，指尖互向裡前上，高與眼同，眼左顧右盼，耳聽身後。（圖539－540）

這動作練時速度很快。要求：當雙手由膝前雙順纏變雙逆纏交叉向上掤時，重心由右移左，與雙臂手形成有上即有下的對稱勁，雙手逆纏分向兩側前展開時，右腳裡轉，同時向右側貼地鏟出，作到手動腳隨。

動作二：身向右轉約65度螺旋先下沉後上升，重心由左下移右。右腿順纏外轉，膝裡扣，以腳跟爲軸，腳尖向外轉約45度落地，腳掌踏實，五趾抓地。左腿屈膝逆纏裡轉，腳跟離地，腳尖劃裡弧跟步併於右腳裡側旁，腳尖向右前方，虛步、腳尖點地。同時雙手由兩眼兩側前方先分向兩側前略上方，雙逆纏略開變雙順纏分向兩側前下沉裡合，雙臂腕交叉以左上右下合於兩膝前約40公分處。左掌心向右略偏下，腕略後翻，指尖向左前下方，右掌心向左前方，指尖向右前下方。眼先看右再看身左側，耳聽身右後方。（圖541）

圖541　　　　　　　　　　　圖542

　　這動作速度較快。要求：身體移動重心時先上下相合，重心下沉，以維持身體平衡，雙手雙順纏合時，左腳要同時向右腳裡側併步。

　　動作三：以腰為主宰，結合丹田帶動身快速先略向右轉下沉，再略向左轉螺旋上升，重心在右。右腿順纏外轉。膝裡扣，腳掌踏實，五趾抓地。左腿逆纏裡轉腳尖上翹裡合以腳踵發勁向左側上橫蹬，腳尖略向前上，高與肩同。同時雙手交叉先向右前下方雙逆纏裡轉變雙順纏裡合，再雙逆纏變拳分向兩側掤出發勁，拳心向下，左拳高，右拳較低，眼看身左側，耳聽身右後。（圖542）

　　這動作練時速度很快。要求：動作運勁要做到「蓄而後發」雙拳與左腳要同時發勁。

　　【技擊含義】

　　動作一：設敵人在我身左側快速進左步用左拳向我頭部左側或肋胸等部擊來。我即乘勢身略向左轉下沉，右腿逆纏，以腳跟裡側向右貼地鏟出，同時雙手由兩膝前向上逆纏掤起，再分向兩側前展開，這時以左臂手將敵人擊我之左拳

向左外掤開。

動作二：接上動作，設敵人左拳被我左臂手掤出，隨即身略向左轉，提右腳向我左腰胯踢來。我即乘勢身向右轉。右腿順纏外轉腳跟為軸，腳尖外轉後落地。左腿以腳尖貼地跟步併於右腿旁。同時雙手由兩側前上先略逆纏略開變雙順纏下沉裡合，以左臂手下沉施採勁向敵人踢我之左腿的腓骨下端採擊，將敵人左腿腓骨擊傷。

動作三：接上動作，設敵人左腿腓骨下端被我採勁擊傷，還想繼續變招頑抗。我即乘勢身快速先向右下沉，再向左略轉上升，重心在右。左腿逆纏提起向敵人左腰肋橫蹬擊去。同時雙手變拳分向兩側掤出，以左拳向敵人頭部右側擊出，這樣左拳與左腳同時向敵人上盤和中盤進攻，使敵人難以防備。

第四十六式　右蹬腳

【動作說明】

動作一：身向左轉約180度螺旋下沉，重心由右移偏左。左腿由左側上順纏外轉下沉，以腳跟著地為軸，腳尖外轉180度落地，腳掌踏實，五趾抓地。右腿逆纏裡轉（當左腳踏實後）腳根離地，以腳尖點地為軸隨身旋轉，形成拗步。同時雙拳在兩側先略雙逆纏略上揚，變雙順纏下沉以左外上、右裡下雙腕小臂交叉變雙逆纏合於左膝前略上，雙拳心向裡，虎口向上。眼先看雙拳再看身右側，耳聽左後。（圖543）

這動作練時速度較快。要求：身體向左轉180度時要上下、左右相合，雙腿拗步旋轉時，兩大腿之間要留有空隙，勿貼近，襠要虛要圓。

圖543   圖544

動作二：以腰為主宰，結合丹田帶動身快速先向下沉再螺旋上升，重心全部放在左腿。左腿順纏外轉，屈膝裡扣，腳掌踏實，五趾抓地。右腿逆纏裡轉，屈膝提起裡合，再向右側上橫蹬以腳踵發勁，腳尖略偏前上，高與肩同，同時雙拳由左膝前略上方以雙逆纏分向左右兩側與右腳同時發勁，雙拳心向下，右拳高，左拳略低，眼看身右側，耳聽身左後。（圖544）

這動作練時速度很快。要求：動作運勁要體現「先合後開」「蓄而後發」，發勁要富於彈性。

【技擊含義】

動作一：接上式，設我左拳與左腳向敵人頭右側及右胸肋出擊時，敵人身向右轉退右步，避開我左拳及蹬腳之勢，並欲變招制勝。我即乘勢身向左轉約180度下沉，重心移左，左腿下沉，先以腳跟著地為軸，腳尖外轉約180度落地後五趾抓地，右腿逆纏裡轉腳尖點地為軸，隨身旋轉與左腿形成拗步。同時雙拳由兩側上下沉裡合雙腕臂交叉合於右膝前，這是運用拗步接近敵人，是蓄勢。

　　動作二：接上動作，當我運用拗步身左轉，重心移左，蓄好勁後，乘敵人身右轉退步，尚未變招之機，我即乘勢快速身先向左轉下沉，重心在左，右腿逆纏屈膝裡合，提起以腳踵向敵左腰肋蹬擊，同時我雙拳運用抖勁向兩側發勁，以右拳向敵人頭部左側擊出。這樣右拳與右腳同時向敵人上、中兩盤擊出。

第四十七式　海底翻花

　　動作及技擊含義均同前，略。（圖545）

第四十八式　掩手肱錘

　　此一式與一路接海底翻花之掩手肱錘的練習方法及技擊含義完全相同。略（圖546）

　　　　圖545　　　　　　　　　　圖546

第四十九式　掃蹚腿（轉脛炮）

【動作說明】

　　動作一：身先略向左轉略上升，再向右轉約180度螺旋

下沉，重心先右後移偏左。左腿先順纏外轉，膝裡扣，五趾抓地，再以腳跟為軸腳尖貼地逆纏裡轉約50度，腳掌踏實，五趾抓地。右腳先逆纏裡轉變順纏外轉，腳裡扣，五趾抓地。同時右拳由右肩前方先略向右前外上方逆纏旋轉變順纏經眼前，左胸前下沉至腹前上，腕裡上折，以拳小指外緣輕貼腹前上。同時左拳由左肋部逆纏先向左胯外後下沉外開變順纏外開，屈肘上翻裡合於左耳側約40公分處，裡折腕，拳心向左耳偏下，高與耳同，眼左顧右盼，耳聽身後。

這動作練時速度較緩慢。要求：動作運勁要做到胸、腰、胯折疊開合，即拳論上所講的「緊要處全在胸中腰間運化」。

動作二：身先略向左轉螺旋上升再略向右轉下沉，重心在左。左腿先順纏外轉，膝裡扣，再逆纏裡轉腳掌踏實，五趾抓地。右腿逆纏屈膝提腳裡合再順纏外轉下沉震腳發勁。同時雙拳位置不變先略順纏再雙逆纏旋轉領勁，配合右腳下沉震腳施採勁，眼看身右側，耳聽身左後。（圖547）

這動作練時速度較快，要求：動作運勁要作到「欲下先上」，震腳，呼氣同時完成。

動作三：身先略向左轉螺旋略上升，再向右轉約450度螺旋下沉，重心由左移右。右腿先屈膝逆纏提起，腳跟先著地變腳前掌著地再向右後撤半步，然後再以腳掌為軸隨身旋轉，左腿先順纏外轉，膝裡扣，腳掌踏實，五趾抓地，變逆纏裡轉（當右腳落地重心移右後），腳提起腳尖上翹裡合隨身右轉再以腳跟裡側著地旋轉掃地，實際左腳貼地旋轉掃地角度為450度。同時雙拳原位置不變，以雙順纏形成右拳與右腳的向心力，即小圈，左拳與左腳的離心力，即大圈。眼看身右側再看左腳。耳聽身後。（圖548）

圖547　　　　　　　　　圖548

這動作練時速度要快。要求：右拳與右腳的向心力與左拳與左腳的離心力要配合好，對稱。

【技擊含義】

動作一：設我剛用右拳將前面敵人擊倒，這時另一敵人從我身右後方對我偷襲。我即乘勢身先略向左轉略上升，再向右下沉，重心由右移偏左，右腿先逆後順纏，五趾抓地。左腿先順後逆纏，腳尖裡轉後五趾抓地，同時右拳由右肩前方先逆纏旋轉略上揚裡合變順纏，經眼前左胸下沉至腹前。同時左拳由左肋部逆纏下沉經左胯外後，外開變順纏屈肘上翻裡合至左耳側約40公分處。這是旋轉身體，靜以待動，觀看敵人變化因以施術，是蓄勢。

動作二、三：設敵人看我身已轉過來，偷襲不能成功，並欲變招取勝，我即乘勢先向左轉上升再向右轉下沉，重心先左後移右，右腿先逆纏裡轉屈膝提腳裡合，再順纏外轉向右方邁半步以腳跟先著地，變前腳掌著地為軸隨身旋轉。左腿先順纏外轉，五趾抓地，變逆纏裡轉（當右腳變實後），腳提起隨身旋轉，以左腿下盤向敵人脛骨下端掃去。

第五十式　掩手肱錘

練習方法與技擊含義同前。略（圖549）

第五十一式　左　衝

【動作說明】

動作一：身先略向左轉螺旋略上升，再向右轉約90度螺旋下沉，重心是右、左、偏右。左腿先順纏外轉，膝裡扣，再逆纏裡轉，腳掌踏實，五趾抓地。右腿先逆纏裡轉再順纏外轉，膝裡扣，腳掌踏實，五趾抓地。同時左拳由左肋逆纏裡折腕出拳與右拳同時向前上逆纏裡折腕掤出旋轉（高與眼同），再以雙順纏下沉至兩膝中線前略下，雙拳以左前右略後，拳心斜相對，虎口向上。眼看雙拳兼顧左右，耳聽身後。（圖550）

這動作練時先快後略慢。要求：動作運勁時身上要以腰為主宰，要作到丹田內轉與胸腰折疊，與雙臂拳發勁緊密結合，體現「腰不動，手不發；內不動，外不發」的拳理。雙

圖549

圖550

拳裡折腕向前上掤形成前後、上下對稱，以保持身體平衡。

動作二：身體向右轉約45度，再向左轉約90度螺旋上升再繼續左轉約45度螺旋下沉，重心是左、右、偏左後。左腿先微順纏外轉，膝裡扣，再逆纏裡轉，五趾抓地，腳蹬地隨身騰空跳起，再順纏外轉鬆胯屈膝下沉震腳，五趾抓地。

右腿先逆纏裡轉再順纏外轉，五趾抓地，腳跟蹬地先隨身騰空屈膝跳起變逆纏裡轉向右前方下沉震腳，五趾抓地。同時雙拳先略向前上雙逆纏折腕旋轉，再以雙順纏下沉向右側變左逆纏右順纏上翻，經頭右側上向右前下以左順右逆纏，右前左後下劈，右拳位在右膝裡前方，拳心偏裡上，虎口偏右前上，高與腹部同。

左拳位在兩膝前中線，拳心向裡，虎口向上，眼先看左前再看右前，耳聽身左後。（圖551）

這動作練時速度很快。要求：左腳先蹬地隨身騰空跳起，右腳後起，下沉震腳時，左腳先落，右腳後落地發勁，或同時下沉震腳發勁。勁要整勿散亂。此時丹田內轉走一個1/2圈，雙臂輪圓上升下沉也走一個1/2圈，做到內外兼練。

動作三：身先略向右轉約15度，螺旋上升再向左轉約90度螺旋下沉，再向右轉約90度螺旋上升，重心是左、右、左、右。雙腿先以左逆右順纏旋轉，再以左順右逆纏旋轉下沉合，變左逆右順纏，兩腳同時隨身向右前方腳跟提起，腳尖擦地向前蹉步以雙腳跟頓步發勁，兩腳五趾抓地。同時雙拳領勁（以腰為主宰帶動），先以雙逆纏裡折腕向右前上旋轉掤出，再以雙順纏向左下沉至腹前，再以雙逆纏向前上發勁，雙拳以右略前，左略後，拳心斜相對，略向裡折腕，雙虎口向上，間距約10公分以內。眼看右前，耳聽左後。（圖552）

圖551　　　　　　　　　　圖552

這動作練時速度很快。要求：發勁時要雙腳向右前蹉步與雙拳發勁、呼氣同時完成，一動全動，勁要整。同時，要注意雙腿與雙臂的順逆纏絲勁，做到快而不丟纏絲勁，在螺旋中求快，防止直來直去。

【技擊含義】

動作一：設敵人由我前方提左腳向我腹部襠內踢來。我即乘勢身先略向左轉略上升，再向右轉約90度下沉，重心右、左、右，左拳由左肋先逆纏與右拳向左前裡折腕掤出（這是欲下先上，欲後先前之意），再變雙順纏施採勁下沉向敵人左腿下部脛骨採擊。

動作二：接上動作，如我不想放過敵人，我即身先略向左轉再向右轉下沉，再向左轉先上升後下沉。左腳跟蹬地隨身騰空屈膝跳起變順纏於左後方下沉震腳。右腳跟再蹬地變逆纏隨身騰空屈膝跳起向右前方下沉震腳發勁，同時雙拳先以雙逆纏折腕略向左前上旋轉，再以雙順纏向右下沉，繼續向右側後以左逆右順纏掄臂旋轉，再向前經頭右側上向右前下敵人頭頂面部施採勁劈去。

動作三：接上動作，設敵人頭部或面部被我雙拳採勁擊中失勢，如我還不想放過敵人，即乘機身先略向右轉略上升再向左轉約90度下沉，再向右轉約90度上升，重心是左、右、左、右，右腳與左腳同時向前蹉步發勁，五趾抓地。同時雙拳先以雙逆纏裡折腕略向右前上引勁，再向腹前雙順纏下沉，再以雙逆纏向右前上敵人胸部合力擊去。

第五十二式　右　衝

【動作說明】

動作一：身先略向右轉略螺旋上升，再向左轉約90度螺旋下沉，重心由右前移偏左後。右腿先順纏外轉，膝裡扣，再逆纏裡轉，腳掌踏實，五趾抓地。左腿先逆纏裡轉，再順纏外轉，膝裡扣，五趾抓地。同時雙拳逆纏裡折腕，先向右前上掤出旋轉，再雙順纏以右前左後向左略後兩膝中線前下沉，雙拳略向裡折，拳心相對，虎口向上。眼看右前下，耳聽身後。（圖553）

這動作練時速度先快後略慢。要求：動作運勁以腰為主宰，做到胸、腰、腹、胯折疊，開合運化。

動作二：身先略向右轉螺旋略上升，再向左轉約90度螺旋下沉再上升，繼續向右轉上升再下沉，重心是左、右、偏右後。右腿先順纏外轉，膝裡扣，再逆纏裡轉，五趾抓地，腳跟蹬地隨身騰空屈膝跳起向右後方下沉震腳，五趾抓地。

圖553

左腿先逆纏裡轉再順纏外轉，膝裡扣，再逆纏裡轉，五趾抓地，腳跟蹬地隨身騰空跳起旋轉向左前方逆纏下沉震腳，五趾抓地。同時雙拳先以雙逆纏略向右前上裡折腕掤出，再以雙順纏向左後下沉變右逆左順纏向左側後掄臂旋轉上翻，經頭上左側向左前上翻變左逆右順纏下沉，左拳位在左膝前偏裡，拳心向裡上，虎口偏前上，右拳位在兩膝中線前，拳心向左偏右，虎口向上，雙拳以左前右後，拳心斜錯相對。眼先看身右前，再看身左前。耳聽身後。（圖554）

這動作練時速度很快。下沉震腳時右腳先下沉震腳，左腳後下沉，或同時下沉雙震腳發勁，勁要整勿散亂。

動作三：身先略向左轉螺旋上升，再向右轉約90度螺旋下沉，再向左轉螺旋上升，重心是左、右、偏左前。雙腿以左順、逆、順纏，右逆、順、逆纏，雙腳跟離地，腳尖擦地向左前蹉步以腳跟頓地發勁，五趾抓地。同時雙拳先以雙逆纏裡折腕略向左前接勁，再以雙順纏向後下沉，再由腹前上翻，以雙逆向左前上掤出發勁。左拳略前，右拳略後，雙拳略向裡折腕，拳心斜向對，虎口向上，高與胸部平。眼看左前，耳聽身右後。（圖555）

圖554

圖555

這動作練時速度較快。要求：身法上要作到「欲後先前」「欲下先上」「欲前上先後下」的蓄而後發之意。發勁時雙拳發勁與雙腳蹉步發勁及呼氣同時完成。發勁時要鬆活彈抖，不要使僵勁。

「右衝」動作圖與「左衝」左右方位相反，動作相同，故略。

【技擊含義】

動作一、二、三技擊含義與上式「左衝」的動作一、二、三的技擊含義相反相同。

第五十三式　倒　插

【動作說明】

動作一： 身向右轉約45度螺旋上升，重心是先左後偏右。左腿逆纏裡轉，腳掌踏實，五趾抓地。右腿順纏外轉，膝裡扣，腳掌踏實，五趾抓地。同時左拳由胸前略向裡折腕順纏外轉向左前上掤出，高與左眼同，拳心向裡後上。同時右拳略向裡折腕由胸前向右後外分出，位在臉右側外約30公分處，拳心向裡，眼瞻前顧後，耳聽身右後。（圖556）

這動作練時速度較快。要求：動作運勁以腰為主宰，體現「欲合先開，欲前下先後上」之意。做到拳開肘合，拳合肘開（結合下一個動作）。

動作二： 身先微向右轉略上升，再向左轉約90度螺旋下沉，重心先右後偏左。左腿

圖556

先微逆纏裡轉，五趾抓地，再
以腳跟爲軸，腳尖外轉約90
度後著地，腳掌踏實，五趾抓
地。右腿先微順纏外轉，膝裡
扣，五趾抓地，再逆纏裡轉，
腳提起向左腳裡側前上步，虛
步腳尖點地。同時左拳（或變
掌）先向左前略開微順纏變逆
纏上翻裡合於右肩前，以虎口
輕輕貼住，腕後翻，拳心向

圖557

前。同時右拳先向右後外順纏略後開，再逆纏屈肘裡轉由胸
前中線向兩膝中線前下沉，屈肘裡後外折腕，拳心向偏右後
上，位在膝前中線略下方。眼先看左前再看右前方，耳聽身
後。（圖557）

　　這動作練時速度很快。要求：右拳向前下插，右腳上
步，呼氣同時完成，身要正，勿左歪右斜或前傾失勢。同時
注意左右肘之掤勁勿失。

　　【技擊含義】

　　動作一：設敵人在我前方以雙手抓住我雙臂肘腕，欲將
我向後推出。我即乘勢身同右轉約45度略上升，雙腿以左
逆右順纏旋轉，兩腳五趾抓地。同時雙拳由胸前分向左前及
右側後掤出引進，使敵人雙手按勁落空身前傾失勢，我即乘
勢身向右微轉再向左轉約90度下沉，重心先右後偏左。左
腿先微逆纏裡轉，五趾抓地，再順纏以腳跟爲軸腳尖外轉約
90度落地，五趾抓地。右腿先微順纏外轉，五趾抓地，再逆
纏裡轉，提腳向右前上步，虛步腳尖點地或用右腳向敵人下
盤膝部踩擊。同時雙拳以雙逆纏以左拳臂肘上掤截敵人右手

腕，右拳臂肘截敵人左手腕，視距敵人遠近而定。近以右肘
或肩靠向敵胸部出擊，遠則用右拳向敵面部或胸前出擊。

第五十四式　海底翻花（圖558）
第五十五式　掩手肱錘（圖559）

圖558　　　　　　　　　圖559

以上兩式的練習方法與技擊含義與前同。

第五十六式　奪二肱（一）

動作一：身先左轉約45度螺旋略上升，再向右轉約225
度螺旋下沉，重心是：左、右、左。右腿先逆纏裡轉變順纏
外轉，膝裡扣，五趾抓地，（當左腳尖裡轉踏實，五趾抓地
後）變腳跟提起離地，以腳尖點地向右外貼地掃出（與左腳
形成向前方橫向一條線上），以腳尖裡側點地。左腿先順纏
外轉，膝裡扣，五趾抓地，再逆纏裡轉以腳跟為軸，腳尖貼
地裡轉約90度後腳掌踏實，五趾抓地。同時右拳由右肩略
向右前方先逆纏裡轉，向右前略上方略外開，再向裡上旋轉
變順纏外轉經眼前中線，向胸前下沉至左臂肱骨近肘彎上，

圖560   圖561

虎口向右前偏上，拳心偏裡上。同時左拳由左肋旁先逆纏裡轉向外胯下沉變順纏劃外弧向右旋轉，位置在右膝裡前，拳心向上略偏後，眼先看右拳再看左拳，耳聽身後。（圖560－561）

這動作練時速度稍快。要求：兩肘與兩膝相合。左拳與右腳尖成一條線，兩腳尖要在橫向上成一條線。再臂掤圓，合中寓開。

動作二：身快速先略向右轉螺旋略上升再略向左轉螺旋下沉，重心全部放在左腿。左腿先逆纏裡轉再順纏外轉，膝裡扣，腳掌踏實，五趾抓地。右腿先屈膝腳收回提起略順纏外轉再逆纏裡轉下沉震腳，位在左腳裡側旁。同時右拳與左肘腕粘連與左拳原位置基本不變，先雙逆後雙順先略上升再略下沉，與右腳下沉震腳同時完成發勁。眼看雙拳右側前，耳聽身左後。（圖562）

這動作練時速度很快。要求：雙拳下沉、震腳發勁、呼氣同時完成，發勁要整，身勿左歪右斜或前傾，動作以腰為主宰，要鬆活。

圖562　　　　　　　　　圖563

　　動作三：身快速先向右轉螺旋略上升再向左轉約50度螺旋下沉，重心左、右、偏左。右腿先屈膝提腳順纏外轉再逆纏裡轉向右側前上一大步，以腳跟裡側先著地發勁，再腳掌著地，五趾抓地。左腿先逆纏裡轉，五趾抓地（當右腳著地後）再順纏外轉，腳跟提起以腳尖擦地蹉步前進，以腳跟頓地發勁，五趾抓地。同時右拳在左肘彎上粘連，先順纏外轉再逆纏裡轉由左肘彎裡側旋轉下沉，經左拳下向右側前略下沉再略上掤發勁，拳心偏右側外下，虎口略偏左後下，位在右膝上約30公分處。同時左拳在原位先順纏外轉再逆纏裡轉，由右拳上收回至腹前，拳心向裡，虎口向上。眼先看雙拳再看右側前，耳聽身左後。（圖563）

　　這動作練時速度先快後略慢再快。要求：動作以腰爲主宰，「蓄而後發」，發勁時勁要整，富於彈抖。

　　【技擊含義】

　　動作一：設敵人由我身後進左步欲用雙掌施按勁向我背後襲來。我即乘勢身先略向左轉左腿先順纏，右腿逆纏裡轉，（當左腳裡轉變實後）腳跟提起腳尖擦地向右外敵人腳

腕掃擊。同時右拳由右肩前先逆纏上掤，再順纏裡合至左肘彎上；左拳逆纏裡轉向左外胯下沉至近地面劃外弧變順纏裡合，向右側前敵人右膝下腓骨橫擊。這樣即可解脫敵人的進攻，又可以右腿與左拳向敵人反擊。

動作二：設如上動作，敵人左腿後退一步避開，並欲變招勝我。我即乘勢快速先略向右轉略上升再向左轉下沉，重心在左，右腿先順纏屈膝上提，腳再逆纏下沉，向敵人右腳面跺擊。同時右拳在左肘彎上粘連，先逆後順纏先略上升再下沉。左拳在右側先略逆纏略上升再順纏與左肘及拳同時下沉。這即是蓄勢，又可用右腳跺敵腳面而制勝。

動作三：接上動作，設我以右腳向敵人右腳面跺時，敵人退右步避開。我即乘勢身快速先略向右轉略上升，再向左轉下沉，重心左，右、偏左。右腿先順纏屈膝提腳，再逆纏向右側前敵人襠內進步。左腿先逆纏裡轉變順纏（當右腳變實後）腳跟提起腳尖擦地蹉步跟進，以腳跟發勁。同時右拳由左肘彎上先略順纏再逆纏，由肘彎裡側下沉經左拳下向敵人腹部擊去。同時左拳由右側前先略順纏變逆纏經右拳上相錯收至腹前。這可掩護右拳出擊，又可收回合於腹前而形成對稱勁，穩定身體平衡。

第五十七式　奪二肱（二）

【動作說明】

動作一：身先微向左轉螺旋上升再向右轉約90度螺旋下沉，重心左、右、左。左腿先略逆纏裡轉向後開提起再變順纏外轉，以腳跟向右側上進一大步，腳掌落地踏實，五趾抓地。右腿先略順纏外轉，腳掌踏實，五趾抓地，隨身旋轉形成拗步。同時左拳由腹前逆纏裡轉向左側後開，高度比左

圖564　　　　　　　　　　圖565

肩略低，拳心向左側外後，再變順纏外轉經腹前經右拳下向前上擊出，臂伸展至七、八分，拳心偏裡上，高與鼻尖同。同時右拳由右前側膝上逆纏外開，拳心偏右外，高與右肩同，再變順纏裡合下沉至左肘彎上，以拳背粘住，拳心偏裡上。眼左顧右盼，再看右前，耳聽身左後。（圖564－565）

　　這動作練時要求速度較快。要求：雙臂拳與左腿同時開，右拳合於左肘彎上，左拳向右側前上擊出與左腳向右側前上一大步同時完成，這是手到腳到。兩腿形成拗步時，兩大腿之間要留有空間，勿夾住，襠內要虛要圓。兩臂一開一合、一合一開，過程中，要充分體現出「螺旋中合，螺旋中開」的拳理。

　　動作二：身先略向右轉，螺旋略上升，再向左轉約60度螺旋下沉，再略上升，重心是左、右、偏左。右腿先順纏外轉屈膝上提腳，再逆纏裡轉向右側前上一大步，以腳跟裡側先著地發勁再腳掌落地踏實，五趾抓地。左腿先逆纏裡轉變順纏外轉，五趾抓地，（當右腳落地變實後）腳跟提起以腳尖擦地蹉步跟進，以腳跟頓地發勁，腳掌踏實，五趾抓

圖566   圖567

地。同時右拳在左肘彎上先粘連，順纏外轉變逆纏裡轉由肘
彎裡側下沉，經腹前及左拳下相錯向右側前偏上發勁，位在
右膝上約40公分處，拳心偏右側前下。同時左拳由鼻尖前
方先略順纏外轉變逆纏裡轉下沉裡合，經右拳上相錯合於腹
前，拳心向裡，虎口向上。眼先看雙拳再看右側前，耳聽身
左後。（圖566－567）

　　這動作練時，速度較快。要求：蓄勢時上下左右相合，
發勁時手到腳到，身動步隨，勁要整，又要鬆活彈抖。右拳
向右側偏上發勁時，左臀要下沉，同時左肘下墜，形成對稱
勁，以保持身體平衡。

【技擊含義】

　　動作一：設敵人由我右前方進右步以雙拳施雙峰貫耳向
我兩耳擊來。我即乘勢身快速先略向左轉略上升，再向右轉
約90度下沉，重心左、右、左。左腿先逆纏向左側後外開
提起，再變順纏向右側前敵人右膝下腓骨踩去，如距敵人稍
遠，則作爲進步落地變實，五趾抓地。右腿先順纏外轉，五
趾抓地（當左腳擊敵或進步變實後）腳跟提起，腳尖點地爲

軸，逆纏裡轉。同時右臂拳向右側前上外開掤敵雙臂拳，將敵雙臂拳掤出彈回，變順纏合於左肘彎上。同時左拳由腹前向左側後逆纏外開（這是蓄勢，欲前先後之意），乘機變順纏經腹前向右上敵人下頜擊出。

動作二：接上動作，敵人如退步避開我左拳及左腳向其進攻之勢，我即乘勢再進右步，以右拳向敵人腹部擊出。

技擊含義與奪二肱（一）的動作三相同。

第五十八　連珠炮

【動作說明】

動作一：身快速向右轉約45度略螺旋上升，重心移偏左。左腿逆纏裡轉，五趾抓地。右腿順纏外轉，膝裡扣，五趾抓地。同時左拳由腹前順纏外轉向右側前擊出，拳高度與左肩同，虎口向上，拳心向右，同時右拳由右側前膝上順纏收回至右胸前肋前，虎口向上略偏左，拳心貼胸下肋部前。眼看左拳兼顧右拳，耳聽身後。（圖568）

動作二：身快速向左轉約45度螺旋略下沉，重心移右前，左腿順纏外轉，膝裡扣，腳掌踏實，五趾抓地。右腿逆纏裡轉，腳掌踏實，五趾抓地。同時左拳自左肩前方逆纏收回至左肋部粘住，拳心向裡，虎口向上；右拳由右胸下肋前逆纏向右肩前方擊出，拳心向下，虎口向左，高與肩平。眼看右拳兼顧左拳，耳聽身左後。（圖569）

圖568

圖569　　　　　　　　　圖570

動作三：這動作練習方法與動作一相同。（圖570）

上述三個動作，實際上速度很快，應該連起來快速練習。中間不間斷。雙拳收放都要走螺旋勁。

【技擊含義】

這三個動作連起來是快速向敵人胸前進攻，應有「迅雷不及掩耳」、「炮發如連珠」之勢，使敵人防不勝防。

第五十九式　玉女穿梭

身先略向左轉再向右轉180度，先螺旋上升後下沉，重心先左後右再略偏左前，右腿屈膝提腳逆纏裡轉，再順纏外轉向右前踏步以腳跟先著地再腳尖著地（左腿逆纏屈膝提起隨身騰空旋轉）屈膝蹬地彈起，隨身騰空躍起旋轉約180度（左腳先腳尖著地再腳跟著地）後下沉，腳尖先著地再腳跟著地，腳掌踏實，五趾抓地。左腿先順纏外轉，膝裡扣，五趾抓地，（當右腳向右前方踏步變實後）腿隨屈膝逆纏上提腳隨身騰空逆纏裡轉約180度下沉，腳尖先著地，再腳跟著地，腳掌踏實，五趾抓地。同時左拳先略順纏收回再略逆纏

圖571

圖572

向右前彈出，（身隨之騰空）
變順纏經頭部左側上翻收回，
變略逆纏下沉在眼前略下方略
偏左，距胸前約45至50公分
處，虎口偏裡上，拳心偏裡
下。同時右拳先逆纏略向前
（與左拳對稱），再順纏收回
（屈肘後開與左拳同時發勁，
形成對稱勁），再變逆纏經頭
部右側上向前下沉於左拳裡側

圖573

略偏後。拳心向左，虎口向上，雙拳斜錯，間距約10公
分，眼瞻前顧後，耳聽身後。（圖571－573）

　　這動作練時速度較快。要求：身體騰空時要身隨拳走，
左拳與右肘發勁要對稱，要蹦得遠，立身要中正，不要前俯
後仰。身體騰空旋轉時，要右腳邁步先蹬地，左腿先屈膝提
腳騰空先著地，右腳跟進彈起騰空旋轉後著地。雙拳在眼前
中線略下方與左胯鬆，左臀下沉要對稱。

【技擊含義】

設我以左拳向敵人胸部擊出，被敵人抓住，準備施採勁勝我，我即乘勢身略向左轉略上升，再向前右旋轉180度先上升後下沉，重心左、右、偏左。右腿屈膝，提腳逆纏裡轉再順纏外轉向前踏步，腳跟蹬地，將身騰空躍起，隨身旋轉180度後落地，腳踏實，五趾抓地。

左腿先順纏，再隨右腳踏地，身騰空逆纏旋轉180度，先著地，五趾抓地。同時左拳先略順纏略屈再向前隨敵人逆纏領勁，躍步旋轉變順纏跟進。同時右拳先逆纏略向前再順纏屈肘收回發勁變逆纏向眼前下沉。同時隨身下沉後以背折靠靠擊敵人取勝。另外，也含有脫出敵人包圍之法，即突圍之法。

第六十式　回頭當門炮

【動作說明】

身先略向左轉，螺旋略上升，再向右轉約50度螺旋下沉，再向左轉約50度螺旋略上升，重心左、右、左。左腿先順纏外轉，膝裡扣，再逆纏裡轉，五趾抓地。再向前蹉步，以腳跟頓地發勁，腳掌踏實，五趾抓地。右腿先逆纏裡轉，再順纏外轉，膝裡扣，五趾抓地，再逆纏裡轉，（與左腳同時）蹉步向前，以腳跟頓地發勁，腳掌踏實，五趾抓地。同時雙拳先雙逆纏向前上裡折腕，再變雙順纏下沉至襠前下中線，再變雙逆纏經腹前向胸前發勁，雙拳左拳在前，右拳略後，拳心斜錯相對，間距約10公分，眼看前兼顧左右，耳聽身後。（圖574－575）

這式子，練時速度很快。要求：身法上要做到欲前先後，欲上先下。發勁時，雙拳與雙腳蹉步及呼氣同時完成。

圖574

圖575

發勁要丹田帶動，鬆活彈抖。

【技擊含義】

設我上式躍步旋轉跳出，並以背折靠靠擊敵人取勝。但另一敵人乘勢跟進，以右拳欲偷襲我背後取勝。我即乘轉身下沉之機，身快速先略向左轉再向右轉下沉，向前蹉步發勁。同時雙拳先雙逆纏（欲下先上，欲後先前之意）向左前上折腕再雙順纏下沉截擊敵人右拳，將敵人右拳採下，並乘勢變雙逆纏向敵人胸部擊出。

第六十一式　玉女穿梭

【動作說明】

動作一：身向右轉45度螺旋下沉，重心由左前偏右後。左腿屈膝提起逆纏裡轉。右腿順纏外轉，膝裡扣，腳掌踏實，五趾抓地。同時左拳自胸前向前上微順纏展出，位在眼前，高與眼平，拳心微偏右上。同時右拳由胸前略順纏屈肘收回至右胸前貼住，拳心向裡上，眼看左兼顧右拳，耳聽身後。（圖576）

這動作練時速度較快。要
求：蓄勢如彎弓，要合住勁。

動作二：身向左轉約180
度。先螺旋上升後螺旋下沉，
重心右、左、偏右。右腿先逆
纏裡轉，（當左腳外轉踏地
後）屈膝提腳隨身騰空躍步旋
轉180度後下沉著地，腳掌踏
實，五趾抓地。左腳腳跟蹬
地，再隨身騰空，先向左跨出

圖576

一步，旋轉180度後著地，腳掌踏實，五趾抓地。同時右拳
逆纏裡轉向左前上領勁擊出。當轉身未落地時變順纏由頭右
側屈肘回身向前擊出，位在胸前，拳心略偏左上。同時左拳
由眼前逆纏裡轉屈肘收回至左肋旁，當回身未下沉落地時，
拳由左肋旁經胸前向前上擊出，略下沉，位在眼前，拳心略
偏右上。雙拳心相對，右拳略前，左拳略後。眼瞻前顧後，
耳聽身後。（圖577－578）

圖577

圖578

這動作練時速度很快。要求：右拳擊出，左肘收回，身體騰空旋轉時，發勁要對稱。當身體下沉雙腳落地時，身勿左歪右斜或後仰，中定勁不丢。

【技擊含義】

動作一：是蓄勢，欲前先後之意。

動作二：設我被敵人包圍，這時就需要利用突圍法。在向前面敵人進攻的同時，脫出敵人的圍攻。

我身向左轉約180度先上升後下沉，重心偏右前。右腿逆纏，腳跟蹬地躍步再下沉。左腿順纏外轉腳尖，再蹬地躍步，隨身旋轉後下沉。同時我右拳以逆纏向前面敵人胸部擊出，並乘勢可用背折靠、胯打以攻擊敵人，當轉身下沉時，雙拳同時以雙順纏向頭前下眼前下沉，以維持身體平衡。同時，此式也體現了「虛籠詐誘，只爲一轉」的拳理。

第六十二式　回頭當門炮

與六十式回頭當門炮相同。唯方向左右相反。（圖579－580）

圖579　　　　　　　　　　圖580

第六十三式　撇身錘

與十四式撇身錘相同。（圖581－582）

圖581　　　　　　　　　　　圖582

第六十四式　拗鸞肘

動作一：身先略向左轉，螺旋略上升，再向右轉約90度螺旋下沉，重心先左後移偏右。左腿先順纏外轉，膝裡扣，再逆纏裡轉，腳掌踏實，五趾抓地。右腿先逆纏裡轉再順纏外轉，膝裡扣，腳掌踏實，五趾抓地。同時左拳由左膝上方先略向左前外上略上揚逆纏裡轉，再順纏向左側劃弧，下沉裡合至兩膝中線前下，腕放鬆後翻折，拳心向右前上方。同時右拳由右大腿上方偏外側先順纏外轉略上起略裡合，再逆纏裡轉向右側大腿外下沉，位在右膝外側略下方，拳心向外下方。眼先左顧右盼，再看身左側，耳聽右後方。（圖583）

這動作練時速度先快後較慢。要求：動作運勁要以腰為主宰，胸腰腹胯折疊運化開合旋轉，即拳論所謂：緊要全在

圖583

圖584

胸中腰間運化。身法上要做到欲右先左，欲下先上。

　　動作二：身先略向右轉約15度螺旋下沉再向左轉150度度螺旋上升，重心先右移後偏左。左腿先逆纏裡轉，五趾抓地，再以腳跟為軸腳尖略上翹順纏外轉約180度著地，腳掌踏實，五趾抓地。右腿先順纏外轉，膝裡扣，再逆纏裡轉，腳掌踏實，五趾抓地，腳跟提起，腳掌為軸，逆纏外轉。同時左拳由兩膝中線前下變掌順纏，先向右經右膝前向右上變逆纏經右肩前向左上眼前向左側外開展，位在左眼左前方，掌心向左前，指尖偏右上方。同時右拳由右膝外側略下方先逆纏略下沉，向右側外變順纏裡折腕變逆纏叉在右肋旁，拳心向後，以四指背中節貼在肋旁，眼看左掌兼顧右拳，耳聽身右後方。（圖584）

　　這動作練時速度很快。要求：身快速向左轉時，右胯要放鬆勿直，做到勁別對稱，維持身體平衡。兩腿要做到開中有合，身要正，勿左歪右斜。

　　動作三：身繼續向左轉約90度螺旋上升再下沉，重心全部放在左腿。左腿順纏外轉，膝裡扣，腳掌踏實，五趾抓

地。右腿逆纏屈膝上提裡轉下沉震腳，腳掌踏實，五趾抓地。同時左掌由左眼左前方先逆纏向外略上方，再順纏下沉裡合，經腹前變逆纏合擊於右肘前；同時右拳仍叉腰裡折腕逆纏裡轉，以右肘先略下沉再向前略上方合擊左掌。眼先看左手，再看右前方，耳聽身後。（圖585）

　　這動作練時速度較快。要求：身向左轉時勿左歪右斜。左掌與右肘合擊，右腳下沉震腳要同時完成，勁要整，不要散亂。

　　動作四：身向左轉約90度螺旋上升，重心全部放在左腿。左腿順纏外轉，膝裡扣，腳掌踏實，五趾抓地。左腿屈膝上提逆纏裡轉，腳提起。同時左掌貼在右肘處逆纏粘連旋轉至右肘上。同時右拳由右肋處裡下折腕貼左小臂裡下側逆纏粘連向右上再向頭前略上中線掤起。右肘尖位於右眼右前方。左掌心向下貼在右肘上，眼看身右側，耳聽身左後。（圖586）

　　這動作練時速度很快。要求：左掌貼在右肘向中線上掤時要上下相合，身要正，勿左歪右斜。

圖585　　　　　　　　圖586

圖587　　　　　　　　　圖588

　　動作五：身先向左轉約
45度螺旋下沉，再向右轉約
45度螺旋略上升，重心左、
右、偏左。右腿先逆纏裡轉下
沉向右側邁步，以腳跟先著地
發勁再順纏外轉腳掌踏實，五
趾抓地。左腿先順纏外轉，膝
裡扣，五趾抓地再變逆纏裡
轉，腳跟提起離地，腳尖貼地
向右側邁半步以腳跟頓地發

圖589

勁，腳掌踏實，五趾抓地。同時左掌與右肘粘連旋轉先向左
下沉在胸前繞一圈，由雙逆變雙順纏向右側微偏下以右肘尖
發勁，左掌旋轉至右小臂下掌心向上托右小臂合力發勁。右
拳向裡上折腕，拳心向右。眼看身右側，耳聽身左後。（圖
587－589）

　　這動作練時速度很快。要求：右肘尖與左掌合力發勁，
與右腳向右側邁步及左腳跟步發勁，呼氣，同時完成。發勁

要走螺旋勁，勁要整，要富有彈性，勿僵。

【技擊含義】

動作一：設敵人在我左側前，以右掌管我左肘，左手管我右手腕，欲將我左臂用按勁壓肩，而向身右後方推出跌倒，我即乘勢先快速略向左轉略上升，再向右轉約90度下沉。同時左拳先逆纏略向左外上揚（使敵人判斷錯誤，這是欲下先上之意），再順纏裡合下沉至兩膝前下，使敵人按勁落空身前傾失勢。同時右拳由右腿外側先順纏變逆纏向右膝外側配合引進。

動作二：接上動作，設敵人按勁落空前傾失勢，我即乘勢身先向右轉約15度再向左轉約150度上升，重心由右移偏左。左腿先以腳跟為軸，腳尖略上翹，向左外轉約近180度著地，右腿先順纏後逆纏。同時左拳由兩膝前變掌先向右上順纏再逆纏向左外上，由敵人左肘臂外側將敵人左手腕捋住掤起。同時右拳由右膝外側裡合上翻，由逆變順纏叉在右肋旁，準備向敵人進攻。

動作三：接上動作，我乘敵人左臂被我左手抓住掤起，身向右轉，左後腰露出空隙之機，我即乘勢身向左轉約90度先上升後略下沉，重心在左。右腿屈膝上提逆纏，以右膝裡合向敵人左臀部撞擊或下沉震腳，加強爆發力量。同時左手逆纏向左外上領敵人左臂，使敵人被迫身體左傾失勢；同時以右肘與左手合擊向敵人左後腰擊出。

動作四：設敵人在我右側前，用雙手按住我右肘臂，準備施按勁將我向左後方推出。我即乘勢身向左轉約90度上升，重心在左。右腿逆纏屈膝上提。同時左手合於右肘處，以雙逆纏向左上將敵人雙手肘臂掤起，使敵人胸前露出空間，以備進攻。

動作五：接上動作，設我以右臂肘將敵人雙臂肘手掤起，敵人胸部露出空間。我即乘勢身先向左轉45度下沉，再向右轉45度略上升，重心左、右、左。右腿逆纏裡轉向右側敵人襠內插進，以腳跟發勁，再順纏五趾抓地，貼進敵身。左腿先順後逆纏腳跟提起，腳尖擦地跟進半步，以腳跟發勁後五趾抓地。同時左手合在右肘處先向左下沉，以雙順纏再向右側微偏下，以右肘向敵人胸、腹、肋等部合力擊出。

第六十五式　順鸞肘

【動作說明】

　　身先向右略轉再向左轉約180度，先螺旋上升再下沉向右旋轉約180度，先螺旋下沉再略上升，重心是由左移右再移左，移右再移偏左。右腿先略順纏外轉，膝裡扣，五趾抓地。再逆纏屈膝上提，腳裡轉，再順纏外轉向右側邁一大步，以腳跟先著地發勁腳尖再落地，腳掌踏實，五趾抓地。左腿先逆纏裡轉，再順纏外轉，膝裡扣，再逆纏裡轉，五趾抓地（當右腳踏實後），腳跟提起離地，腳尖擦地跟半步，以腳跟震地發動，腳掌踏掌，五趾抓地。同時左掌貼於右肘處與右肘臂先略雙順纏向右略偏下，再雙逆纏粘連，經右上、頭前略上向左外下沉變雙順纏，經胸前，分向胸前雙逆纏，以肘尖向兩側偏下發勁。左拳略向裡折腕，以拳心指背中節輕貼左胸略下方，拳心向裡，虎口向上。右拳略向裡折腕，以拳心輕貼右胸略上方，拳心向裡，虎口向上。雙拳間距約10公分，眼看右肘外側，兼顧左肘，耳聽身後。（圖590－593）

　　這動作練時速度很快。要求：上掤右肘，提右膝時，要

圖590 圖591

圖592 圖593

上下相合，身勿左歪右斜。發勁時要手腳相連結合呼氣同時
完成，並要鬆活彈抖。

【技擊含義】

設敵人在我身右側，右腳在前，左腳在後，以雙手拿住
我右肩肘，欲將我右臂反擰成爲背勢而取勝，我即乘勢身先
略向右轉略下沉再向左轉上升再下沉，再向右轉下沉再略上
升，右腿先順纏，再逆纏屈膝上提腳（可用右腳向敵人襠內

或右膝裡側蹬踩擊出制勝），再變順纏向右側敵人襠內進步，以腳跟著地發勁，腳尖再落地，這是插入敵人襠內，爭取有利形勢，以備運用肘擊。

左腿先逆後順纏（當右腳著地後），以逆纏跟進步以腳跟著地發勁，同時左手合在右肘上，先雙順變雙逆纏，將敵雙手臂掤起，使敵胸前正面暴露，乘勢變雙順纏由左下沉向右至胸前中線，以雙逆纏用右肘尖向敵人胸前施採勁出擊，左臂肘為輔，是對稱勁。

第六十六式　穿心肘

【動作說明】

身先略向右轉，略螺旋下沉，再向左轉約近180度，螺旋上升再下沉，再向右轉螺旋略上升約180度，重心是左、右、左，偏右。右腿先順纏外轉，膝裡扣，五趾抓地。再變逆纏裡轉，屈膝上提，再順纏外轉向右側邁一大步，以腳跟先著地發勁，腳尖再著地，五趾抓地。

左腿先逆纏裡轉，再順纏外轉，膝裡扣，五趾抓地（當右腳著地後），腳跟提起離地，腳尖擦地跟進半步，以腳跟頓地發勁，五趾抓地。

同時左拳順纏由左胸略下方變掌合於右肘小臂上粘連與右臂肘先雙順纏略向右外下沉，再變雙逆纏上掤起向左下沉，再合力向右側上擊出，右肘尖位在右眼右前方，拳心向右下，裡下折腕。左手掌心向上，位在右小臂腕部下面。看身右側，聽左後。（圖594－597）

這動作練時速度很快。要求：動作以腰為主宰，掤時要上下相合，發勁要鬆活彈抖。外形勁在肘上，內勁完全來源於丹田帶動。

圖594

圖595

圖596

圖597

【技擊含義】

與上式大致相同，區別在於這式左手與肘合力向敵人胸口擊出。

第六十七式　窩　裡　炮

【動作說明】

動作一：身先向右轉約45度螺旋略上升，再向左轉約

90度先螺旋下沉再上升，重心先偏右下沉移左。左腿腳跟略提起，腳尖擦地先逆纏橫向左後退一大步，再腳跟著地，變順纏外轉，膝裡扣，腳掌踏實，五趾抓地。右腿先順纏外轉，膝裡扣，腳掌踏實，五趾抓地。再腳跟提起腳尖擦地劃裡弧橫向撤後一步，虛步腳尖點地，位在左腳橫向右側。同時右拳由胸前與左掌由右腕下變拳，先以雙逆纏裡折腕向右前上旋轉掤出，再以雙順纏由右前上劃外弧下沉至膝前中線略上升，右拳位在腹前中線的50至60公分處，拳心向上，虎口向右，左拳變逆纏，拳心貼在腹上左側前。眼先看右前上，再看右肘外側，耳聽身後。（圖598－599）

圖598　　　　　　　　圖599

　　這動作練時速度較快。要求：雙拳逆纏裡折腕向右前上掤時，同時退左腳，要右前上與左後下沉形成對稱勁，以達到「支撐八面」的要求。右臂肘引進蓄勢，要懸臂，便於引化。

　　動作二：身先略向左轉略螺旋下沉，再向右轉約50度略螺旋上升，重心先左後，移右前，再移偏左後。右腳先逆纏裡合提起，再順纏外轉向右側橫向上步，腳跟頓地發勁

後，五趾抓地。左腿先順纏外轉，膝裡扣，五趾抓地（當右腳著地後），再逆纏裡轉，腳跟提起，腳尖擦地跟半步，腳跟頓地發勁，腳掌踏實，五趾抓地。與右腳間距約35公分，形成不丁不八步。同時右拳由腹前中線前順纏外轉先向左前（欲右先左之意）劃弧再向右側外發勁，右臂伸展七、八分，拳心向上，高與肋部同。同時左拳貼在腹上左側前粘連，先逆後順纏旋轉，以肘尖向左後略下發勁。眼看身右側前，耳聽身後（圖600－601）

圖600 圖601

這動作練時速度較快。要求：右腳逆纏裡轉上提隨右拳左引，作到上下相合，先蓄好勁後再向右上步以右拳與右腳跟頓地同時發勁。左腳跟半步頓地發勁，左肘向外略下發勁，與右拳發勁形成對稱。

【技擊含義】

動作一：設敵人由我右前方進右步提左腳向我右外胯或腹部蹬擊或踢來，我即乘勢身快速先向右轉（欲下先上），略上升再向左轉下沉再上升，重心先右後左。左腳跟提起逆纏，腳尖擦地向左側退一大步，漸變實，五趾抓地。右腿先

順纏，五趾抓地（當左腳變實後），再逆纏，腳跟提起，腳尖擦地退後一步，虛步腳尖點地。同時左掌變拳與右拳以雙逆纏先向右前上旋轉，（欲左先右）再變雙順纏裡合下沉，施採勁向敵左腿膝前脛骨採擊，使敵人左腿迎面骨被擊受傷。

　　動作二：接上動作，設敵人見我雙臂拳下沉以採勁向其左腿迎面骨擊來，乘機下沉著地躲過，準備變招取勝。我即乘勢身快速先略向左轉略下沉，再向右轉略上升，重心左、右、偏左。右腳逆纏裡合提起，再順纏向右側上一大步，將敵左腿套住，五趾抓地。左腳跟提起，腳尖擦地，向右側跟進半步。右拳由腹前向敵人胸、腹施捌勁擊出。左拳貼腹部，左側粘連先逆後順纏旋轉，以肘尖略下沉外開發勁，以保持身體平衡。

第六十八式　井纜直入

【動作說明】

　　動作一：身快速先向左轉約45度略螺旋上升，再向右轉約45度略螺旋下沉，重心在左。左腿先順纏外轉，膝裡扣，腳掌踏實，五趾抓地。再變逆纏裡轉，右腿先逆纏裡略轉，五趾抓地。再以腳跟為軸，腳尖略上翹，順纏外轉約80度著地，腳掌踏實，五趾抓地。同時右拳變掌、逆纏裡轉，先向裡下沉繞一小圈，再向右前外上升，變順纏再下沉，掌心向下，指尖向右外前。位在右膝上約30公分處。同時左拳貼緊左腹側略上方，粘連先逆後順纏旋轉。眼看右掌，耳聽身後。

　　這動作練時速度很快。要求：動作運勁以腰為主宰，結合丹田，運用彈抖勁，身先左再向右快速旋轉，以手領勁，

圖602　　　　　　　　圖603

腳隨身轉，身勿左歪右斜。

　　動作二：同第一井纜直入式之動作三。（圖602－603）

【技擊含義】

　　動作一：設敵人由我身右側外用右拳向我右肋部擊來，欲將我右肋部擊傷制勝，我即乘勢身先快速向左轉再向右轉約45度下沉，重心在左。右腳跟為軸腳尖略上翹外轉約80度著地，同時右拳由右膝前上先逆掌裡合下沉，再向右外上變順纏，從敵人右臂外繞一小圈，將敵人右手腕抓住，以備變招制勝。同時左拳貼左肋略下粘連先逆纏後順纏旋轉，準備進攻。

　　動作二：接上動作，敵人右手腕被我右手抓住，我不等敵人變招，乘勢順纏裡合上翻將敵人右手腕纏拿擰住至左腋下，使敵右臂被纏反轉受制。同時我身向右轉，左拳變掌逆纏由胸、腹中線（敵人右肘上）下沉施採勁向敵胸腹等部插擊，同時左腿逆纏屈膝，腳提起向敵右胯、膝等部施以採勁擊出，這樣手腳上下同時向敵人擊出，使敵人難於防護而制勝。

第六十九式　風掃梅花

與前風掃梅花同。（圖604－606）

第七十式　金剛搗碓

與前風掃梅花之後的金剛搗碓同。（圖607）

圖604

圖605

圖606

圖607

第七十一式　收　式

身體漸漸起立，兩膝微屈，兩手放鬆，逆纏裡轉由腹前分向左右兩側自然下垂，掌心先向下按再合攏於大腿兩側，同時氣沉丹田，恢復預備式之姿勢。（圖608－609）

收勢要做到鬆靜而沉穩，充分體現此拳輕沉兼備的原則。穩起穩收，善始善終，歸本還原。

此拳第一路為面朝南開始，收勢應面朝北；第二路則從面朝北起始，面朝南收勢。兩路拳接連打，收勢基本上歸回原位。兩套拳的編排也是陰陽對稱。

書中有的插圖面向及方位，為了便於讀者從正面閱覽，有一部分圖是動作的反面、側面圖，有些圖與運動中應處的實際方位、動作運行路線或有出入，則以文字解說為準。同時可以參閱本書所附《陳式太極拳一、二路動作路線示意圖》和本書整理人的教學錄影帶。

圖608

圖609

附　錄：

陳式太極拳的拳式和推手鍛鍊

陳照奎　巢振民

太極拳與其他拳術一樣，都屬於競技性的民族形式體育，以掌握搏鬥防身技巧和增強體質爲主要目的。它能夠培養堅強、勇敢、果斷、機智等優良的精神品質；它的動作和諧優美富於變化，有濃厚的藝術興趣，容易引人入勝；它有良好的醫療效果，於身心都有很大益處，久爲廣大人民群衆所歡迎，值得發揚、提倡。以下簡單談談太極拳的鍛鍊方法和有關問題。

經過長期的發展過程，各門拳術都有自己一套完整的鍛鍊方法，如站樁、拳式、操手、對子等。太極拳的鍛鍊方法一般說來有拳式和推手兩種（至於散手則是學成以後對手法的全面運用了，非初學所能，又因受傷的可能性較大，所以一般不宜採取）。前者是個人單獨練習，以求招式的準備完美和全身動作的協調相隨，是基本功。後者則是兩人對練，以求掌握基本的搏鬥技巧，是初步的對敵實踐。二者在鍛鍊過程中是互相配合的，先練拳式打好基礎，再結合推手逐步地掌握技巧。拳式可以使基本動作正確，推手可加深對招式實際用法的領會，並能檢驗拳式的正確程度，如果只練拳式不練推手，就缺乏對敵的直接實踐，僅僅起體育的作用，而

不能掌握防身禦敵的技巧。如果只練推手，不練拳式，雖然能夠掌握一定的應敵技巧，但無法全部正確地掌握基本動作，容易養成一些不正確的動作習慣，在技巧達到一定的水平之後，就很難得到更大的進步。只有二者適當地配合才能收到最大的效果。

人的肢體形狀和機能是經過若干萬年的長期發展過程，適應生活的環境而形成的。它受生理規律和其他自然規律的支配和制約，而有一定的作用範圍和極限。例如，人的手足肘膝只能向一定的方向彎曲，而不能相反。例如肌肉的張、弛，神經衝動的傳導速度，都有一定的絕對限度，是無法超越的。再者，在鍛鍊過程中，體力的增長也是有極限的，並且在增長的速度上、數量上也不是直線式上升。

一般情況在開始階段由於體力未能充分發揮，潛力很大，進步較快，但技巧純熟以後，則進步緩慢甚至停滯或退步。如舉重達到個人的極限後，即使增加一兩公斤都難於勝任，短跑即使縮短十分之一秒也很不容易辦到。不僅每個人在體力和機能上有其極限，就從整個時代來看，各種體育競技的最高成績的突破也是逐漸和緩慢的，甚至是很長時期不能變動的。

人是最高級的動物，其適應內外環境的能力是在高度發達的中樞神經支配之下的，經專門的感覺器官傳達刺激於大腦皮質，而引起相應的反射活動。一切技能、技巧就是由各方面陰性的（抑制）、陽性的（興奮）反射活動，複雜結合而形成的，各有關的感覺器官和運動器官經過長期的協作，彼此間所建立的暫時性聯繫——條件反射，日趨鞏固了，多餘的肌肉活動減少，甚至沒有了，動作逐漸準確、靈活、迅速了，耐力也加強了。一句話，工作效率大大提高了，人的

感覺器官和運動器官經過長期的合理的訓練，是有可能掌握極其複雜的、難度很高的技能、技巧的。各種行業的複雜精巧的動作都能夠說明這一點。例如，雜技演員用頭頂鋼絲作幾秒鐘的靜止倒立，又如雙手同時拋弄八、九把小刀，足以說明平衡能力和反應速度和準確性能夠提高到什麼地步。又如牙雕等工藝技術，有在方寸大一塊地方刻寫成千的字；刻劃出極精細的畫等等，也足以證明動作能精細到什麼地步。

雖然拳術有各種不同門派，各種不同風格特點，但從根本上說，各種技巧在這方面是有相同性質的。通過足夠時間的合理訓練，是有可能掌握相當巧妙的搏鬥技巧的。換句話說，也就是在速度、力量、耐力、準確和精密程度等各方面的極限範圍之內，能夠掌握相當靈巧、準確、迅速、多變的搏鬥招術。

太極拳發展到今天，已經發展成為很多的流派了，各有其特點和風格，並且在傳授源流上也有各種不同說法，但經過專家根據文獻資料所作的考證，證明陳式太極拳是最古老的太極拳之一，目前流行在各地的太極拳絕大多數都是從陳式拳演變出來的。

一般說來，陳式太極拳的對敵搏鬥也不外用以下這幾種方法：使對方失去平衡而摔倒；拿住對方的肢體之受傷或不能動轉，（或稱拿脈、抓筋、反骨）；將對方擊傷或擊出。這幾類方式雖有不同功用，但具體運用時是揉合在一起，相互為用的（還有當與對手相持時，用迅速的動作使其發空失措，乘機擊出，這稱為驚擊，這結合了心理作用）。在拳式中這幾類的招式是包含在內的，這從各式的動作姿勢可以看得出。在推手中雖然一般不許用拳、肘、膝、足等衝擊踢打對方，可是不僅有防禦的姿勢，而且還可以將對方發出。

　　在運用這些方法時，一方面要求，破壞對方的重心平衡，要求使對方的肢體動作不靈活，要求使對方處於不利形勢。而另一方面卻同時要求使自己的重心平衡處於穩定狀態，要求自己的動作靈便自如，要求自己的形勢有利。一句話，使對方處於背勁，而自己處於順勁。

　　因此，概括了各種動作的特性，而形成了一些必須遵守的規則。例如，「尾閭中正」、「氣沉丹田」、「扣襠勁」等等，實際上是使重心下沉保持穩定，同時隨對手的情勢而變化重心在兩足間的位置，使對手莫測虛實，找不到我方的「力點」，而我方卻能隨時取得有利地位，保持自己的穩定與平衡。而「沉肩垂肘」、「肘不貼肋」、「下塌外輾」等等，則是使自己的手臂不致被逼受制，便於引擊，諸如此類的規則。總之，就是要達到「下盤堅實，上盤靈動」的要求。

　　但是，這些動作要求與日常生活中所形成的動作與習慣，卻存在著相當大的差異，必須經過專門的訓練矯正動作，克服差異而達到要求。拳式和推手正是為達到這個目的的必要手段。

　　拳式是怎麼形成的，又有什麼效果呢？

　　簡略說來，大致是這樣的：在對敵搏鬥中，由於攻擊和防守的部位不同（上、中、下盤，左、右側，前、後方）使用的肢體部位不同（手、足、肩、肘、胯、膝等），運用的方法不同（摔、打、拿脈、抓筋、反骨）而必然形成各種各樣的招式。這些招式最初被總結出來時往往是單個的。也就是單式。各單式的分別鍛鍊是拳式的一種練法。另外，為了練習的便利和有趣，將各有關單式連貫起來就形成了拳的套路。

　　拳式的連貫並不是隨意的，每一套路的創立都是經過精心安排的，要考慮動作的剛柔難易，要便於初學，要符合循序漸進的原則，如陳式老架，頭趟動作較簡單、和緩、舒展，以纏絲勁爲主，柔多剛少。較易學習。二趟動作較複雜、疾速、緊湊、以抖勁爲主，難度更高。就符合這個原則。不僅如此，就以頭趟來說，第二個金剛搗碓以前的動作較簡單，而以後逐漸複雜，也是同樣道理。再者，還要考慮到運動的張弛，而使動作快慢不同、大小不同的招式要配合起來，使練習的人不致過於緊張，也不致於鬆懈。如頭趟中配合了7個單鞭，兩趟倒捲肱，三趟運手都是附帶起這個作用的。三則，拳式的作用主要在於它所包含的動作過程，可以說除了極少的動作，屬於換勁沉氣，如一些定勢之外，幾乎都包含著一定的用法。

　　各招式之間只有用法明顯和不十分明顯的差別，用法明顯的，如六封四閉、指襠錘、雙擺蓮、十字擺蓮等等；用法不明顯、不確定而實用範圍實際上更廣的，如運手、倒捲肱等等。各式的連貫也是以其相互間有無必然聯繫爲標準的，不能任意連接。

　　在拳式練習中，每個招式要求不違反上述原則，並且使自己的肢體作出路線不同、速度不同的動作。簡括地說，就是將若干走順勁的動作連接一氣，保持自己始終不走背勁，不給對方以可乘之機。這些用勁的路線，呈複雜的曲線形狀，不是簡單的圓圈而是複雜的近似於螺旋形的，也就是平常所說的纏絲勁。此外，運用打法時發勁迅速，動作鬆活，富有彈性，叫做抖勁。

　　在拳式練習中，各式的目的、作用必須弄清楚，假想對手的位置、形勢也要弄清楚，這樣才能使手法、身式、步

法、眼神、耳音等等配合得完整、周密沒有漏洞。

　　還需要了解拳式鍛鍊的過程，主要是矯正動作的過程。每次練習都不是簡單地重複拳式動作，而是對動作的部位、路線、速度、用勁剛柔等等，按拳式的要求即立身中正安舒，尾閭中正、肘不貼肋等要領進行改正。

　　這又可以分爲幾個階段：最初是肢體動作的大小，部位的高低，次序的先後能否大致相同，這主要是記憶套路。套路記熟則進一步求勁路的曲直，用勁的纏抖、變化的遲速是否合於要求，這一步作到以後可算初步掌握拳式，此後，求最大身法時每一動作的細節是否相合；最快、最微細的變化動作是否配合得當。最後則達到「從心所欲不逾矩」的地步，就是在拳式中不必特別注意而無論任何身法的任何動作都能完全作到周身相隨，不違反各項規則。

　　拳式鍛鍊的過程，是在動作上由不能到能的過程。這個過程中主要的是糾正錯誤動作，因此，每招式都可能反覆地感覺不順當，需要反覆地改正動作，但開始時粗略，以後的精細，開始時是大的部位和動作，以後則是極細小的。如果只按套路簡單地重複，儘管所作的練習次數再多，運動量再大，練習時間再長，也難以掌握精細、正確的高難技巧。

　　陳式老架的頭趟和二趟運動的速度不同，強度不同，兩趟的大身法和小身法的運動量，難度也不一致，其體育及醫療的效果自有差異，但由於練習時，中樞神經的興奮點──意守部位都比較集中和固定，可使大腦皮質的其他部位得到抑制和休息，而同樣能起與氣功法相同的作用──即所稱練拳是「動中求靜」，坐功、站功是「靜中求動」。

　　由於這些拳式難度很大，不易掌握，學習必須付出相當的精力和時間，有一定的艱苦性，在意志鍛鍊方面也有相當

的效果。

　　在練功時，太極拳與形意拳、八卦拳等類拳術還有一個共同特點，就是有「內勁」，究竟什麼是內勁，從目前情況看，的確有待體育界、醫學界作進一步地詳細研究，下面只簡單擺一擺有關現象和問題。

　　在練拳式時，都必須保持小腹部分膨脹堅實，而周身鬆軟靈活，並且除對眼神耳音及招式部分需有一定的注意之外，還必須把注意力集中在丹田（小腹部分），動作都由丹田領勁，在這樣的情況下，凡意守的有關部位的神經都處於一定程度的興奮狀態，而致血液循環加快，毛細血管擴張、發熱、發脹、出汗，並出現有如螞蟻爬行般的刺癢感覺。手臂足部運動時如同以小棍撥水的簌簌抖動的感覺，會陰、湧泉等穴位和小腹部分的震動和衝擊等等。

　　這是我們個人已經體驗到的，其他未列在內。其中有些感覺和現象是其他運動所沒有的。對這有什麼功能，我們雖還抱著存疑的態度，但從根本說只是生理所固有的，而平常不顯著的現象罷了。

　　這些現象可以認為對健康是有益的。是能夠增強和改善生理機能的。例如，增強力量、提高速度、靈敏性等。對提高搏鬥技巧肯定是有幫助的，可是在這裡要辨明一點：人體的運動雖然很複雜，但所遵循的仍然是人體力學的規律，各種生理機能的改善都是與它有直接關係的。人體運動的技巧不能違反這些客觀規律而只能運用它。因此，即使「內勁」到了「相當」火候，也同樣得遵守客觀規律，這些規律在拳術裡的具體表現就是上文說過的含胸塌腰、沉肩垂肘等等。這裡不再重複。總之，「內勁」是有益的。其現象是符合生理規律的，但決非神秘的。

　　在練習拳式時，呼吸的配合也是很重要的，一般說來在運動時應該保持呼吸的平和自然，而在發勁時，應該呼氣，呼氣可使腹壓膨脹重心下沉，內臟不受過強壓迫，不致受傷。呼氣的快慢要隨拳式配合，隨著呼吸和全身動作的變化，胸壓腹壓也變化，而使內臟受到適宜刺激，加速血液循環，旺盛機能。在推手時，也應該同樣的遵循這些呼吸規則。

　　通過拳式練習，使姿勢、動作都達到一定程度的正確以後，就可以結合著練習推手。陳式太極拳的推手也分幾種方法：㈠進一步退一步；㈡連續進步和連續退步；㈢散步的推法。大體上能夠包含了較全面的用法。

　　最初階段的推手比較簡單。如：

　　甲乙二人對面站立，雙方都以右手作搭手的姿式，甲翻轉右手虎口向內虛握乙之右手腕，左手撫在乙之右肘上，甲順勢將身體向右後轉，右足也隨同向右後方退一步，同時兩手也隨同身體的轉動繼續後捋，使乙受此牽動而兩足不能自主。乙受牽動，順勢將右足前進一步，插落在甲左足內側（甲的襠內），重心略向前落於右腿上，同時左手附在右肘上內側（以防擊面），用擠勁靠向甲的胸前。甲順乙的擠勢，向左收胯轉腰，重心移向右腿，兩手由捋變按（左手向下採勁）。乙順甲的按勢，順勢將身體向右後轉，同時翻轉右手虛握甲的右手腕，左手撫在由的右肘上，同時，兩手也隨同身體的轉動向右後方捋，使甲受此牽動而兩足不自主，甲受牽動，順勢將右足前進一步，插落在乙左足內側（乙的襠內）重心略向前落於右腿上，同時左手附在右肘上內側（以防擊面）用擠勁靠向乙的胸前。乙順甲的擠勢，向左收胯轉腰，重心移向右腿，兩手由捋變按（左手向下採勁）。

　　以上動作，甲乙各進退一次，是一循環。按照這樣動作，反覆地練習記熟後，再根據推手「八法」練習勁別用法，探知在什麼情況下，為什麼是順勁和背勁？需要遵守哪些規則？反之，又會出現什麼情況？思想認識明確後，其他不辨自明。推手動作達到一定熟練程度以後，則可體會到每一手法裡都包藏著極多變化，可以隨敵我的形勢變動而運用相應的拿法、摔法。

　　舉個較簡單的例子來說明一下：如上文所說推手中的捋手，開始姿勢，雙方都以右臂作搭手的姿勢，甲翻轉右手虛握乙的右手腕，左手撫在乙的右肘上，甲順勢將身體向右後轉，右足也隨同向右後方退一步，左足尖也隨同略往裡轉，同時身體也隨同身體的轉動繼續後捋，使乙受此牽動兩足不能自主。乙受牽動，順勢將右足前進一步，插落在甲左足內側（甲的襠內）重心略向前落於右腿上，同時左手附在右肘上內側（以防擊面），用擠勁靠向甲的胸前。

　　這時如甲往右後捋勁稍小未過己前胸中部，乙乘擠勢左手拿住甲的左手腕，貼在右臂肘內側（沾粘不脫），隨同右臂作下弧前擠勢動作，左手亦隨之往裡往下用纏絲勁，把甲的左手梢節和腕部氣截住，被逼將在左臂肘翻起，這時乙就可用右肘、小臂或左手，選擇適合的力點（左右逢源）將甲發出（乙順甲背勁）。如果甲乘乙用擠勁靠向胸前時，收胯、轉腰、扣襠、（左轉）將重心移向右腿，同時右手拿住乙的右手腕（往裡往下）用纏法，同時左手看住乙右臂肘上（往下往外）用採勁，同時身體胸、腹部沾住乙右肘和小臂，重心下沉，把乙的右手梢節和腕部氣截住，利用身體沾住乙的右肘、小臂，左手下採甲的右臂，重心下沉，同時動作，則可將乙制往發出（甲順乙背勁）。

　　如果甲乘乙用擠勁靠向胸前時，右手拿住乙右手腕往右
後方繼續，同時，左手看住乙右肘隨同右手方向作下弧往下
往外，使乙重心前傾失勢，則可將乙捋出而發（甲順乙背
勁）。如果乙乘甲往右後捋時，扣襠轉腰鬆勁及時，則可乘
機用右肩靠向甲胸前，左手附在右肘上內側，與肩可同時合
力將甲發出（乙順甲背勁）。

　　如果甲乘乙肩靠向胸前時，收胯向左轉腰（重心移向右
腿）左手往下往外用採勁，同時右手向乙左肘上輕輕一擊，
左腿、足往外略轉，則可將乙向左摔出（甲順乙背勁）。如
果乙乘甲用採勁時，身體隨勢扣襠向右轉腰換勁鬆得一點，
同時左手乘甲右手擊肘時，順勢前鬆向乙胸前發抖勁，則又
可將甲發出（乙順甲背勁）。如果對方捋的在胸部或靠下
（如果再加上換步、跟步、轉身、換手等招術）則又是另一
套複雜的變化。所以功力圓熟時，幾乎每一寸位置的變動都
包含變化決勝的契機。

　　這些作用怎麼會發生的？根據是什麼？下面簡單地說：
原來人的行動、站、坐等等都是全身有關肌肉（指隨意肌）
在中樞神經指揮之下互相配合而完成的。比表面看來可複雜
得多。首先，比如穩定重心的問題，站立，好像是靜止未
動，實際上平衡器官（前庭分析器）在作著很複雜的工作。
因為人的重心位置較高，約在小腹臍下部分，只用兩腳站立
支點小，重心很不穩定，時時向不同方向傾斜搖晃，必須隨
時指揮相關的肌肉，某些鬆弛，某些緊張，糾正動作，維持
平衡。這種活動的頻率和速度都很高，在正常情況下自己不
會感知，只有當功能衰退如大病以後，或衰老時或動作較困
難時才感覺得到。病人、老人站立時的顫抖，就是這種功能
衰退，活動的頻率和速度降低的表現。單腿站立時間稍久感

到搖擺不定，需要注意控制則是動作較難的表現。

　　總之，必須使重心保持在支點邊沿的垂直線以內，（即腳尖腳跟、及兩腳外側以內）才能站得住。在不受外力時，平衡動作還是簡單的。而在兩人相持，雙方都企圖破壞對方的平衡而保持自己的平衡時，更爲複雜了。爲保持自己的平衡，對於對方的勁是不能硬抗的，如果對方勁大（這與體重、力的方向都有關係）而硬抗的話，則是很容易地就被對方把重心推出支點的垂直線以外而摔倒。只有變化重心在兩個支點——兩腳之間的位置或變換一個支點的位置（換步），使對方的來勁走空了，對方用勁方向若過於固定，很容易被我將重心引出支點垂直線以外而摔倒。所謂「單重」就是保持重心，始終能變化於兩支點之間。至於「尾閭中正」，扣襠等等也都是爲了轉動靈便。

　　另外，上文說過，人的肢體構造也限制其動作的方向、範圍和距離。例如人的手臂只能向一側彎，不能反肘。兩臂伸平向前合攏順勁，向背後則背勁合不過去。又如，以手擰對方腕部使之反背，一般都感到順當不會發現自己不得勁，但如果肩、肘不隨著轉動，則發現腕部可能轉動的範圍並不大。而當轉動到頭時如果強加外力使繼續同向運動，則不僅關節不能轉動，並且有受傷的可能。若各相關部分配合動作，則所走的路線就呈各個弧度不同的曲線連接成的近似螺旋的形狀。這就是上文所說的纏絲勁。

　　由於人的肢體各個部分在運動時是密切相關的，是統一的，即所謂「牽一髮而動全身」。其關鍵在於腰部的轉動，在於丹田部分（樞紐所在，重心所在）的用勁的變化。如果只部分肢體走纏絲勁，其不動部分必然僵滯，而使動的部位被限制住。如前例，臂肘隨腕運動但身軀不動也同樣會發現

動作的範圍、距離是有限的。所以一切動作和部位都必須走纏絲勁，走曲線。如果全身動作配合好，就達到周身相隨，內外相合的地步。

還有「抖勁」，也與纏絲勁所行路線相似，但用勁較快路線稍直（仍是曲線），在發勁時，所謂「力由足跟起」，就是支點先穩固不動作爲基礎，然後換腿勁扣襠以全身的轉動催迫手臂的動作，這就是「力由脊發」，「機關在腰」。同時向下鬆勁使身體下沉——氣沉丹田。這樣既使自己重心穩定，發勁又走曲線，走曲線可以在感知對方虛實時變換用勁部位跟著「力點」而不致走空。

在推手中就包含抓筋、反骨等等手法，這些手法只能用到一定程度，就應該適可而止，否則即會使人受傷，再者拿法必須與摔打等等結合運用。

以上是走纏絲勁和抖勁的一些根據。附帶說明一下，抽絲勁與纏絲勁是不一樣的，纏絲勁主要性質在於用勁的路線，如上文所說，而抽絲勁則是指用勁的綿綿不斷彷彿抽絲。

從上文看。甲乙雙方都是在走纏絲勁或抖勁，那怎麼再分順背呢？據上例可以看出雙方相持時，並沒有形成絕對有利或絕對有害的形勢，只要哪一方的動作更靈敏，所走的勁路更順一些，哪一方就可以制勝。並不在於雙方肢體部位距離遠近，離對手遠不一定就是守的嚴密，彼此貼身也不一定就受制於人。各招各式各種用法，都是隨形勢需要才起作用，沒有絕對有效而無破法的招式。

隨著雙方形勢的變化，順勁、背勁的方面經常變化。錯綜複雜，難於盡述。推手與拳式所不同的，在於拳式只單獨進行動作，使符合上述的要求，而推手則是在與外力對抗下

作到這點，所以，首先要明確雙方所爭的是什麼？抽象地看起來很簡單。求己順勁，人背罷了，這不僅見於上述保持平衡的問題而遍及於所有的動作和用勁，可是實際上還存在著一個頂勁的問題。有人以爲功夫高的可以憑技巧贏功夫低的，而功夫相等的，則技巧不起作用而要靠實力大小來分勝負了。把力和巧簡單地看成兩不相干的東西。

　　事實上，太極拳並非不講力氣，巧與力是密切結合的，沒有力根本不可能發揮巧的作用來制敵。只有講究不與對方頂勁，不與對方拼體力。在推手中頂勁是一個大忌。勁頂則僵持，則沾、粘、連、隨等等化勁就都消失了，養成頂勁的習慣；是技巧提高的最大障礙。

　　此外，推手所建立的條件反射是相當複雜的。它是由視覺分析器、聽覺分析器、司平衡的前庭分析器與司自己肌肉運動感覺的運動分析器等綜合建立的，由視聽判斷對方的位置、形態，由觸覺感知對方用勁的大小、遲速和變化，由運動和平衡分析器感知並控制自己的動作和重心的穩定。每感知對方的用勁情況時，即採取適當的動作以求制勝，同時並繼續感到對方的變化，繼續適應之。

　　如上述甲、乙推手例子。在開始研究手法時雙方動作都緩慢，所爲弄淸用勁的變化和彼此的生剋關係，每一步驟都經過思考揣摩，旣至功夫純熟，各步驟的反射活動達到「自動化」的階段，前一刺激就能迅速引起下一反射，下一刺激緊密地又引起再次的反射，由運動分析器，對己動作和觸覺分析器對敵方動作的綜合感覺所形成。如此循環遞變，速度很高，似乎未經思考（實際上，大腦皮層神經細胞參與了這些活動）。再者，由於極多次數的練習，反射分化得很細，刺激的每一個細微差異就能引起各自分別的反射。三則所建

立的循環鏈鎖相當長。從表面上看，似乎是能以「不變應萬變」，由於動作速度很高，甚至有人稱它作「先天勁」。實際上，如果沒有後天建立的極其複雜的條件反射，人可能做到的太稀少了，舉個例子來說，就連幼兒開始學習站立都是經過多次嘗試（鍛鍊）而建立站起來的反射條件發揮作用。各種高度技巧的掌握，決不是某種先天機能的神秘顯現，而是長期勤苦鍛鍊和鑽研的結果，再者從技法的量上來說，應該盡可能地多掌握，盡可能地熟練它。

不能相信，只掌握某一類幾個動作就足以應付所有的手法。所謂無形是使對方察覺不出我方的動作、勁路，而不是我方沒有任何招術。從我們所了解的情況看，凡所公認為高手的人沒有一個不是技法全面，並且高度熟練的。

像上文所說拳式和推手的鍛鍊是各有不同性質和作用的。在鍛鍊過程中二者又是怎樣配合呢？為了簡明起見再結合推手部分的例子談一下：

比如推手時用捋手的一方，就可以在捋的過程裡，體會「六封四閉」的動作有什麼實際作用。為什麼要下塌外輾，為什麼要扣襠勁，為什麼要轉腰，為什麼眼神要盯住右側前方？從上述推手、捋手的例中對手的形勢變化就能得到深一步的體會。同時，在練拳式時，又可以設想目前的對方如何動作，我方如何動作，姿勢更合理，更實際意義。二者交互配合，相得益彰。如果，將拳式中各個招式的實用動作都體會清楚，不僅拳式姿勢、用勁都有明確的的標準，易於正確掌握，而且推手的進步也能夠大大地加速。

拳術的練習與其他體育運動還有一個共同點，就是在練習方法上應該注意到思想認識方面必須清楚：一、對動作有清楚的形象。二、對拳理有正確認識。人的一切動作都是在

中樞神經指揮之下，即在大腦皮層神經細胞的作用下，在第
一、第二信號系統的作用之下而完成的。觀念明確以後，動
作易於準確，練習效率較高。因此，在一些難度較大的動作
如拳式中如青龍出水、退步壓肘等等，或較複雜的推手變
化，應多作示範動作，先看清楚，再分析拳理，了解目的、
方法、作用，然後再實地練習。

　　拳式的練習除像上文所說可以分幾個階段以外，在運動
量上也要看體質強弱而有區別。總以循序漸進逐步增加練習
次數，逐步加大身法爲宜，旣不必急於求成，採取突擊，又
不能「一曝十寒」時練時停。要有耐心、有恆心、有計劃地
進行練習。至於推手也同樣如此。

　　首先把固定套路走熟，開始時切忌動作過快，必先一招
一式把部位動作都配合好，然後再增加速度。在雙人對練
時，也要以研究勁路順背爲主，不要求勝心切，想發人、制
人。否則就往往會兩人互相頂勁，養成不良習慣影響進步。
再者，頂勁過大有時彼此控制不好，還能發生受傷的事故，
更違反體育的根本精神了。

　　拳式除了上述的性質以外，因爲動作的連貫，有節奏，
富有變化，姿勢優美，有些近似舞蹈，當練習相當純熟以
後，會感覺在練習好像進入了一種藝術境界，意趣橫生，興
味很濃。

　　推手到相當熟練程度以後，不僅能適應各種不同類型的
手，而且還能揣摩對方的心理，根據不同心理狀態採用手法
制勝，頗有一些策略變化在裡面，能培養人的機智。

　　再者當功夫相當純熟時，對敵方的勁路分析準確，取勝
的把握較大，不論敵方的速度、力量等等如何，能夠冷靜分
析採用適當手法而無所懼怕。

　　這些都可以說明，太極拳式和推手鍛鍊對身心各方面的益處。

　　在過去，拳術主要是以鍛鍊搏鬥技巧爲目的。現在雖然有一些拳式舞蹈化了，但從基本性質看，仍然應以搏鬥技巧爲主。如果，拋開這些具體內容，不僅失去了防身禦敵的功用，也缺少了這門體育競技所獨有的趣味和培養意志的作用，而變質成爲舞蹈。這可以拿摔跤、角力、柔道、擊劍等等來比較，如果把它們各自包含的競技技巧都取消的話，又將成爲什麼樣的運動呢？

　　由於拳術的發展源遠流長，項類繁多，加上在舊社會裡，得不到正常發展，有的甚至瀕於絕滅，解放十幾年來在國家的關懷培植下，遂得到蘇甦而趨於茂碩，但全面的繁榮和進一步的發展，究竟還需要一定的時日。從目前階段看，應該在繼承的基礎上求發展。正如解放以來戲劇界的情況，數以百計的地方劇種復活了，傳統劇目保留下來了，而後新的劇目、新的藝術表現才大量湧現出來。

　　我們確信所有的拳技門派都能在國家的領導人和廣大人民群衆的支持下，出現空前繁榮的局面，發揮它爲人民的健康事業服務的根本作用。

陳式秘傳太極拳內功

——丹田內轉功法

馬　虹

　　引言：1986年12在成都召開的全國性太極拳學術研究會上，有人發言反映：在日本有人向中國太極拳敎練提出一個課題，「太極拳爲什麼能嫩膚」？

　　這個課題提得好。它正好涉及到了我國太極拳的奧妙所在、精華所在。太極拳，尤其是陳式太極拳，以它那獨特的輕沉兼備、剛柔相濟、開合相寓、動作螺旋、鬆活彈抖、快慢相間、內外兼練的運動形式，熔武術與養生術於一爐，使長年從事這一運動的人，不僅可以健身、護身，而且可以健腦、嫩膚、健美。所以人們都說太極拳是我們國家武術寶庫中獨樹一幟、構思特異的一顆明珠。

　　爲什麼太極拳可以起到健腦、嫩膚、健美的作用？除了上述它那些運動方式上的特徵之外，其奇妙的內功——丹田內轉法，是重要的因素之一。關於「丹田內轉」，在顧留馨、沈家楨著的《陳式太極拳》及顧著的《太極拳研究》等書中，都曾提及「氣沉丹田與丹田內轉相結合」，但其功法如何具體運用到拳術之中，其機理的依據是什麼，均未詳述。作者自1972年至1980年從師陳照奎老師（當代著名太極拳大師陳發科之子、陳氏十八世傳人），學習陳式太極拳，深得陳師口傳身授的太極精義。現將陳式秘傳有關丹田內轉功法之要點簡介如下。

一、丹田內轉是陳式太極拳的精華

丹田內轉，從武術和勞動角度來說，它是使人體產生鬆活彈抖型的爆發力的太極內功；從養生健身角度來說，它又是「煉精化氣」、「還精補腦」的重要養生功法。

古往今來，人類在不斷探索健康長壽的方法。那麼養生大道最首要的問題是什麼？是「煉精」。沒有「煉精」的功夫，也就談不上「化氣」、「化神」和「還精補腦」。當然煉精也離不開眞氣的帶動。煉精、化氣是相輔相成的。但煉精畢竟是養生的築基功。

梁代醫學家陶弘景云：「養生之道，以精爲寶。」《性命圭旨》把煉精列爲「首關」，有云：「初關煉精，爲動靜兼用之功。」一些煉功的人往往只講練氣、養氣、運氣等等。而很少談及煉精之法。無精，氣從何而來？觸及到「精」字，也是多講「保精」、「惜精」、「戒慾」、「節慾」、「禁慾」、以及「上士分床，下士異被」等控制性生活諸法。只講「節流」，不講或很少講「開源」。這不能說不是一個值得探討的課題。

何謂精？這裡講的精是指濡養人體的血液及各種內分泌腺特別是性腺的分泌物，即激素。這種激素進入腺體周圍的毛細血管，隨血液循環到身體各處，以調節身體的生長、發育、物質代謝和組織器官的活動。按「煉精化氣」的原理，它可轉化爲眞氣，順經絡循環到身體各處，充盈周身，維持和增強人的生命力。這種激素過多或缺乏，都會引起各種疾病。產生這種生命要素的主要部位在丹田，即小腹。

丹田，向來是爲養生家所重視。道家養生家認爲丹田是

練功的「根」，為「安爐立鼎」煉金丹的地方。《黃庭經》的「黃庭」二字即指此處，認為此處是「積精累氣」之所。《胎息經》所言胎息的部位也指此處，認為此處為人體生命之源（人體力學家認為此處是人體重心、中心所在）。前人講：「抓住丹田練內功，哼哈二氣妙無窮」。太極拳家則把丹田稱為「太極點」，係太極拳運動的軸心，故又稱「太極核」。由此可知，太極拳的創編人陳王庭遺詞所云：「一卷《黃庭》隨身伴，悶來時造拳，忙來時耕田，……」（《陳氏太極拳圖說》），當時造拳也是參照《黃庭經》，抓住了這個煉功的關鍵部位，而提出了「氣沉丹田和丹田內轉相結合」，作為太極拳的內功功法，從而使太極拳成為一套內功、外功兼練的拳種。

丹田，一般都指臍內向裡斜下一寸三分（又稱一寸半）處。即小腹之內，骨盆之中，膀胱之後，腰椎、骶椎之前，氣功家稱此處為儲藏真氣的「夾室」。其實，此處是人體許多重要的臟器所在之地。尤其是生殖器官聚集的地方。由外及內進行剖析，首先是腹肌，腹肌是牽動人體腰部及下肢力量的關鍵，它並對小腹內的臟腑起保護作用。其內部則是生殖腺聚集的部位。如精囊腺、前列腺、女性的卵巢等性分泌腺。科學家認為增強這些有關機能的內分泌臟器，是增強人體生命活力的重要措施之一。

這些性機能的增強，可以保證人體產生自身所需的性激素。這些激素是促進人體各器官生長、發育，並持久地維持其正常狀態，延長壽命的極其重要的生命原素。運動這個部位，即某些運動家提倡的「腹部體操」、「骨盆體操」等，即類似太極拳運動強調的「丹田內轉」之內功法，可以增強消化系統的吸收功能，增強性功能，培養真氣，增強內

分泌，產生性激素，從而達到健美、健腦、嫩膚。這種丹田內勁與整體運動（外功）結合起來，就可以達到袪病延年健康長壽的境域。

　　從技擊角度分析，這種丹田內轉功法，則是太極拳所特有的螺旋型的鬆活彈抖勁的動力源泉。拳論所謂「主宰於腰」，實質上就是主宰於丹田。太極拳運動發勁時，丹田內部潛轉活動的離心力與向心力表現在：發，則放射到四肢，即氣貫四梢；卷，則從四梢收到丹田，即氣聚丹田。但這種力量的收和放，都不是直線的，而是通過人體所特有的一系列的螺旋動作、節節貫穿地來實現。平素的套路鍛鍊，推手、單式鍛鍊，一招一式都著眼於丹田潛轉，著眼於丹田內轉帶動四肢及至周身，不斷發揮丹田內轉這種人體的樞紐作用，對於增強人體的自衛、技擊能量，無疑是十分重要的。

　　拳論中所謂：「周身柔軟似無骨，忽然放出都是手。」即這種丹田爆發力的形象描述。

二、丹田內轉功法的基本特徵

　　怎樣「抓住丹田練功夫」？各種功法都有自己獨特的方式方法，有的取站椿功，有的持靜坐法，有的則配合以簡單動作，稱為動功，還有更簡單的方法採取揉腹法、揉腎囊等，方法各異。

　　陳式太極拳則與眾不同，它是在複雜的拳勢演練過程中（第一路八十三式，近四百個動作；第二路七十一式，近三百個動作）意注丹田，以意領氣，氣沉丹田，然後取逆腹式呼吸法，以眞氣帶動，調動丹田內轉，丹田內轉又帶動全身的螺旋式運動。形之於外則為「順逆纏絲」、「胸腰折疊」

諸形式。而且強調丹田內功與四肢、軀體動作完全協調一致，叫做「一氣貫穿，周身一家」。

拳論云：「內不動、外不發」；「腰不動，手不發」。打起拳來，小腹內部內氣鼓蕩，翻江倒海；外形則轉臂旋腕，旋腕轉背，旋踝轉膝，以丹田內轉為核心（原動力），貫串整體一系列的螺旋運動，非圓即弧。這種丹田內轉功夫，可以使腹部臟器，特別是盆腔內的臟器，通過自我摩蕩、自我按摩，而增強其機能，生精化氣，有益於打通前後三關，舒通經絡，通任督二脈。

丹田內轉，是陳式太極拳理拳法有機整體中的一個組成部分，要了解丹田內轉的功法，必須與了解太極拳的整個拳理拳法相結合。現在，只能從這套拳藝的一個側面來闡述一下關於其內功（丹田內轉）的一些特徵。

（一）　在放鬆、入靜、意念集中的條件下，意注丹田，氣沉丹田，丹田真氣充盈，是發動丹田內轉的基礎。打拳時，先入靜片刻，洗心滌慮，壹志凝神，檢查全身放鬆狀態，引真氣下行，意注丹田，感到真氣充盈丹田（發熱）之後，再由丹田內轉啓動周身。而且是以外呼吸引動內呼吸，以真氣帶動小腹內的諸臟器取螺旋形式轉動起來。

（二）　由外及內，由內及外，內外結合，促使丹田內部轉動起來。即拳論中講的胸腰折疊與丹田內轉相結合。丹田內轉，與其他功法不同的地方就在於它不是弧立的動，不是靜坐中求內動，而是內部與整個軀體一起動、動功與靜功相結合，從打拳講，打拳強調走身法，在身法端正的基礎上，胸腰走螺旋勁，「刻刻留心在腰間」。以腰為軸，以太極核的離心力和向心力帶動全身，走立體螺旋勁，從腰到四肢，都是順逆纏絲勁，所有動作都是圈，這種周身的螺旋運

動是丹田內轉的實質。同時，從另一方面講，丹田內轉又可以帶動全身。整套拳的大小動作都要與丹田內轉相協調一致。如拳論所述：「內不動，外不發」「腰不動，手不發」，「出腎入腎是眞訣」，「節節貫穿，周身一家」。而且強調以這種內動作用爲主、爲先。同時又注意內動與外動（內力外功）相結合。丹田內轉的方式，包括前後、左右、斜向、橫向等多種立體螺旋方式。但都要與外形協調一致。如丹田走前後圈時，外形也走前後捲放、開合、蓄發、如「左衝」「右衝」等式；丹田走左右圈時，外形也要走左右螺旋，如「掩手肱錘」、「三換掌」諸式；丹田走斜圈，外形動作是斜向旋轉，如「白鶴亮翅」、「六封四閉」等拳式。

（三） 以提肛、鬆胯和兩臀翻沉爲特徵，以腰椎爲主軸的骨盆運動。陳式太極拳的丹田內轉法，是呼吸運動、腹部運動、骨盆運動三結合的一種鍛鍊方式。拳論強調「襠走下弧」、「提肛、鬆胯」、「吸氣收腹，呼氣突腹」，「沉左臀翻右臀、沉右臀翻左臀」等等。這些措施實質是增強骨盆運動。人體骨盆及骨盆肌正好像一個保護盆，從左、右、後、下幾個方面來保護人體小腹內重要的臟器，手臂和腳腿則可以從前方保護它。打拳時經常提肛、鬆胯、沉翻左右兩臀、會陰處一提一鬆，骨盆處髖關節立體螺旋式的上下轉動，即斜向走「∞」字形的運動，都可以使人注意會陰穴，增強人體下部的活動，從而使大腦皮質與下部內臟器官關係密切起來（即氣功中講的心腎相交），以調節內分泌機能。並且可以使腹肌、腰肌、骨盆肌，以及下部器官的各種括約肌、提肌、豎立肌等等，保持良好的彈性，這對增強性機能和增加性激素有積極作用，有助於取得「煉精化氣，還精補

腦」之功效。

（四）　外呼吸與內呼吸相結合，呼吸與動作相結合。丹田內轉，其實就是一種丹田呼吸法，它與肺呼吸、體呼吸協調一致，故稱爲內呼吸。所謂呼吸與動作相配合，主要是指這種以丹田呼吸爲核心的鼓蕩之內氣與拳架動作相隨，所形成的人體特有的一種「周天開合呼吸法」。同時，陳式太極拳的呼吸法注重呼氣。這種注重呼氣的練拳方法，是許多武術門派所重視的，它既有利於呼淨肺部的濁氣，吸進新鮮空氣，又有利於導引真氣下行。根據現代醫學家分析，常常注意呼氣有利於肌體放鬆，對神經系統有好的影響。從丹田內轉的功法考慮，注意呼氣可以使其真氣順任脈下行，氣聚丹田。（關於內呼吸與外呼吸、呼吸與動作如何相配合，見作者另文《周天開合論》）

（五）　動功、靜功和輔助功相結合。陳式太極拳是動功靜功相結合的一個拳種。這種動功靜功兼練還含有雙重意義：一是指打拳過程中，達到動（體）靜（腦）相結合；二是打拳之外要單練靜功。打拳時怎樣使大腦得到平靜？這其間有微妙的道理。因爲兩套拳有155個式子，700多個動作，爲了節節貫穿、連綿不斷、剛柔相濟、快慢相間，打起拳來只能壹志凝神，循規蹈矩，腦子一點也不能「走私」。每次運行、大腦都要專注於那些複雜而又已熟悉的動作，從而使大腦得到平時難以得到的平靜。而四肢和軀體，則在進行難度較大的運動。即「以一念代萬念」，使人體「司令部」在肢體運動中得到休整。使惡性興奮灶經過抑制，而達到一種良性興奮灶。正如藝術理論家溫克爾曼所講述的一種狀態，「就像大海的深處永遠停留在寂靜裡，不管它的表面多麼狂濤洶湧」。陳式太極拳這種運動方式，比某些動作簡單的運

動方式效果好就好在這裡。因為跑步、簡易體操等運動方式，在運動過程中，大腦往往可以「開小差」。

關於輔助功法，可以因人而異（有的是為了提高技擊功夫，有的則是為了健身的需要），比如擰太極尺，抖太極桿，練百把氣功樁等等功法，都可以與丹田內轉功法結合練習。此外，練功的人，還要重視道德修養（養性功夫）。如此，持之以恆，必然會使你的精氣神得到全面鍛鍊。

（此文係作者1986年12月23日在成都全國首屆太極拳學術研討會上發言的一部分。曾刊載於1987年第7期《武林》）

陳照奎老師小傳

萬文德

陳照奎老師於1928年1月24日生於陳家溝。

他是太極拳大師陳發科的幼子。陳發科於1928年由許禹生請到北京教拳。從此就住在北京,陳照奎老師四歲時隨母親也到了北京。他的異母哥哥陳照旭留在陳家溝管理田產。

他7歲時,父親就教他太極拳,並逐漸增加鍛鍊的數量,一天10遍、20遍。當時陳發科傳他的是家傳低勢拳架,易出功夫,但難度也很大。陳發科生前在外界很少傳授此種功架,故不了解情況的人,說什麼陳照奎後來改了傳統架子,這純屬無稽之談。

據其姐陳豫俠回憶,陳師13歲那年,他去買醋,回來時遇到戲曲學校富連成班的十幾個學生,其中有個學生把他的醋瓶撞到地上打碎了。他向他們說理,不料這些學生依仗人多勢眾,一湧而上,將他圍住。他就用太極拳打散了人群,突圍而出,這時已顯露了他少年時期苦練出來的功夫。

陳老師在北京志成中學畢業後,因家境困難,沒有繼續升學,父親讓他在家練拳,日練二、三十遍,從不間斷。一面幫助父親教拳,哥哥照旭在農閑時,也來北京,他的推手功夫極好,幫助父親教推手。

解放後,陳老師考入北京市第五建築公司材料科工作。1957年陳發科去世,母親就由陳老師敬養。

1961年他應顧留馨之邀,到上海體育宮內部短期教拳。1963年春上海體育宮正式聘請他到上海開班授拳,對外招

生，但是北京第五建築公司不肯借調，陳老師爲了推廣陳式拳，就辭職南下，教授一路、二路，擒拿；兩月一期，持續一年。當時上海體育宮還開辦各拳種的訓練班。老師中以陳照奎老師最爲年輕，只有36歲。但是數他的教授法好，眞是有口皆碑。當時每班學員四十人，他上課講解明確，細緻周到；示範動作一絲不苟，清清楚楚，來回跑動，四個方向，面面俱到，從不遲到早退。課間一小時內，一刻不停，又說又做，從容不迫，頭頭是道，帶領大家一遍又一遍地練。

他教的擒拿不同於社會上的72擒拿術，而是以化爲主。拿人時，以意領先，乾淨俐落，一氣呵成，令人無法逃避，這是眞正的太極擒拿。

當時上海市重量級舉重冠軍常冠群也在體育宮，陳老師伸一個指頭，任他拿，常冠群有力使不出，隨便怎麼用力，都被陳老師化掉。

那時上海經常舉行武術表演會，每逢陳老師上場表演太極拳時，他那精湛的拳藝，吸引整個會場的觀衆，無論內行外行，看了都嘆爲觀止。原來一些少年觀衆，遇到場上太極拳表演，總是沒有耐心，吵吵嚷嚷，那時也被陳老師的拳術吸引住了，大家都屏息凝神，肅靜無聲。

他表演的一路，動作優美，瀟灑自如，意氣綿綿，凝重纏繞，在整個套路中，剛柔相濟，快慢有致，節奏鮮明，似斷若續，風格變換，絕無單調之感。有時如行雲流水，有時如臥虎騰龍，有時如平沙落雁，有時如深山大澤，眞是到了出神入化的境界。

一些看過他表演的老拳師，有的就叫兒子或徒弟去報名，從陳老師學拳。當時上海有名的空勁太極拳師董世祚（據說能隔牆打人），親自到體育宮報名從他學拳。

　　1964年1月，陳老師在上海體育宮教拳結束，過了春節，南京體委派人來請他。四月份起他就在南京體委開班授拳，3個月一期，共教三期。南京的武術界宗派很多，對太極拳功夫，總是有點懷疑，都想和他試試，因為陳老師住在體委，容易和這些人接觸，陳老師年紀輕，藝高膽大，無論少林也好，摔跤也好，來者不拒，陳老師一用抖勁，許多人受不了。可惜他的擒拿功夫，沒有人能完全繼承下來。

　　陳發科徒手功夫無敵，認為用不著器械，很少教刀劍，只在家內子女中傳過太極劍。陳照奎為了專業授拳，1965年1月自南京回到北京後，和陳家溝的堂兄陳照丕（陳績甫）約好，2月份到了故鄉，學習刀槍等各種器械，並在北京傳授了陳式太極劍、槍、刀等器械。

　　1965年5月，上海的徒弟組織了幾個場子，請他來給我們進修。他經過南京時逗留了幾天，5月18日到上海，因為怕影響上海的職業拳師，分向幾處市郊設班。改完一路又改二路。這年他在上海過春節，到1966年2月回北京，5月又到上海來給我們改架子，他的拳如藝術品，他是雕刻師，一直可以雕琢下去的。8月「文革」開始了，私人教拳被視為「走資本主義道路」，體育宮造反派要抓他，於是8月29日他離開了上海返北京。

　　他回到北京後，因沒有工作，生活非常困難。過了一年陳老師在北京東便門外蘋果樹林和月壇開設了兩個拳場，後又在北太平莊設立一個場子。

　　1972年，陳老師的老母患病住院，終不治去世，花了很多醫藥費，背了一身債，不得不出外教拳。陳老師於1973年第一次到鄭州。1974年、1975年又兩次去鄭州教拳，此期間他在河北的徒弟馬虹也隨他到鄭州學拳。他的侄子陳小旺從

小在農村跟堂伯陳照丕學拳，陳老師到鄭州教拳時，小旺也找到鄭州，同在鄭州的同學一起向其叔父重新學習祖傳的架子。

1972年，原在陳家溝教拳的陳照丕去世。家鄉的人，在1973年、1974年、1975年，三個年的春節前後，就來請陳老師到陳家溝教拳並過春節。

1976年多天，四人幫覆滅以後，他帶了兒子陳瑜，又來到闊別10年的上海。我到車站去接他，幾乎認不出他來了，去時一位英俊武師，10年的磨難、奔波、辛勞、受歧視和驚恐，回來時還不到50歲，頭髮已花白了。這次他沒有教拳，和上海的徒弟叙叙闊別之情，慶幸四人幫的倒台，訴說十年動亂中各人的災難。陳老師當時拿出一個他冒險珍藏的親自手抄的本子來，裡面是工工整整的蠅頭小字，《第二次握手》和天安門詩抄，說明陳老師還是很關心政治的。他過了春節就回北京了。

1977年春天他應徒弟馬虹的邀請到石家莊教拳，住在馬虹家中，為馬虹改了一路拳，並再次講解技擊含義。多天又來上海過春節。

1979年3月又到石家莊馬虹處教拳。這一次為馬虹改了二路拳，並講解其用法。4月2日到南京，和南京的徒弟第二次見面，我到南京去接他，4月8日經蘇州而又到上海。本來要在上海著書教拳，可是接到他姐姐陳豫俠來信，說香港長城電影公司到陳家溝拍電影，要請他去。他就於4月25日乘去鄭州的火車，轉赴溫縣陳家溝，我到車站送行，不料竟成永別。

他到了鄭州，聽說長城電影公司等不及他，拍了一點記錄片，已回香港，陳老師就在鄭州教拳。那時他血壓偏高，

身體已經不好，可是爲了生活，還到開封、焦作去敎拳。

　　1980年春天第三次到石家莊，後又到鄭州、焦作，常年在外奔波。1980年在焦作過冬，一直住在焦作。1981年春節後還在焦作敎二路（炮錘），５月３日，突患腦溢血，搶救無效。於５月７日逝世。

　　陳老師是陳氏十八世的代表人物，身懷絕技，卻是一生潦倒，身無長物。在他逝世後，他的拳藝卻已傳遍全國，推向世界。

（ 1987年1月於上海 ）

清能早達　拳至五洲

——記陳式太極拳傳人馬虹先生

◉ 路繼舜　檀文秀

元旦伊始，一個濃霧彌漫的清晨，我們隨著晨練的人流，尋訪到陳式太極拳名家馬虹老師設在長安公園的敎練場地。本是寒氣逼人的隆冬，敎練場邊卻堆起了禦寒棉衣的小山。馬先生身著淺色運動衣，正一招一式傳授陳式太極拳二路（炮捶）。嫻熟的招式，穩健的功架，造型大度，氣韻非凡，七十二歲的馬虹老師，精神炯炯，意氣風發，其強健體魄果眞不讓靑春壯年。

採訪得知，馬老是一個曾被病魔拖於絕境的文弱書生，是太極運動，使他成爲一代太極拳名師，如今的馬虹先生，名聞拳壇，周遊列國，桃李滿天下，拳藝至五洲。爲此，當代武派太極拳名家《武魂》雜誌編委吳文翰先生賦詩讚曰：

> 七旬老叟膽氣豪，　周遊列國不辭勞。
> 放眼太極滿天下，　大器晚成功最高。

一

馬虹祖籍河北深州，現任河北省石家莊市武協副主席、石家莊市陳式太極拳研究會會長、河南溫縣國際太極拳年會組委會副秘書長，退休前任市政協文史委副主任。他1948年畢業於華北聯大中文系，曾長期從事敎育、文秘、編輯和文

學創作工作。多年過於繁重的腦力勞動累垮了他的身體，起初是神經衰弱，夜不成眠，隨之是頭痛、胃痛、腎炎、關節炎、過敏性鼻炎接踵而來，雖多方求醫問診，皆不奏效。無奈中他接受一位老中醫的指點，開始學練太極拳。不料想練拳練出奇跡，一年後周身疾病雲消霧散。他大喜過望，深感太極拳健身除病的神秘，決心研究太極拳。

十年「文革」，國人在劫難逃。馬虹也被戴上「走資派黑秀才」的帽子，挨批鬥、遭毒打，到「五七幹校」從事繁重的體力勞動。逆境磨練了他的毅力，苦難造就了他的剛強，他想到人生的價值在於有所作為，他相信陰雲過後將是陽光燦爛的春天。個人的追求和愛好使他想起了給他第二次生命的太極拳，千方百計從河南借來的一部《陳氏太極拳圖說》，成為他的隨身珍寶，鑽研太極拳術成了他勞改之餘的唯一信念。

來自中國傳統陰陽學說的太極拳理、陳式太極拳剛柔相濟、輕沉兼備、對稱和諧、開合相寓、順逆纏絲、鬆活彈抖、快慢相間、拳走低架的特點和鮮明的武術風格，讓他鍾愛不已。在那數九寒天的勞動間隙和夜晚，他竟手抄了二十多萬字的《圖說》原著，繪製了幾百幅陳式太極拳圖譜，握筆的手指都磨腫了。他深知，向書本學拳和求名師指點大不一樣，投拜陳式太極宗師的渴望越來越強烈。

1972年夏天，馬虹找機會來到北京，叩響了陳氏一代宗師陳照奎先生的家門。開始陳老師並不熱情，只是淡淡地告訴他在什麼地方教拳。馬虹住在西河沿的大華旅館，每天早晨4點起床，街上沒有汽車，他就徒步十幾里地，趕到東便門外鐵路東的一個非常僻靜的小樹林學拳。陳老師打趣地說：「咱這教拳就是教打人，可不敢公開在公園教，怕警察

抓我。」馬虹每天準時到場，學得格外認真刻苦。因天天徒步趕場，馬虹腳上打了血泡，走路一拐一拐地仍堅持練拳。陳老師爲他的至誠所感動，答應馬虹每天晚上可以去家裡學拳，自此，整個夏季的夜晚，師徒倆都泡在汗水裡。1973年、1974年又是兩個夏天赴北京跟老師學拳，陳老師慨然收他爲弟子。

爲追隨陳老師學拳，馬虹不惜代價，傾家資，借盤纏，尋機跟老師外出習拳。1974年冬天，他以探家爲名，向造反派請長假，冒著飄飄大雪，跟陳老師趕到河南鄭州。當時隨陳老師習拳的學生（包括老師的侄子陳小旺）都是年輕人，唯馬虹已過不惑之年，學拳很是吃力。寒冬臘月，汗水濕透了他們單薄的秋衣。爲學到陳氏一向保密的技擊拳術，馬虹自願交雙份學費，懇請老師每天給他個人加授兩小時「拆拳」課。就這樣，馬虹苦練不捨，幾乎每天要打二、三十遍拳，晚上腰酸腿疼，連上床都困難，他忍痛輾轉在床上強記一天老師敎拳的筆記。之後，馬虹1975年二次隨師到河南學習第二路拳。1977年、1979年、1980年，馬虹又有幸三次延師至石家莊家中聆聽敎誨，每晚馬虹和老師躺在一個通舖床上切磋拳術理論。精誠所至，金石爲開，師徒倆拳緣深厚，肝膽相照，至此，馬虹從師九年學拳，陳老師傾盡家私精心傳授，他終於學到了陳式太極拳的精華，眞是「參從夢覺痴心好，歷盡艱難樂境多」。

二

「清能早達」，是馬虹領悟陳式太極拳眞諦的座右銘。他在《陳式太極拳拳理闡微》一書的代前言中，就引用這四個字作題目。文中寫道：蘇州園林中有個網師園，進得園

來，迎門正廳懸一匾額，上書「清能早達」四個大字，灑脫
而凝重，秀麗而遒勁，其意也耐人尋味。同遊者不明涵意，
約我釋之。因同行者皆是「太極迷」，故三句話不離本行，
遂從太極拳拳理方面妄作闡述。

　　清者，水澄清也，與「濁」相對。達者，到也，明白、
通曉也，如「知書達理」。不論做什麼事，像走路一樣，只
有領路人路線清楚，才能達到預期的目的。練拳，同樣如
此，不明拳理拳法，以其昏昏，使人昭昭，不僅不能早達，
反而易走彎路，步入歧途。這裡，馬虹深入淺出的闡解，其
意全在一個「理」字上。

　　馬虹學拳、授拳注重理性認識，這與他高深的文化修養
與淵博的知識是分不開的。三十萬字的學拳筆記，為他探求
拳理打下堅實的基礎，二十多年的拳藝生涯，使他著書立
說，水到渠成。作為陳氏太極拳第十九代重要傳人，近年他
先後編著了《陳式太極拳體用全書》、《陳式太極拳技擊
法》、《陳式太極拳拳理闡微》、《陳式太極拳拳譜六百
圖》等，其理論思辯獨到而深刻，為陳式太極拳的繼承和發
展做出了重要貢獻。在他的文論中，首次提出和剖析了太極
拳與中國傳統文化的關係，涉及到傳統養生學、傳統哲學、
傳統醫學、傳統軍事學、傳統美學。其理也清，其論也深，
其文也妙。他論述「太極美」說，其造型優美，剛柔相濟，
充滿對稱和諧之形，波浪節奏之姿，輕沉兼備之態，氣勢磅
礴之勢，外示安逸之神，給人以瀟灑而深厚、輕靈而凝重、
舒展而緊湊，悠揚而莊重、情景交融的意境之美。馬虹是詩
人，論文也透露著詩韻。

　　馬虹通曉《易經》，其專著中對「太極拳」與太極拳拳
理之源，更有前人未述之論。他對黑白互回，陰陽魚互追尾

的太極圖體味出多方面的哲理，從它的整體感、陰陽對稱、陰陽互孕、陰陽消長、陰陽互根、以及以「Ｓ」線講事物發展的螺旋形式等，揭示出太極拳的對立統一規律，深化和發展了太極拳理。台灣的《太極拳》雜誌刊登了此文且評價甚高。他的太極「圓通論」也是絲絲入扣，入木三分。他給弟子的復信中用上萬言論證了太極的「圓」。

文中寫道：太極拳的態和勢，非圓即弧，處處掤圓，運動絕無直來直去，皆走圓弧。他還引經據典，講中國傳統文化關於「圓」的哲理。引《悟眞篇》：「若頓悟圓通，則直達彼岸」；引《楞嚴經》：「慧覺圓通，則無疑惑」；引《孫子兵法》：「紛紛紜紜，鬥亂不可亂也，形圓而不可敗也」等，甚至提出沒有「圓」就沒有太極拳的論斷。論清理達，形神兼備，融合天成。

俗話說，一名好拳師不一定是好教師，一名好教師，不一定是好拳師。馬虹既是一名好拳師，也是一名好教師。他在傳拳中，幾乎對每個太極拳專用語，都有一篇精到別緻的論文。諸如《陰陽相濟論》、《丹田內轉論》、《周天開合論》、《鬆活彈抖論》以及《關於太極拳的重心》、《關於太極拳的纏絲勁》、《關於胸腰折疊》、《關於下塌外碾》、《關於襠走下弧》、《關於拳走低勢》、《關於四兩撥千斤》、《關於八門勁別》等等，皆從人體生理學、人體力學、太極美學等不同角度追根尋源，深入淺出，不同凡響。馬虹在治學上有螺絲釘的鑽勁，他爲了弄清人體生理、骨骼脈穴，專門到中醫專修班聽課求敎，領悟中醫哲理，學習經絡學說。難怪他的弟子們對聽他的課如此心悅誠服，稱之爲聽的是「明白課」。

馬虹的美國弟子徐谷鳴，1995年特邀馬虹赴美傳拳。聽

課後撰寫論文稱，是馬虹老師揭示了陳式太極拳的本來面目，他從馬虹傳拳中學到一種太極拳外的悟道精神。

三

世上最珍貴之物，唯情也。馬虹擁有的最大財富是師徒之情。當馬虹成為全國聞名的太極拳師後，登門求教、邀請講學者使他應接不暇。為更好地傳授陳式太極拳，他曾主編了全國第一家太極拳雜誌──《陳氏太極拳研究》，並為各地學員編印了《函授通訊》，在全國建起八十多個傳授站，每年要赴各地辦面授班多期，形成了全國最大的太極拳傳授網絡。他的弟子遍及全國，他還先後應邀到美國、馬來西亞、義大利、加拿大、紐西蘭等國家講學傳拳。而今馬虹中外直傳弟子5900多名，加再傳弟子已達數萬名。

談起他的弟子們，馬虹津津樂道。他說：教拳、交心、交朋友；練拳、練體、練人格，是我多年來遵循的兩句話。「財富並非永久的朋友，只有朋友才是永久的財富。」馬虹把師生情誼看得非常重，他說：「情和義是分不開的，不講義，不講奉獻，不講對朋友負責任，那情也是虛的、假的、不會長久的。」因此，他把傳拳、幫助別人健康當做自己應盡的義務，把學生當做自己的親人、朋友。他教拳從來不講報酬，對自己的學生總是滿腔熱情，傾囊相授，從不保守。他常說：「過去講，教會徒弟，餓死師父，那是舊社會，今天我希望我的徒弟個個都超過我。」他這種博大的胸懷、人格的魅力贏得了學生們的信任和愛戴，同時，他傳授的這套太極精品，確實也給眾多學生帶來了醫療和健康的福音。湖南的學生趙杰多年來被血吸蟲病後遺症所纏磨，非常苦惱，練陳式太極拳一年以後，完全康復；江西學生邱愛鳳長期患

過敏性哮喘，久治不癒，跟馬虹的徒弟楊海林練陳式太極拳八個月，疾病消除；呂鳳珍跟馬虹老師練拳七年之後滿臉雀斑消失了；孫貴生久治不癒的美尼爾氏病再也不犯了；多次習慣性流產的張小綠練陳式太極拳一年多，安全順利地生下白胖的兒子。受益的學生和老師感情更深，他們以各種形式向老師表達感激之情。馬虹每到一個地方傳拳講學結束臨別時，都有幾十名弟子到車站、到機場送行，場面非常感人。去年10月馬虹乘夜車離開湖南婁底時，深夜裡上百人不約而同地來到車站送行，師生戀戀不捨，車上車下一片激情，有許多學員哭了，感動得列車員也掉下眼淚。就是這樣，馬虹與他的弟子廣泛地結下了情深似海的不解之緣。

如今，馬虹不僅個人在太極拳界贏得了崇高的聲譽，他教的許多學生也創造了優異的業績。1994年馬虹被國際太極拳年會評審委員會評為中國當代十三名太極拳大師之一，他的弟子們紛紛在拳壇比賽中奪金奪銀。天津的高足張廣泰，被評為太極拳名師。張廣泰的弟子們也身手不凡，在國際太極拳交手賽中獲得冠軍和第二名，並在天津市太極拳比賽中摘走了所設三十塊金牌中的十七塊。

當我們採訪馬虹老師，並對他為陳式太極拳所做的貢獻深表敬意時，馬老師謙虛地說：我一不姓陳，二沒有多少功夫，我只不過是陳式太極拳的一個忠誠的傳人。若說貢獻，那就是繼承了先師的拳理、拳法、拳德，整理出版了一套《陳式太極拳拳譜》，再就是在國內外教授了一批弟子。我這後半生，只要有碗粥喝，生命就獻給太極拳了。

（原載1999年第 4 期《武魂》雜誌）

陳式太極拳函授教材系列

一、函授教材系列

《陳式太極拳體用全書》（拳譜） 　　陳照奎　講授

　　　　　　　　　　　　　　　　　馬　虹　整理

《陳式太拳技擊法》（拳法） 　　　　馬　虹　編著

《陳式太極拳拳理闡微》（拳理） 　　馬　虹　著

《陳式太極拳函授通訊》（輔導資料） 馬　虹　主編

二、錄影教材系列

《陳式太極拳第一路（83式）教學錄影帶》

　　　　180分鐘　（內部資料）

《陳式太極拳第二路（炮錘、71式）教學錄影帶》

　　　　195分鐘　（內部資料）

《陳式太極拳第一路技擊法錄影帶》

　　　　180分鐘　（內部資料）

《陳式太極拳第二路技擊法錄影帶》

　　　　120分鐘　（內部資料）

《推手技巧及功力訓練錄影帶》 120分鐘　（內部資料）

（以上錄影教材，均由馬虹先生講授並演示）

三、VCD 影碟教材系列

《陳式太極拳及其技擊法》1－10集，均由馬虹先生演示和
講解。

四、圖片教材

《陳式太極拳系列拳照集》精裝本（含馬虹老師一、二路系
列彩色拳照626幅）。

上列函授教材、錄影教材（內部資料）供應辦法，可與馬虹
先生直接聯繫。

**聯繫地址：河北省石家莊市建設北大街76號房管局宿舍8棟2門
301室。**

陳式太極拳路線示意圖

第一路

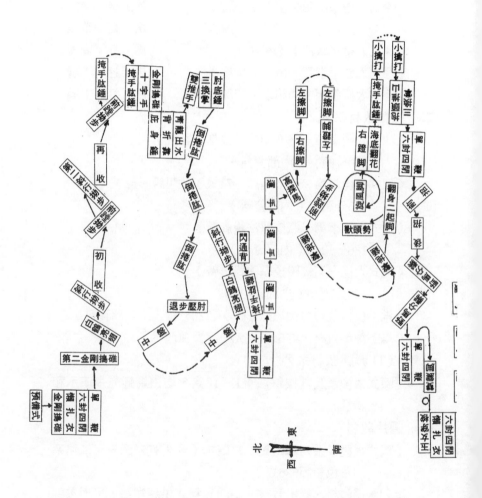

說　明

1.本圖係按陳照奎老師傳授套路標出的路線和方位。

2.拳式大致是在左右一條線路上來回運動的。

3.方格內字頭指向標示該式的方位，如 $\boxed{\text{面向南}}$ 即標示該式面向南。

4.凡是 $\boxed{}$ 格式。即表示兩個或三個式子基本上在一個方位內。

5.拳式之間所標距離，係大致標示。根據步伐大小，跳躍遠近，自行掌握。
故全套路結束時，只能大體上回到起式方位。

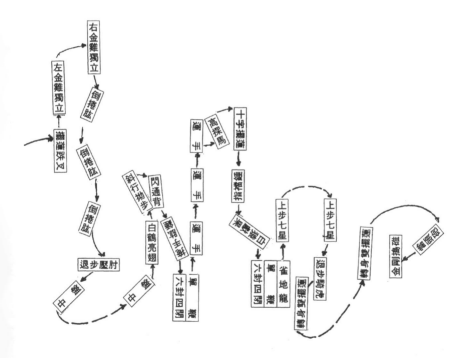

陳式太極拳路線示意圖
第二路

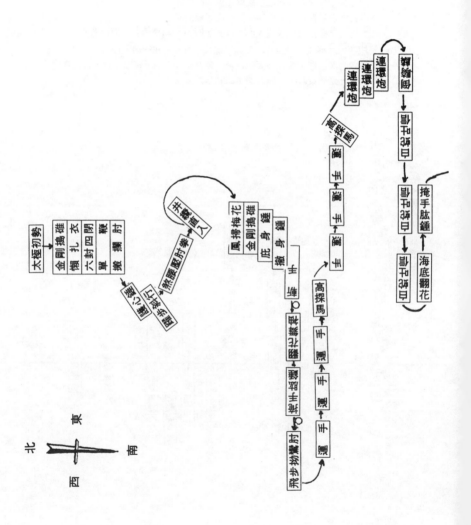

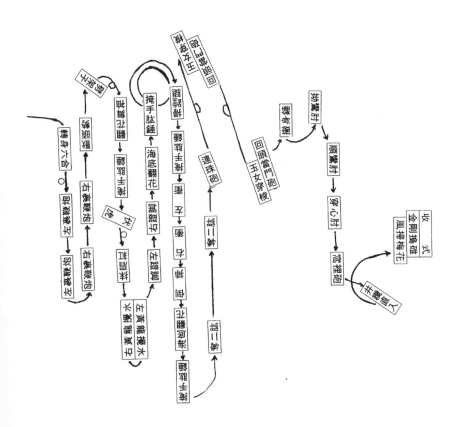

NOTE

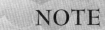

NOTE

NOTE

馬虹老師
陳式太極拳教材

《陳式太極拳技擊法》　（　拳　法　）　250元
《陳式太極拳拳理闡微》　（　拳　理　）　350元
《陳式太極拳體用全書》　（　拳　譜　）　400元
《陳式太極拳勁道釋秘》　（拆拳講勁）　330元

(以下光碟教材，均由馬虹老師講授演示)

陳氏太極拳及其技擊法(VCD 10 碟)

1. 一、二路拳的示範表演。

2. 逐式逐動作詳細示範，講解其動作要領及其技擊含義。

3. 按拳路順序，結合口令詞領練。

推手技巧及功力訓練(VCD 4 碟)

1. 第一、二集為十種推手鍛鍊方法。

2. 第三、四集為功力訓練及單式訓練。

陳式太極拳拆拳講勁(DVD 8 碟)

一、二路拳中各個招式的勁點、勁路變化，以及勁力結構等各種勁道示範表演。

＊上列光碟教材，歡迎與大展出版社有限公司直接洽購。
電話：(02)28236033

國家圖書館出版品預行編目資料

陳式太極拳體用全書／陳照奎講授；馬虹整理
－初版－臺北市，大展，2000〔民89.09〕
面；21公分－（武術特輯；30）
ISBN 978-957-468-021-4（平裝）

1. 太極拳

528.972　　　　　　　　　　　　　　89010549

【版權所有・翻印必究】

陳式太極拳體用全書

講 授 者／陳 照 奎
整 理 者／馬 　 虹
發 行 人／蔡 森 明
出 版 者／大展出版社有限公司
社 　 　 址／臺北市北投區（石牌）致遠一路 2 段 12 巷 1 號
電 　 　 話／（02）28236031・28236033・28233123
傳 　 　 真／（02）28272069
郵政劃撥／01669551
網 　 　 址／www.dah-jaan.com.tw
E-mail／service@dah-jaan.com.tw
登 記 證／局版臺業字第 2171 號
承 印 者／傳興印刷有限公司
裝 　 　 訂／建鑫裝訂有限公司
排 版 者／弘益電腦排版有限公司
授 權 者／北京體育大學出版社
初版 1 刷／2000 年（民 89） 9 月
初版 4 刷／2008 年（民 97）12 月　　　　　定價／400 元

●本書若有破損、缺頁請寄回本社更換●

大展好書　好書大展
品嘗好書　冠群可期

大展好書　好書大展
品嘗好書・　冠群可期